主　　编　陈龙春
副 主 编　万　青　江梅芳　俞广良　程盛杲　高先树
编写组成员　周红霞　胡伟国　周笑平　江齐里　李海滨
杨　敏　汪杰峰　吕　柯　姚华儿　杨莉莉
李　萍　时长江　任聪敏　谢志远　李晓英

21世纪职业发展与创业教育精品丛书

大学生职业生涯规划与发展

浙江省高校毕业生就业指导服务中心
规划出版

陈龙春◎主编

浙江人民出版社

浙江省“大学生职业生涯规划”课程建设研究组

组　　长　陈龙春

副 组 长　高先树　吕　柯　李海滨　谢红梅

成　　员　(按姓氏笔划排序)

王洪影　叶加德　付姝兰　吕　柯
江齐里　江梅芳　李飞鸿　李秀红
李晓英　李海滨　李富荣　杨　敏
吴乐央　汪杰峰　陆向华　陈　岑
陈龙春　陈晓萍　林振袍　竺丹军
金建孟　周红霞　周笑平　项建斌
胡伟国　俞广良　洪　波　骆文炎
徐幼文　徐俏琳　高先树　程盛杲
谢红梅　甄　晶　楼文斌

目　录

CONTENTS

第一章

职业生涯规划与发展概述

我不知道哪条道路肯定能够通向成功，我只知道有一条路肯定会导致失败——这就是未谋而先动。

——柏拉图

我们需要一个献身的目标，以便把力量整合到一个方向，以便超越我们的孤独生存状态，超越此状态所造成的一切疑虑与不安之感，并且满足我们企求生活之意义的需要。

——弗洛姆

一心向着自己目标前进的人，整个世界都会给他让路！

——爱默生

无论你是中学生大学生还是硕士博士生，职业生涯规划应该是第一门课也是最后一门课。

——雷恩·吉尔森

有两兄弟，他们一起住在一幢公寓楼里。一天，他们一起去郊外爬山。傍晚时分，等他们爬山回来，回到公寓楼的时候，发现一件事：大厦停电了！这真是一件令人沮丧的事情。因为很不巧，这两兄弟住在大厦的顶楼，而顶楼是八十楼啊。两兄弟都背着大大的登山包，看来是别无选择了，于是，哥哥对弟弟说："我们爬楼梯上去吧。"他们就背着一大包行李开始往上爬。

到了二十楼的时候，他们觉得累了。弟弟提议说："哥哥，行李太重了，不如这样吧，我们把它放在二十楼，我们先上去，等大厦恢复电力，我们再坐电梯下来拿吧。"哥哥一听，觉得这主意不错："好啊。弟弟，你真聪明呀。"于是，他们就把行李放在二十楼，继续往上爬。卸下了沉重的包袱之后，两人觉得轻松多了。他们一路有说有笑地往上爬。但好景不长，到了四十楼，两人又觉得累了。往上一看，竟然还有四十楼要爬。两人就开始互相埋怨，指责对方不注意停电公告，才会落到如此下场。他们边吵边爬，好不容易爬到了六十楼。这时，两人筋疲力尽，累得连吵架的力气也没有了。哥哥对弟弟说："算了，只剩下最后二十楼，我们就不要再吵了。"于是，他们一路无言，安静地继续往上爬。

终于，八十楼到了。到了家门口，哥哥长吁一口气，摆了一个很酷的姿势："弟弟，拿钥匙来！"弟弟说："有没有搞错？钥匙不是在你那里吗？"……

发生了什么事？钥匙还留在二十楼的登山包里！

【这个故事其实反映了我们的人生。二十岁之前，我们活在家人、老师的期望之下，繁重的功课、考试、升学，让我们就像背着一个很重的登山包，加上自己也不够成熟、有能力，所以走得很辛苦。

二十岁以后，从学校毕业，踏上工作岗位，开始自己的职业生涯，自己喜欢做什么就做什么，想怎么做就怎么做，就好像是卸下了沉重的包袱。可以说，从二十岁到四十岁，是一生中最愉快的二十年。到了四十岁，人到中年，发现青春已经悄然逝去，但又有很多遗憾，于是开始抱怨，骂老板不识货，怪家人不体恤，埋怨政府，埋怨国家，埋怨社会……就这样在抱怨遗憾中又过了二十年。

到了六十岁，发现人生所剩不多，于是告诉自己，不要再埋怨了，珍惜剩下的日子吧。于是，默默地走完自己的最后岁月。到了生命的尽头，突然想起好像有什么忘记了。是什么呢？是你的钥匙，你的 Key，你人生的关键。你把自己的理想、抱负、关键都留在了二十岁，没有完成。

想一想，我们是不是也要等到四十岁、六十岁之后才来追悔？想一想，我们最在意的是什么？想一想，我们希望将来的自己和现在的自己该有些什么不同？可不可以现在就去做些什么来避免遗憾呢？】

第一节 认识职业生涯

人生一世，就好比是一次旅行，在漫长的人生旅途中，你是否考虑过自身发展的规划？你的职业生涯方向、目标在哪里？了解职业生涯的基本概念，有利于我们掌握科学的生涯规划理念，提高对生涯规划意义的认识，有助于我们确立个人发展目标，鞭策自己努力工作、学习和生活。

【小贴士】

让我们来做个最简单的试验。如果你出门搭车，上车后却不说话，司机问你："去哪里？"你回答："你看着办。"此时此刻，即使是开了几十年车的老司机也无法开车。为什么呢？因为司机只知道选择最佳路线把你送到"你想去的地方"，至于你想去什么地方，他并不知道，只有你自己知道想去哪儿。所以，如果你自己都不知道想去哪里，司机当然就不知道往哪里开了。没有目标，就像开车没有方向一样，不管能开多快，你什么地方也到不了。

一、生涯与职业生涯

（一）生涯与职业生涯的概念

"生涯"一词最早见于庄子所说，"吾生也有涯，而知也无涯"。这里，"生"指的是生命，而"涯"指的是边际的意思。"生涯"就是指我们每个人有限的全部人生旅程。

"生涯"的英文为"Career"，它最早出现在 16 世纪末的相关文献中，当时，所谓 Career 是指进行赛跑的场所、赛跑的路或专门的竞技场。后来引申为道路，进而引申为人生的发展道路，又可指个人一生所从事的工作、休闲、生活及其扮演不同的角色与承担的职务。

国外学者对生涯的定义各有不同，目前学术界大多接受美国职业生涯管理专家舒伯(D. Super)在 1976 年提出的观点。舒伯认为，生涯是生活中各种事件的演进方向和历程，它统合了人的一生中的各种职业和生活角色，由此表现出个人独特的自我发展形态。它是人生青春期至退休期所有有酬或无酬职位的综合。除了职位之外，它还包括与工作有关的各种角色。舒伯的理论告诉我们，生涯不是一个静止的点，它是一个动态的历程，它如影随形，相伴人的一生。同时，因为遗传、家庭、经历、所处社会环境等的不同，每个人的生涯也会不同。即使处于同一时代或同一文化背景下的人们，因为生涯发展中其他因素的影响，每个人也都会有属于自己的生涯。所以，生涯的发展是个性化的发展。舒伯的观点突出了生命全程和生活整体。

职业生涯也称事业生涯，是指一个人一生中职业、职位的变迁及工作、理想的实现过程，也即一个人一生中所有与职业相联系的行为与活动以及相关的态度、价值观、愿望等连续性经历的过程。职业生涯这个概念的含义曾随着时间的推移发生过很多变化。在 20 世纪 70 年代，职业生涯专指个人生活中和工作相关的各个方面。随后，又有很多新的意义被纳入到这个概念中，其中甚至包含了生活中关于个人、集体以及经济生活的方方面面。不同的学者从不同的角度对职业生涯的涵义进行过界定。法国的权威词典将职业生涯界定为“表现为连续性的分阶段、分等级的职业经历”。美国学者雷蒙德·诺伊(Raymond A. Noe)认为职业生涯是指一个人一生经历的与工作相关的经验方式、工作经历，包括职位、职务经验和工作任务。罗斯威尔(Willian J. Rothwell)和思莱德(Henry J. Sredl)将职业生涯界定为人的一生中与工作相关的活动、行为、态度、价值观、愿望的有机整体。

因“生涯”一词本身含有职业的意思，在西方国家的语境里，生涯与职业生涯是同一个单词，即 Career，在我国则翻译为“生涯”或“职业生涯”。人的一生中，大部分时间是与职业有关的，或者是处于职业选择阶段，或者是处于就业阶段，或者已经结束了就业阶段，但仍然在社会上继续从事一定的职业劳动阶段。这样，一个人从职业学习开始到职业劳动最后结束的人生旅程就是职业生涯。因此可以说，人的生涯发展主要就是职业生涯的发展。

（二）职业生涯的特征

职业生涯和其他事物一样，有其自身的规律和特点。从其定义来看，职业生涯具有终身性、独特性、发展性、综合性等特征。

1. 终身性。

职业生涯作为一种动态发展的历程，是一生当中连续不断的过程，概括了一个人一生中所拥有的各种职位、角色。随着社会职业内涵的不断更新、人们从事职业方式的不断调整，每个人的职业生涯根据个人在不同阶段的企求而不断蜕变与成长，并持续连贯性衔接，直至终身。个体走上工作岗位前的所有时光都是其为职业做准备的时期，而大学的专业学习阶段尤其显出其职业预备期的特点。因此，职业生涯不是个体在某一阶段所特有的，而是终生发展的过程。

2. 独特性。

职业生涯是个人依据自己的人生理想，为了自我实现而逐渐展开的一种独特的生命历程。每个人都有自己的职业条件，有自己的职业理想，有自己的职业选择，有为实现自己的职业理想所做的种种不同努力，不同的个体有不同的生涯。也许某些人在生涯的形态上有相似的地方，但其实质却可能完全不同。因此，每个人的生涯发展是独一无二的。

3. 发展性。

职业生涯是以心理开发、生理开发、智力开发、技能开发、伦理开发等人的潜能开发为基础，以工作内容、工作业绩的评价，工资待遇、职称、职务的变动为标志，以满足需求为目标的工作经历和内心体验的经历。它是一个动态的发展历程，它和个人的职业发展过程相联系，是个人接受教育、培训以及职业发展所形成的结果。人是职业生涯的主动塑造者，个人在不同的生命阶段会有不同的企求，这些企求会不断地变化与发展，个体也就不断地成长。每个人的职业生涯都是一种发展、演进的动态过程。

4. 综合性。

职业生涯是以个人事业角色的发展为主轴，也包括了其他与工作有关的角色以及相关的态度、价值观、愿望等的连续性经历的过程。它并不是个体在某一时刻所拥有的职位、角色，而是个体在他一生中所拥有的所有职位、角色的总和，这个总和不只局限于个人的职业角色，也包括学生、子女、父母、公民等涵盖人生主体发展的各个层面的各种角色。同时，一个人的职业生涯受各方面的影响，如本人对终身职业生涯的设想与计划、家庭中父母的意见与配偶的理解与支持、组织的需要与人事计划、社会环境的变化等。职业生涯在一定程度上可以说是多方面相互作用的结果。

二、职业生涯发展理论

人们关于职业生涯的思考从自发到自觉，进而形成系统的职业生涯发展理论。职业生涯的相关理论主要包括金斯伯格的职业生涯发展理论、帕森斯的人职匹配理论、格林豪斯的职业生涯发展理论、施恩的职业生涯发展理论、舒伯的职业生涯发展理论等。这里我们只介绍舒伯的理论，其他内容参阅本章“知识拓展”。

(一) 舒伯的生涯发展理论

舒伯是职业生涯发展领域中最具权威性的人物之一，也是全球最有影响力的生涯发展研究者。舒伯的生涯发展理论综合了差异心理学、发展心理学、人格心理学及职业社会学的长期研究结果，并吸收已有生涯理论的合理之处，将其汇聚成为一个完整的体系，是当代最常见的、也是应用最为广泛的，在职业生涯规划、生涯咨询辅导中非常有用的一种工具。舒伯所处的时代，关于生涯辅导理论，多数人关心的焦点集中在“职业选择”上，而舒伯通过长期的研究，系统地提出了有关职业生涯发展的观点，综合阐述了生涯发展阶段与角色彼此间的相互影响。舒伯将人的职业生涯发展划分为成长、探索、建立、维持和衰退五个阶段(又称大循环)：

1. 成长阶段。

出生—14 岁。该阶段的孩童开始发展自我概念，开始以各种不同的方式来表达自己的需要，且经过对现实世界不断的尝试，修饰他自己的角色。经历对职业从好奇、幻想到兴趣，再到有意识培养职业能力的逐步成长过程。舒伯将这一阶段，具体分为三个时期：

(1) 幻想期(10 岁之前)：它以“需要”为主要考虑因素，儿童从外界感知到许多职业，对于自己觉得好玩和喜爱的职业充满幻想并进行模仿。在这个时期，幻想中的角色扮演很重要。

(2) 兴趣期(11—12 岁)：以“喜好”为主要考虑因素，理解、评价职业，开始作职业选择。

(3) 能力期(13—14 岁):以“能力”为主要考虑因素,开始考虑自身条件与喜爱的职业是否符合,并有意识地强化自身能力培养。

2. 探索阶段。

15—24 岁。该阶段的青少年,通过学校的活动、社团休闲活动、打零工等机会,对自我能力及角色、职业有了初步的探索,因此选择职业时有较大弹性。此阶段也分为三个时期:

(1) 试探期(15—17 岁):综合认识和考虑自己的兴趣、能力与职业社会价值、就业机会,开始进行择业尝试。

(2) 过渡期(18—21 岁):进入劳动力市场,或者进行专门的职业培训,更重视现实,并力图实现自我观念,将一般性的选择转为特定的选择。

(3) 试验并稍作承诺期(22—24 岁):选定工作领域,开始从事某种职业,职业定位初步确定并试验其成为长期职业生活的可能性,若不适合则可能再经历上述各时期以确定方向。

3. 建立阶段。

25—44 岁,为建立稳定职业阶段。由于经过上一阶段的尝试,不合适者会谋求变迁或作其他探索,因此该阶段较能确定在整个事业生涯中属于自己的“位子”,并在 31 岁至 40 岁,开始考虑如何保住这个“位子”并固定下来。一般要经过两个时期:

(1) 尝试期(25—30 岁):对初次就业选定的职业不满意,再选择、变换职业工作,变换次数各人不等。也可能满意初选职业而无变换。

(2) 稳定期(31—44 岁):最终职业确定,开始致力于稳定工作。

4. 维持阶段。

在 45—64 岁。该阶段劳动者一般达到常言所说的“功成名就”的状态,已不再考虑变换职业,只力求维持已取得的成就和社会地位,同时会面对新的人员的挑战。

5. 衰退阶段。

65 岁以上。由于生理及心理机能日渐衰退,人的健康状况和工作能力逐步衰退,个体不得不面对现实,从积极参与转变为隐退,即退出工作,结束职业生涯。这一阶段往往注重发展新的角色,寻求不同方式以替代和满足需求。

舒伯认为职业生涯发展是一个循环往复的过程,伴随个人的一生。职业发展的五个阶段并不完全与年龄相关，而且各阶段之间也并不存在严格的界限，可能有交叉。在人生的不同时期，都可以经历由这五个阶段构成的一个小循环，人们同时在不同的空间里扮演不同的角色，所有的角色彼此相互影响。个人在不同的阶段面临的发展任务不同，都有一些特定的发展任务需要完成，而且前一阶段发展任务的达成与否关系到后一阶段的发展。个人一旦进入一个新的生涯发展阶段，可能会进入一个新的发展循环，需重新经历成长、探索、建立、维持、衰退等一系列历程。例如一个大学一年级的新生，必须适应新的角色与学习环境，经过“成长”和“探索”，一旦“建立”了较固定的适应模式，同时“维持”了大学学习生活之后，又要开始面对另一个阶段，即准备求职。原有的已经适应了的习惯会逐渐衰退，继而对新阶段的任务又要经历“成长”、“探索”、“建立”、“维持”与“衰退”，如此周而复始。

（二）生涯彩虹图

“我想要怒放的生命，就像矗立在彩虹之巅，就像穿行在璀璨的星河，拥有超越平凡的力量。”汪峰在《怒放的生命》的歌词里，把生命喻作彩虹，穿行在璀璨的星河，拥有超越平凡的力量！

舒伯也同样把生命喻作彩虹。这可以说是人类对生涯规划与发展最具想象力，也最具美学意义的一个“隐喻”。从 1957 年到 1990 年，舒伯又拓宽和修改了他的终身职业生涯发展理论，这期间他最主要的贡献就是“生涯彩虹图”。

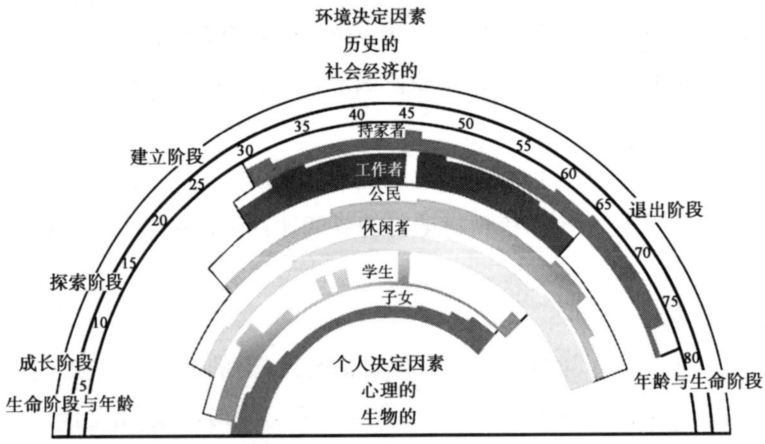

一生生涯的彩虹图

1976—1979年间，舒伯在英国进行了为期四年的跨文化研究，之后他提出了一个更为广阔的新观念——生活广度、生活空间的生涯发展观（Life-Span，Life-Space Career Development）（1981）。除了原有的发展阶段理论之外，较为特殊的是舒伯加入了角色理论。舒伯认为，一个人的职业生涯发展与在个人的发展历程的各个阶段中所扮演的各种角色，如儿童、学生、休闲者、公民、工作者、夫妻、家长、父母和退休者相关联。他认为，人在发展历程中随年龄的增长而扮演不同的角色，人在某一阶段对某角色投入得多，会导致这一角色的成功，同时也导致另一角色的失败。他称发展的各个阶段为生活广度，称个人扮演的角色为生活空间。生活广度与生活空间交汇形成生涯发展的完整图景，它描绘出了生涯发展阶段与角色彼此间相互影响、多重角色在不同阶段上共同存在、交互影响的综合状况。这个描绘生活广度、生活空间的生涯发展图形，舒伯将它命名为"一生生涯的彩虹图"（Life -Career Rainbow）。

1. 横贯一生的彩虹——生活广度。

在一生生涯的彩虹图中，横向层面代表的是横跨一生的生活广度。彩虹的外层显示人生主要的发展阶段和大致估算的年龄：成长期（约相当于儿童期），探索期（约相当于青春期），建立期（约相当于成人前期），维持期（约相当于中年期）以及衰退期（约相当于老年期）。在这五个主要的人生发展阶段内，各个阶段还有小的阶段。舒伯特别强调，各个时期年龄划分有相当大的弹性，应依据个体不同的情况而定。

2. 纵贯上下的彩虹——生活空间。

在一生生涯的彩虹图中，纵向层面代表的是纵贯上下的生活空间，由一组职位和角色所组成。舒伯认为，人在一生当中必须扮演六种主要的角色，依序是：子女、学生、休闲者、公民、工作者和持家者。从结婚到谋得第一份职位开始，六种不同的角色先后或同时在人生的舞台上交叠呈现，它们相互影响交织出个人独特的生涯类型，直至退休。退休之后，仍有几种角色延续至终。图的外圈为主要发展阶段，内圈阴暗部分的范围，长短不一，表示在该年龄阶段各种角色的分量。在同一年龄阶段，人们可能同时扮演数种角色，因此彼此会有所重叠，但其所占比例、分量则有所不同。

舒伯将生涯规划立体化了，从长度上，它包括了一个人从生到死的全部生命历程；从空间上，并不局限于对职业角色的关注，同样重视非职业角色对一个人生涯的影响。根据舒伯的看法，一个人一生中扮演的许许多多角色就像彩虹同时具有许多色带。这些角色包括子女、学生、休闲者、公民、工作者、持家者，它们主要出现在家庭、社区、学校和工作场所四个人生舞台上。舒伯将显著角色的概念引入了生涯彩虹图，他认为角色除了与年龄和社会期望有关外，与个人所涉及的时间与情绪程度（个人在各个角色上所花的时间和感情，也称“生活深度”）都有关联，即高投入的角色就是显著角色（彩虹图的阴影部分）。投入的程度由承诺度、参与度、价值期待、角色理解四项指标测定，因此每一阶段都有显著角色。一个角色的成功，特别是早期角色，将会为其他角色提供良好的关系基础。但是，在一个角色上投入过多的精力，而没有平衡协调各角色间的关系，会导致其他角色的失败。

以上图为例，半圆形最中间一层是儿童的角色，也是为人子女的角色。这个角色一直存在。早期个体享受父母的照顾，随着成长成熟，慢慢和父母平起平坐，而在父母年迈之际，则要开始多花费一些心力陪伴父母，赡养父母。

第二层是学生角色。一般从四五岁开始，10 岁以后进一步加强，20 岁以后大幅度减少，25 岁以后便戛然而止。但在 30 岁以后，学生的角色又出现，特别是 40 岁以后，学生的角色几乎占满全部的生活空间，但几年后就会完全消失，直到 65 岁以后。这是由于在现代科技发展日新月异、知识爆炸的社会，青年在离开学校、工作一段时间之后，常会感到自身已有的知识已经不能满足工作需要了，所以重回学校来充实自我。学生角色在 35 岁、40 岁、45 岁左右回升，正是这种现象的反映。

第三层是休闲者的角色。这一角色在前期的发展比较平稳，直到 60 岁以后才迅速增加，这和退休有关。在现代生活中，平衡工作与休闲是一项非常重要的任务，特别是在快节奏、高效率的社会中。

第四层是公民。这个角色，就是承担社会责任、关心国家事务的一种责任和义务。

第五层是工作者角色。一般在 25 岁以后，人就要开始参加工作，从此以后，这个角色将成为其生涯中最重要的角色，相当长时间内都是占满生活空间的，直到其退休。

第六层是持家者的角色，这一角色可以拆分为夫妻、父母、祖父母、外祖父母等。在人进入老年之后，这个角色将成为生命中最重要的角色。

第二节　新生活从选定方向开始

一、职业生涯规划

非洲撒哈拉大沙漠中有一个叫做比塞尔的村庄，它紧靠一片绿洲，被誉为沙漠中的一颗明珠，如今每年都有数以万计的游客到此观光游览。可当初若不是肯·莱文从这里走了出去，并把它介绍给世人，恐怕这里至今还不为人所知。

1926年，英国皇家学院院士肯·莱文来到这里，听说这里没有一个人走出过沙漠，肯·莱文就问这里的人：为什么不出去？得到的回答是：走不出去。原来他们尝试过多次，可无论朝哪个方向走，每次都是回到原地来。肯·莱文当然不信，自己既然走得进来，就一定可以走出去。于是，他雇了一个叫阿古特尔的当地人，让他带路，看看到底是为什么走不出去。他们带了足够半个月吃喝的水和干粮，牵了两峰骆驼，就上路了。肯·莱文这回没有带指南针等现代设备，只是拄了一根木棍跟在那个比塞尔人的后面，走了十天，果然又回到了原地。他由此弄清了他们走不出去的原因：原来他们不认识北斗星。比塞尔村处在浩瀚的沙漠深处，方圆上千公里没有一点参照物，若不认识北斗星，又没有指南针，在一望无际的沙漠里，一个人如果凭着感觉往前走，他会走出许多大小不一的圆圈，最后的足迹十有八九是一把卷尺的形状，想走出沙漠确实是不可能的。肯·莱文告诉阿古特尔，你白天休息，夜晚朝着北方天空那颗星一直走，就能走出沙漠。阿古特尔照着去做，几天之后果然来到了大漠的边缘。阿古特尔因此成为比塞尔的开拓者，他的铜像被竖在小城的中央，铜像的底座上刻着一行字："新生活是从选定方向开始的。"

【这个真实的故事告诉我们，人需要找到人生的指向标，而我们做事的动机就如同内心的北斗星，指引着我们的行动和生活前进的方向。一个人有什么样的目标，就会有什么样的选择，有什么样的选择，就会有什么样的人生。所以，与其一味追求好的结果，不如省察自己的内心，确定好人生方向，让自己

的人生有一个好的开始。】

我们不难发现有这样的一个事实存在：当我们闭上眼睛，回想身边的红色事物时，我们并不容易想得起来。红颜色在周围环境里一般都会很显眼，为什么我们却没有注意到呢？原因就是，人们在同时存在的两种或两种以上的刺激中，往往只选择一种进行注意，而忽略其他的刺激信息，这在心理学上叫“选择性注意”。所以，当没有人提示要注意红色信息时，它被忽略了，因为它不是一个目标。当有了明确要寻找身边的红色事物这个目标时，我们再一次闭上眼睛，便能一一罗列。所以目标决定心智活动的效率，我们没有关注目标时，效率就会很低。生涯目标也是如此。如果我们把注意力看成是一种能量的话，那么很明显，目标帮助我们集中了能量，有了目标，学习、工作的效率会大幅度提高，因为感官会过滤掉与此无关的信息。生涯目标聚焦时，身边的所有资源会源源不断地涌向自己，为你所用，成功的可能性会更大。

职场就像一个大沙漠，我们进行职业生涯规划，就是为了要走出这片沙漠。拥有成功的职业生涯才能实现完美人生，如果你不想一辈子转圈子，如果你准备走出你的沙漠，那就给自己一个目标，坚定不移地走下去。

职业生涯规划简称职业规划，也称职业生涯设计，是指个人和组织相结合，在对一个人职业生涯的主客观条件进行测定、分析、总结、研究的基础上，对自己的兴趣、爱好、能力、特长、经历及不足等各方面进行综合分析和权衡，结合时代特点，确定其最佳的职业奋斗目标，并为实现这一奋斗目标做出行之有效的安排。个体的职业生涯规划并不是一个单纯的概念，它和个体所处的家庭以及社会有着密切的关系，并且要根据实际条件具体安排。因为未来的不确定性，职业生涯规划也需要有适当的变通性，虽然是规划，也不是一成不变的。

二、职业生涯规划与未来生活的关系

我们对自己的未来都充满美好的向往，但未来会怎么样？我们都有自己远大的职业理想，但理想如何才能实现？我们都追求幸福的生活，但幸福之花将会开在什么样的花园？面对不确定的未来，我们应该作出具有目标感的安排。金树人说，生涯之学，即应变之学。我们补充说，规划之道，即未来之道。具有目标感的未来之路，可以使我们的脚步更加从容、坚定。

(一) 职业生涯规划明确人生的奋斗目标

我们每个人都有过这样的经历:在很小的时候就希望自己将来要成为一个什么样的人,比如成为一名科学家,成为一名解放军战士,成为一名工程师,或者一名音乐家等等,这些玫瑰色的梦想就是我们对职业生涯的最初设计。随着年龄的增长和现实的变化,很多人最终所从事的工作可能和当年的梦想相去甚远,有的梦想则彻底变成了空想!但是也有一部分人,面对这样那样的变化,始终清楚自己真正想要的是什么,所以最终获得了人生的成功,实现了自己的梦想。例如,神舟六号的航天员聂海胜小时候曾是一名放羊娃。有一次放羊的时候他睡着了,梦见自己和羊儿们长出了一对大大的翅膀,在天空中飞,和羊儿们玩……醒来后,他发现自己还在地上,这只不过是一场梦。他在心里默默地想:“我一定要实现我的梦想!”后来,他努力学习,成绩优秀,表现良好,被飞行员学校录取,成为一名光荣的人民解放军飞行员。再后来,因为优异的成绩又被航天员大队录取,并于2006年登上神舟六号飞船飞上太空,圆了童年的飞天梦。

自我负责的人生是主动的人生,它意味着你知道如何去享受和应对人生的各种挑战,并且为应对这一切做好准备。职业生涯规划,就是我们每一个人根据自己的能力和知识,设计好一个自己将要为之奋斗的目标,然后再通过一步一步的努力朝着那个方向前进,最终实现自己的人生理想。我国明代军事家王守仁说过:“志不立,如无舵之舟,无衔之马,漂荡奔逸,终亦何所底乎。”志高则言浩,志大则辞宏,志远则旨永。志向是事业成功的基本前提,没有志向,事业的成功也就无从谈起。立志是人生的起跑点,反映着一个人的理想、胸怀、情趣和价值观,影响着一个人的奋斗目标及成就的大小。所以,确立志向,是制定职业生涯规划的关键,也是个人职业生涯中最重要的一点。职业生涯是人生旅途的重要部分,一个人从事工作实现人生价值的时间大概是30年,一份科学合理而又完善的职业生涯规划,将会帮助你在这漫长而又短暂的职业生涯中“定心”,把人生的美好希望变成行动的目标、奋斗的方向、激发进取的动力。

(二) 职业生涯规划帮助人们突破障碍、开发潜能

在生涯发展过程中,很多人都会产生这样或那样的困惑,遇到这样或那样

的障碍,如果一个人没有生活的目标,就很容易迷失方向,随波逐流,或者困于障碍,一蹶不振。要知道,在职业生涯发展的道路上,重要的不是现在所处的位置,而在于迈出下一步的方向。当你处在成功的巅峰,如果搞错方向,多走一步就是万丈深渊;当你处在失败的谷底,如果找对方向,每走一步都有无限希望。职业生涯规划本身是一个动态的不断发展的变化过程,它提供了一些有效的方法或工具,帮助你养成一种能力,能助你集中精力,全神贯注于自己的优势,在不同发展阶段都能对自己的过去、现在和未来有一个重新审视、评估的机会,这样就有助于你发挥最大的潜力,克服生涯发展困阻,避免人生陷阱,不断修正前进的方向,为自己的每一个人生阶段创造最大的成就感和满足感。

一份行之有效的职业生涯规划能使我们更深入、更全面地认识自己,包括性格、兴趣、气质、职业能力、职业价值观等,帮助你重新对自己的价值进行定位并使其持续增值;引导你对自己的综合优势与劣势进行对比分析,准确评价个人特点和强项,评估个人目标和现状的差距,突破并塑造清新充实的自我;树立明确的职业发展目标与职业理想,准确地进行职业定位,确定人生的方向,提供奋斗的策略,搜索或发现新的或有潜力的职业机会,找到适合自己的工作;学会如何运用科学的方法采取可行的步骤与措施,不断增强你的职业竞争力,使你潜在的资源优势得到有效积累与发挥,让人生的列车沿着既定的轨道顺利地驶向自己的目的地。

【小故事】

爱因斯坦成功的启示

爱因斯坦出生在德国一个贫苦的犹太家庭,加上他小学、中学的学习成绩平平,虽然有志朝科学领域进军,但他有自知之明,知道必须量力而行。他进行自我分析:自己虽然总的成绩平平,但对物理和数学有兴趣,成绩较好。自己只有在物理和数学方面确立目标才能有出路,因而读大学时他选读了瑞士苏黎世联邦理工学院物理学专业。

由于奋斗目标选得准确,爱因斯坦的个人潜能得以充分发挥,他在 26 岁时就发表了科研论文《分子尺度的新测定》,此后几年他又相继发表了 4 篇重要科学论文,发展了普朗克的量子概念。可见,爱因斯坦确立目标的重要性。假如他当年把目标确立在文学上或音乐上(他曾是音乐爱好者),恐怕就难以取得如今的成就。

为了避免耗费人生有限的时光，爱因斯坦创造了高效率的定向选学法，即在学习中找出能把自己的知识引导到深处的东西，抛弃使自己头脑负担过重或会把自己诱离要点的一切东西，从而使自己集中力量和智慧攻克选定的目标。

为了阐明相对论，他专门选学了非欧几何知识，这种定向选学法，使他的立论工作得以顺利进行和正确完成。如果他没有意向创立相对论，便不会在当时学习非欧几何。如果当时他漫无目的地涉猎各门数学知识，相对论未必能这么快产生。爱因斯坦正是在10多年时间内专心致志地攻读与自己的目标相关的书和研究相关的目标，终于在光电效应理论、布朗运动和狭义相对论三个不同领域取得了重大突破。

爱因斯坦的一生所取得的成功，是世界公认的，他被誉为20世纪最伟大的科学家。他之所以能够取得如此令人瞩目的成绩，和他一生具有明确的职业生涯目标是分不开的。

（三）职业生涯规划促进个性发展和综合素质提升

法国科学家约翰·法伯曾做过一个著名的“毛毛虫”实验。他在一只花盆的边缘上摆放了一些毛毛虫，让它们首尾相接围成一个圈，与此同时，在离花盆周围六英寸远的地方撒了一些它们最喜欢吃的松针。由于这些虫子天生有一种“跟随者”的习性，因此它们一只跟着一只，绕着花盆边缘一圈一圈地行走。时间慢慢地过去，一分钟、一小时、一天……毛毛虫就这样固执地兜着圈子，一走到底。7天7夜之后，它们全部死去了。在对这次实验进行总结时，法伯的笔记本里有这样一句话：“毛毛虫如果有一只与众不同，它们就能够马上改变命运，告别死亡。”毛毛虫的悲哀在于它们只知道在老路上盲目跟随，对左右的绝佳食物丝毫不加注意。

无论在工作、生活还是学习中，我们也经常会犯毛毛虫似的错误，思维存在惰性，目光短浅，害怕风险，缺乏胆识和魄力，缺乏创新的思想，缺乏可行性目标等等。如果你一辈子只会跟着别人的脚步，你的事业和生活将没有任何可预期和不可预期的发展和变化，总有一天你的命运会等同于那些在松针堆旁饿死的毛毛虫。所以我们每个职场人，一定要有自己的思想，要有自己的立场和观点，要有自己的观察和分析能力。英国教育家洛克说过："每一个人的心灵都像他们的脸一样各不相同，正是他们每时每刻地表现自己的个性，才使得今天这个世界如此精彩。"有效的职业生涯规划就是在充分且正确认识自身条件与相关环境的基础上进行的。它是通过专业的职业测评，来确定自己的核心价值观念、个性特点、天赋能力、缺陷、气质、兴趣等影响职业选择和职业发展的重要内在因素，设计个性化的发展道路和发展规划，选择与自己的兴趣、爱好、特长和能力相适应的职业，进而促进个性的全面发展。职业生涯规划决定命运，有什么样的职业生涯规划就有什么样的人生。事业称心如意的秘密在于做你最想做的事。一般来说，个性越适合工作，对工作的满意度就会越高。

人生在世，谁都想成就一番事业，实现人生的价值。然而事业的成功，是实力与机遇共同作用的结果。而机遇往往是对有准备的人的一种恩赐。想要有一个美好的明天，我们需要一个良好的规划来指导，职业生涯规划就是为你提供走向成功的技术与方法。它通过对个人内心世界和行为特征的剖析以及对职业环境的全方位分析，帮助大学生发现自己的优劣和潜质，扬长避短，选择适合自己并且能够实现自己人生价值的行业和职业，确立自己的目标，并将其作为个人努力的依据，不断地鞭策自己。目标能使你成为一个成功的人。美国19世纪哲学家、诗人爱默生说："一心向着自己目标前进的人，整个世界都会给他让路!"对许多人来说，制定和实现规划就像参加一场比赛，目标给了你一个看得见的射击靶。随着时间推移，你一步一步地实现阶段性目标，这时你的思维方式和工作方式也会渐渐改变，从而有目的地锻造自身的职业能力，养成积极的职业态度等，全面提升自己的综合素质，顺利适应职业发展的需要，最终实现自己的职业目标与理想。

(四) 职业生涯规划提升职业品质和转变择业观念

职业品质是在职业过程中表现出来的综合品质，即个体或群体在行为、作风上所表现出来的思想、认识、品性等。职业品质是大学生未来胜任自己职业所必须具备的基本品质，是未来职业成功的立足点。职业生涯规划能大大地提升一个人的职业品质，因为职业生涯规划是这样一个过程：通过正确认识自我、了解社会和职业状况，尤其是对职业资讯的收集、分析和比较，增进对职业世界的整体了解，感知、领悟丰富的职业世界，寻找适合自身发展需要的职业，有意识地培养职业心态、职业技能和职业素质，实现个体与职业的匹配，为成功的职业生涯打下基础。

职业生涯规划的目的绝不仅仅是帮助个人按照自己的资历、条件找到一份合适的工作，更重要的是帮助个人真正了解自己，筹划未来，在详细估量内、外环境的优势和限制的基础上，设计出合理且可行的职业生涯发展方向。我们看到，现实生活中有不少人都存在从众的就业观念，就是自己没有考虑过将来要做什么，别人找什么样的工作，自己也找什么样的工作，什么工作热门就找什么工作。还有一些人拿着简历与求职书到处乱跑，总想会撞到好运气找到好工作，结果浪费了大量的时间、精力与资金，到头来感叹招聘单位有眼无珠，没有"慧眼识英雄"，叹息自己英雄无用武之地。或者草草签约之后进入工作阶段才发现并不是自己想干的工作，只能换职业。造成这些现象的主要原因就是没有为自己做职业生涯规划。

当今社会处在变革的时代，到处充满着激烈的竞争。要想在这激烈的竞争中脱颖而出并立于不败之地，必须设计好自己的职业生涯规划，有效整合自己的优势，做到心中有数，不打无准备之仗。传统的职业观念是终身从事一项稳定的职业，不断精于这一行，直到退休。这种职业观念已经不适应知识经济发展的需要。从终身职业到终身就业，职业活动的转换已成为人们生活中的必然。在新的就业模式中，不会再有终身职业，取而代之的应该是人人拥有终身就业机会，而且没有职业的稳定，只有技能的稳定与更新。职业生涯规划能帮助一个人认清就业形势，转变就业观念，永远保持对职业与未来的活跃思考。

三、职业生涯规划开启多彩大学生活

《礼记·中庸》中说："凡事预则立，不预则废。"大学生进行职业生涯规划，不论对其健康成长，还是对其顺利就业，都具有重大意义。

大学生的年龄一般为17—21岁，根据舒伯的职业生涯发展理论，大学生正处于职业生涯的探索阶段，并跨越了过渡期和初步试验承诺期两个时期。这一阶段的基本特征应该是：通过学业与课余渠道，审视与评价自己的兴趣、愿望和能力并探索其实现的可能；关注升学或就业机会；探索性地选择职业。而当代大学生多数为独生子女，他们是在社会转型、观念转变的社会背景和网络环境中长大的一代，由于从小家庭、学校包办过多过细，他们对人生观、价值观缺乏思考，自我意识薄弱，长久下来，这种依赖和被依赖的关系已经逐渐成了一种惯性。对于在相对优越条件下长大的大学生来说，要实现既定的人生目标，成为社会有用之才，在大学的几年生活中，除了学习专业知识外，更需要培养适应环境、独立生存、抗击挫折、坚忍不拔、百折不挠的意志品质。

舒伯的生涯发展阶段中，每一阶段都有一些特定的发展任务需要完成，每一阶段需达到一定的发展水准或成就水准，而且前一阶段发展任务的达成与否关系到后一阶段的发展。大学虽然是人生中短短的几年，但因在自然生命上汇聚了人们最炽热的年华而影响深远。大学时期是人生发展中最重要的阶段，是身心发生剧变的时期，是人才成长的黄金时期，也是人生社会化的准备时期；在人一生的发展过程中，对大学生来说，人生的理想将在这里形成，人生的道路将在这里起步，美好的生活将从这里开拓。这不仅因为大学在很大程度上是人一生中系统学习的最后阶段，是青年学生走向社会的一个重要环节，而且大学几乎已经成为了一个人发展的起点。大学生在这一阶段要完成从学生到社会建设者的过渡，完成对自身职业的探索，作出职业的决策并初步付诸实施。大学生要想很好地融入大学生活，使自己的大学生活过得充实、有意义，必须有明确的目标和计划，树立正确的职业意识，充分利用学校提供的资源，进行系统知识积累，同时，通过学校的各种活动拓宽自己的视野，加强自身修养，初步形成职业技能，为以后的职业发展打基础；对自己的大学生活和未来发展进行适当的规划，为自己的努力设立一个目标和方向。

最新意义上的职业生涯规划，实际已经包含了人生规划的概念，即包括工作、学习、休闲、爱和家庭四大块。对大学生而言，一份完整的职业生涯规划，在内容上也应该涵盖学业、社会实践和成长的各个方面。大学生在走向社会前，将现实环境和长远规划相结合，给自己的职业生涯作一个清晰的定位，是求职就业乃至将来职业升级发展的关键一环。一个好的大学规划不仅可以让你的大学生活变得充实，而且对将来的就业和前途都大有益处。

在大学里每一个人都在为自己今后迈向社会做准备。大学生从进入大学起，就要着眼于人生发展的大方向，以学业规划为重点，明确自己的学习目标，通过对未来大学生活的预期设计，采取相应的措施，谋求在大学生活中取得更大成功。科学的大学生活规划，可以帮助你更好地管理大学的美好时光，可以使你更好地集中精力，使之用于最具回报率的事情，以获得最大的成功。清晰的目标＋努力行动＝成功。你怎样坚信，就应该怎样去行动，现在你还犹豫什么呢？赶紧去想！赶紧去做！让我们明确方向，跑起来吧！

第三节　职业生涯规划的模式和步骤

一、生涯规划的模式

“模式”(Pattern)就发生学角度而言是属于科学哲学范畴的一个概念。事实上，“模式”就是一种方式，一种方法框架，它可以更有效地帮助人们进行工作，提高工作质量和效率。在一种良好模式的指导下，有助于人们找到解决问题的最佳办法，有助于人们完成任务，达到事半功倍的效果。

生涯规划的模式是人们进行生涯规划的程序和方法。不同的生涯规划模式都可为职业发展的方向和路径问题提供现实可行、有根有据、逻辑清晰的解决方案，指导人们作出具体的职业生涯规划。常见的生涯规划模式主要有以下几种：

(一) CGLC 模式

该模式最早于 1997 年在一些企业的培训中被提及，它将职业生涯规划的一系列步骤和方法集纳为四个部分：认识(Cognizance)，目标(Goal)，阶梯(Ladder)，结合(Cohesion)。“CGLC”模式认为，职业生涯规划应该经由对个体自身诸多方面的认识开始，进而确立有效的职业目标，然后实施有效的阶梯式的行进过程，同时，必须从系统的观念出发，结合多方面的因素去实现目标。

(二) 大学生职业生涯规划中的 5W 模式

该模式也称归零思考模式，是许多职业咨询机构在进行职业咨询或者职业规划时常常采用的一种方法，主要解决职业生涯规划中的五个具体问题：

(1) Who are you? 是指对自己进行一次深刻的反思，把自己的优点和缺点都一一列出来，对自己有一个全面、客观、清醒的认识。

(2) What do you want? 是指对自己的职业发展有一个心理趋势的检查，知道自己需要什么样的职业和生活。

(3) What can you do? 是指要清楚自己能干什么,或者可能有哪方面的发展潜力。

(4) What can support you? 是指周围可提供的你发展所需要的环境资源,通过对主客观因素的深入调查,作出可行性分析。

(5) What can you be in the end? 是指确立自己最终的职业目标。

(三) 知识经济时代职业生涯规划的"权利—社会模式"

知识经济时代,职业生涯规划的研究从单纯关注个体或组织,发展到关注个体和组织的协同发展,因此专家提出了职业生涯规划的权利—社会模式。这是指个体、组织和社会共同拥有对个体职业生涯规划进行操作的权利,并在规划的过程中主动寻找三方利益最大化平衡点的发展模式。这一模式下,因个体、组织和整个社会全体自觉主张职业发展的权利,职业规划便成为在一种"不自觉"状态下的主动规划,而无须刻意区分其"自觉性",但个体、组织和社会对职业生涯规划权利的主动主张则更多地表现为对其他主体利益的主动关注,共同寻求社会整体人力资本的最大化,在规划主体、组织和社会的角色,职业发展的范式特征,衡量职业成功的标准,过程控制与规划动力等方面将呈现出与工业经济时代职业生涯规划不同的发展特征。

个体在权利社会模式下,不仅可以得到职业竞争力的稳步提升,还可以在确保自身多层次需求得以满足的前提下获得最大限度的个人发展,并在增加自身人力资本存量的基础上,主动主张自己对职业生涯规划的决策权利和实现权利,充分行使人力资本的产权权能,获得最大收益与效用。组织在权利社会的发展模式下,一方面可以节约组织资源,专门开展核心员工的职业生涯规划,同时也将在个体职业生涯规划成功的过程中获得个体更高的组织承诺和工作满意,激发个体的工作潜能,为组织创造更高的绩效成果,并使组织整体人力资本效能实现最大化,为组织在知识经济时代激烈而迅速变化的市场环境中获得和保持核心竞争力提供坚实的人力资本保障。个体和组织的发展无形中就促进了整个社会的全面发展和共同进步。职业生涯规划体系的有效进行,带动了社会整体人力资本总量的增值和人力资本结构的优化,为全社会每一个体成员的充分发展创造出更加和谐的社会关心和发展环境,从而创造更为优越的物质条件和更为丰富的精神体验。

二、生涯规划的基本步骤

生涯规划是一个连续不断的历程，是一个系统化的"从内而外"的过程。根据职业生涯发展领域专家的观点，一个完整有效的职业生涯规划应包括觉醒与承诺、探索自我、探索职业世界、决策与行动、评估与反馈五个步骤。

（一）觉醒与承诺

职业生涯规划是一种建立在现实、理想和梦想之上的自我管理艺术。职业就像生命的台阶，需要在不同的时期、站在不同的高度来审视自己。一个人要想获得成功，光有远大的理想是不够的，还必须将职业目标与人生理想有机地统一起来。觉醒与承诺就是我们了解了职业生涯规划的重要性和作用，并认识到职业规划是个过程，是一种面对生涯发展的态度，从而唤醒个人职业生涯规划意识，愿意花时间来规划自己的生涯。职业生涯规划能帮你走出发展的瓶颈，让自己活出快乐人生。

（二）探索自我

探索自我即认识自己，从职业生涯规划与发展的角度看，重点是探索、了解自己的职业价值观，探索自己的自我职业倾向，如性格、兴趣等。探索自我是为了更好地认识自我、了解自我，通过科学认知的方法和手段，如借助于职业兴趣测验和性格测验以及周围人对你的评价等，对自己的职业兴趣、性格、气质、价值观等进行全面认识，清楚职业自我中的优势与特长、劣势与不足。我是什么样的人？我喜欢做什么？我能做什么？我最在乎什么？只有明确地回答了这些问题，才能避免规划中的盲目性，从而对自己所适合的职业和职业生涯目标做出合理的抉择。

（三）探索职业世界

职业世界是一个人实现其生涯理想的外部平台，在进行了自我探索之后，还需要了解职业世界，知己知彼，方能百战百胜。大学生在探索职业世界时，首先，要了解职业外部环境，了解目前职业世界的大趋势，要分析环境条件的特点、环境的发展变化情况、自己与环境的关系、自己在这个环境中的地位、环境对自己提出的要求以及环境对自己有利的条件与不利的条件等。其次，要以积极的心态面对职业世界，掌握多种获取和研究职业信息的方法，开阔思维，多角度、多途径获取工作信息，能够使用多种方法与策略获取职业信息，学会有效管理职业信息。同时，可以通过头脑风暴的形式把心目中理想的职业一一列出来，这样就获得了一个职业清单。看看这些职业有什么共同点，可能启发你想到更多值得探索的职业，结合你的自我探索职业清单进行筛选，最终就会得到你预期的职业库。当我们用更广阔的思路来看职业世界时，会更容易理解什么是自己真正需要的，从而调整自己的行动，走出属于自己的生涯道路。

（四）决策与行动

几个大学生结伴登山，天气突然变坏，找不到路出山，所幸警察、驻军联合搜救，才免于山难。其中有一个大学生躺在担架上似乎很不服气地对搜救者说："我们知道方向！"搜救者不客气地说："只知道方向有什么用？方向固然可以帮你找路，但并不等于路。方向告诉你该往西走，偏偏西边遇到了山谷，你下不去；方向又指示你往北走，偏偏遇到一条河，你又无法渡过。到头来，方向没有错，路错了，唯有活活饿死冻死在山里。"

在人生的旅途上，以为设定方向、设定目标就能达到目标，却不衡量自己的实力，或者不付出相应的努力，极可能遭到失败的命运。

职业生涯规划实际就是人生战略设计，战略就是对未来的发展做出的一种安排，成功的人生需要正确规划。一个人不仅要知道应该做什么，还要知道不该做什么，大学生应该清楚自己要成为什么样的人，要从事什么样的职业，为实现这样的人生目标需要怎么样安排好自己的学习生活。要在分析自我、了解职业世界的基础上，对自己的生涯规划与发展作出决策，并着手行动来实现自己设立的工作目标。

为了完成自己设定的职业目标，我们需要制订行动的计划，它应该是一个分阶段实现的计划，也就是给自己设立几个可以顺利达到最终目标的短期计划。对应自己的行动计划，可将职业目标进行分解，即分解为短期目标（一般1—3年）、中期目标（一般3—5年）和长期目标（一般5—10年），其中短期目标可分为日目标、周目标、月目标、年目标。分解目标有利于跟踪检查，同时可以根据环境变化制订和调整短期行动计划，并针对具体计划目标采取有效措施。

行动计划要对应相应的措施，层层分解、具体落实，细致的计划与措施便于进行定时检查和及时调整。

（五）评估与反馈

俗话说“计划赶不上变化”，尤其在高科技信息时代，变化更是永恒的主题。由于影响职业生涯规划的因素很多，有的变化是无法预测的，在实施规划的过程中也有可能发现过去的规划不适合自己，或者发现过去的规划并不尽如人意。这就需要时刻关注环境的变化，从而不断对职业生涯规划进行评估与修订。首先，要对年度目标的执行情况进行总结，确定哪些目标已按计划完成，哪些目标未完成。然后，对未完成目标进行分析，找出未完成原因及发展障碍，制定相应解决障碍的对策及方法。最后，依据评估结果对下一年的计划进行修订与完善。职业生涯规划的评估与反馈过程是个人对自己不断认识的过程，也是对社会不断认识的过程，是使职业生涯规划更加有效的有力手段。

知识拓展

一、深圳中学校长在2013届高中毕业典礼上的讲演稿

每一天都是作品

王占宝

尊敬的各位来宾、家长们，亲爱的2013届的老师、同学们：

大家好！

今天，2013届的学子们就要从凤凰树下出发，开始自己新的人生旅程。当你们再次徜徉于熟悉的校园，欲把母校的风景摄入心底，深情瞻望凤凰树时，可能有点诧异。往年此时，凤凰花开，汪洋恣肆，灿若云霞。今年雨水绵密，凤凰树只有零星花儿点缀；风起，不见往年的如火摇曳。仰望枝头，也许你要失望与遗憾，觉得景不如愿，情深难赋。但我想，花开的盛大与热烈是美，也许那没有全然绽放之时，又是别样的风景与诗意吧！

同样的，高考的6月7号、8号是难忘的，今天毕业典礼6月11号是难忘的，那么6月9号、10号就是可以被忘记的吗？6月12号、13号……就是无所

谓的吗？它们都是你人生中唯一的、不可重复的一天啊！

今天，你们就要跨出深中的门槛，走向湖海山川，走向天下世界。对未来你们曾有过千万次的设想，你们踌躇满志，想要实现自己的理想，登上巅峰，渴望着再聚深中时，能够给母校带回一份傲人的人生履历，证明你的价值和意义。登上巅峰的体验固然精妙绝伦，让人心驰神往，但是相对于漫漫人生来说那还是短暂的，能在每一天都体验到幸福与精彩才是完整的人生啊！

有人问法国著名艺术家杜尚，你一生中最好的作品是什么？他说，是我度过的美好时光。

是的，每一天都是独特的，重要的。

每一天都是值得欣赏和珍惜的。

每一天都应该是充实而精彩的。

所以，今天你们在深中的最后一课，我想要和大家分享的题目是“每一天都是作品”。

《华盛顿邮报》曾经做了一次有趣的实验，请世界上最伟大的音乐家之一，著名小提琴家约夏·贝尔在华盛顿朗方广场地铁站里，用一把制造于1713年的、价值350万美元的小提琴先后演奏了6首巴赫的作品。这期间1097人经过，只有6个人停了一会儿，约20人给了钱，但多数是边走边扔给他，总共收到了32美元，待演出结束时，无人鼓掌、无人理会。可就在两天前，他在波士顿一家剧院演出，所有门票售罄，而要坐在剧院里聆听他用同一把琴演奏同样的乐曲，平均得花200美元。

最后，实验者得出的结论是：当世界上最好的音乐家，用世界上最美的乐器来演奏世上最优秀的音乐时，如果我们连停留一会儿倾听都做不到的话，那么，在我们匆匆而过的人生中，我们又错过了多少其他珍贵的东西呢？

四季有美，幸福就在身边，生活之中处处是作品，你欣赏到了吗？

最近有一个词在台湾十分火爆——“小确幸”，被列为十大“小确幸”的是：意外小财，享用美食，家人团聚，睡到自然醒，朋友捎来问候关心，与好友出游旅行，看好书、听好音乐、看好电影，与好久不见的朋友把酒言欢，买到物超所值的东西，泡个热水澡消除疲劳……

“小确幸”——就是微小但确切的幸福，源自日本作家村上春树曾在随笔集《兰格汉斯岛的午后》中提到这些生活中朴实微小的幸福。他说：“如果人生没有这些小确幸，人生也只不过是干巴巴的沙漠而已。”

同学们，当你们总是将眼光放到十年之后、千里之外，为梦想心潮澎湃、跃跃欲试时，你们是否低下头，看到了每一天生活中的这些闪烁美丽的“小确幸”呢？

每一天都不是随随便便、马马虎虎、可有可无的，而是唯一的、独特的，能够体验到确确实实的幸福的。每一天都值得珍惜，放慢你的脚步，欣赏啊！

在古希腊悲剧《俄狄浦斯王》中，斯芬克斯给出了一个“人生之谜”：什么动物早晨四条腿，中午两条腿，晚上三条腿走路，腿最多时最无能，谜底为“人”。而谜语中的一天则象征人的一生。实际上人的一生就是漫长的一天，人的一天就是短暂的一生。你怎样度过每一天，也就可能怎样度过你的一生。所以同学们，过好每一天就是过好人生，每一天都应该像欣赏作品一样去体验。

我们应该欣赏生活，但是又不能仅仅停留在自我欣赏上，更重要的使命是创作出自己的作品给世界和未来欣赏，这是对生活更高层次的“欣赏”。因此，“每一天都是作品”，它给我们更深刻的启示是：每一天我们还应该与自己的作品相联系，创造出自己的作品人生。

中国是一个农业文明发达而且历时恒远的国度，农耕思维是国人的精神基因，尽管我们身处21世纪，尽管我们许多精英生活在现代都市里，但是农耕思维随处随时可现，因此，“现代化”对我们来说任重而道远。农耕思维的一个表现是：重视作业而轻视作品。

我国的传统教育一个特点是，重视作业而轻视作品。

作业是完成预计的工作与任务，而作品是运用智慧与创意去进行艺术的创作。在我们的图书馆收藏着2011届以来部分校友当年的作业与课堂笔记，像作品一样供同学们借阅。透过那些笔迹下的严谨与精致、诗意与灵巧，我们仿佛又看到了那一张张昔日稚气面容下，对于追求完美与卓越近乎偏执的决心。完成作品的关键在于对所做事情的热爱。一个人的中学作业和笔记可被当做作品，那么，他的未来会产生伟大的作品，这是没有悬念的。

今天你们收获了高中毕业文凭，可能已经在眺望高等教育的文凭。有人调侃中国的文凭：“文凭不过是一张火车票，清华北大的是软卧，本科的是硬卧，专科的是硬座，民办的是站票，成教的在厕所挤着。火车到站，都下车找工作，才发现老板并不太关心你是怎么来的，只关心你会干什么，你有什么作品，或者你能做出什么作品。”

饮茶是我们生活中常见的事件，热爱之人却从中觅得旨趣，将之发展为茶道。日本茶道就是在“日常茶饭事”的基础上发展起来的，它将日常生活行为与宗教、哲学、伦理和美学熔为一炉，成为一门综合性的文化艺术活动。它不仅仅是物质享受，而且通过茶会，学习茶礼，陶冶性情，培养人的审美观和道德观念。这难道不是将饮茶这项普通的事件变作了一项精美绝伦的作品吗？我们日常许多很随便的行为在日本都形成了这样的“道”。

缺少自己的作品，这样的社群和国家将会怎样？

中国消费者购买力高居全球第一，但鲜有国人钟情于国货。上海交大一位教授说：“我们为什么买苹果？因为它创新；为什么买德国车？因为有质量；为什么买 LV？因为有品位；为什么买外国奶粉？因为有信誉。”很多人说中国缺内需，可我们去香港买 IPad，以至于香港地区政府都说再买 iPad 就要上税；国人还冒着入狱的危险去买奶粉……我们有全球第一的需要，但是国货满足不了，只有到全世界去寻找。

为什么一个消费大国做不出自己的作品？

更让人忧心的是，社会没有做自己作品的自觉，只是一味重复别人的故事，并且乐此不疲！

由荷兰设计师伦泰因·霍夫曼设计的巨型黄色橡皮鸭，于 2013 年 5 月 1 日在香港维多利亚港展出至 6 月 9 日，其间吸引了 800 万人次前往。随即，杭州、佛山、芜湖、无锡、重庆、天津、西安、淡水、东莞等地近日纷纷出现尺寸不同、形态各异的“山寨大黄鸭”。设计师霍夫曼对此表示了抗议，他说，“现在它显示出中国缺乏信任，这是一个非常大的问题。如果我是中国人，我会反感，我真的会很反感，这种行为会毁掉社会文化”！

无独有偶，在广东惠州博罗县郊外的山坡上出现了一个“山寨奥地利小镇”的房地产项目——“五矿·哈施塔特”，按原尺寸复制了奥地利小镇哈斯塔特。该事件引起了奥地利议员的强烈抗议，也引发了《纽约时报》、《华盛顿邮报》、《今日美国》、英国《卫报》等国际一流媒体的关注。“山寨”对于中国房地产这个世界上目前规模最大的房地产开发大军早已不是新鲜词汇。英国《卫报》称，中国正在复制世界各国的建筑精品，从奥地利小镇到埃菲尔铁塔，甚至整个曼哈顿。就在以创新与先锋著称的深圳，山寨楼盘也司空见惯。深圳龙华的圣莫丽斯楼盘和南山华侨城的波托菲诺楼盘，分别复制了瑞士的圣莫丽斯和意大利的波托菲诺。

这种公开的、大规模的山寨建筑在国际上被认为是极其震惊与不可思议的。

王尔德曾说过：一个人要么成为一件艺术品，要么戴一件艺术品。

没有创意，一味模仿，人生只能是他人单调的重复；

没有创新，一味复制，一个国家便没有自己的作品；

也许，这就是温水煮青蛙。

难道，这，还不能让我们警醒吗！

那么，怎样让每一天不仅仅是作业而是作品呢？

这要看你是在“做事情”还是在“做事业”。

做事情是什么？今天做了，明天还得做；

做事业是什么？今天做了，明天还想做。

做事业、做作品的关键在于专注与纯粹。

因为热爱，所以专注而纯粹；

因为专注与纯粹，所以作品珍贵而久远。

专注，是简单的深刻；纯粹，是深刻的简单。

韩国银行发表的《日本企业长寿的秘密及启示》报告书称，日本拥有3146家超过200年历史的企业，为全球最多，其中7家企业历史超过1000年，年代最为久远的企业是创立于公元578年的大阪市寺庙神社建筑企业金刚组，第二是京都市经营插花的企业池坊华道会，建于公元587年，第三是山梨县的西山温泉庆云馆，创立于公元705年。

日本调查公司东京商工研究机构数据也显示，全日本超过百年历史的企业竟达21666家之多，1975年后才建立的公司，仅为620家。而超过200年的企业，德国有837家，荷兰有222家，法国有196家。

重视本业，不追求眼前利益的经营理念，使日本的家族企业很少跨界经营，用百年时间专注于某个领域为企业赢得了社会的信赖。专注与纯粹，这就是日本企业长寿的秘密。

反观之，中国中小企业的平均寿命仅2.5年，集团企业的平均寿命仅7—8年，每年倒闭的企业约100万家，是美国的10倍。

村上春树还说过，“没有专注力的人生，就仿佛大睁着双眼却什么也看不见”。

如今我们身处的中国，它是躁动与亢奋的。我们身边充斥着山寨与复制，每个人都想找到通往成功最近的道路。

在这样浮华的时代里，因为太容易，所以我们不珍惜；因为太繁多，所以我们记不得；因为太轻率，所以我们不尊重。但是，这样如此“生命不可承受之轻”的人生，真的就是我们想要追求的吗，这样度过我们的一生，真的让人无悔吗？

让我们像罗丹雕塑“思想者”一样，创作出属于自己独特的、有价值的作品吧！

因为每天都是唯一的，所以把每天都当做作品。

因为我们不仅仅是来欣赏的，所以每天都应该做自己的作品。

作品，就是将该做的事做好，也可以说就是我们对世界的具体贡献。

要做成作品，就不会把时间耗费在无聊的人和事上，必须知道“不应该做什么”，这也是专注与纯粹。

如果我们能够珍惜每一天，欣赏自然和他人的作品，而且坚持做自己的作品，那么我们就会创作出深厚的作品人生！

这样，你的人生就有了真实而清晰的记忆，2013 年，2014 年、2015 年……每一年、每一天的作品让你欣赏到了生命的足迹。

如果我们有着这样一个绚烂的作品人生，那么我们自己本身就成了一个珍贵的作品。

如果我们每一个人都能够有这样的作品意识，这样的作品行为，这样的作品人生，我们的国家，我们的社会，我们的生活，又将会怎样？

每个法官，匡扶正义；每个警察，维持正道；每个官员，秉公为民；每个记者，报道良心；每个医生，救死扶伤；每个教师，教书育人；每个学生，养正成才……每个人把职业提升为事业，立足岗位创造自己的作品，我们就能体验到专业贡献与人生幸福，领略到社区和谐与国家尊严。

我还记得，三年前，2010 年 8 月 28 日你们的入学礼上，我们一起欣赏了一位家长朗诵的台湾作家张晓风的诗《我交给你一个孩子》；今天，你们即将迈出校门，走向天下世界，我要说，世界，今天我们交给你一个高中毕业生，让我们期待他们的作品吧！

最后，请允许我将舒婷的《这也是一切》里的诗句送给大家：

一切的现在都孕育着未来，

未来的一切都生长于它的昨天。

希望，而且为它斗争，

请把这一切放在你的肩上。

同学们，“请把这一切放在你的肩上”吧！

再见了，深中2013届的学子们；让我们彼此珍重，让我们相约来年。前路漫漫，愿大家都能拥有自己独特的作品人生！

母校祝福你们！

二、简要了解有关生涯规划与发展的其他几种理论

☞金斯伯格的职业生涯发展理论

美国著名的职业指导专家、职业生涯发展理论的先驱和典型代表人物——金斯伯格(Eli Ginzberg)，对职业生涯的发展进行过长期研究。他通过对人从童年到青少年阶段的职业心理发展过程的研究，将个体职业心理的发展，划分为幻想期、尝试期和现实期三个阶段：

(1) 幻想期：处于11岁之前的儿童时期。儿童们对大千世界，特别是对他们所看到或接触到的各类职业工作者，充满了新奇、好玩的感觉。此时期职业需求的特点是：单纯凭自己的兴趣爱好，不考虑自身的条件、能力水平和社会需要与机遇，完全处于幻想之中。

(2) 尝试期：11—17岁，这是由少年儿童向青年过渡的时期。此时期，人的心理和生理在迅速成长发育和变化，开始有独立的意识，价值观念开始形成，知识和能力显著增长和增强，初步懂得社会生产和生活的经验。在职业需求上呈现出的特点是：有职业兴趣，但不仅限于此，更多客观地审视自身各方面的条件和能力；开始注意职业角色的社会地位、社会意义，以及社会对该职业的需要。

(3) 现实期：17岁以后的青年年龄段。即将步入社会劳动，能够客观地把自己的职业愿望或要求，同自己的主观条件、能力以及社会现实的职业需要紧密联系和协调起来，寻找合适于自己的职业角色。这时期所希求的职业不再模糊不清，已有具体的、现实的职业目标，表现出的最大特点是客观性、现实性、讲求实际。

☞帕森斯的人职匹配理论

由美国波士顿大学教授弗兰克·帕森斯(Frank Parsons)提出，是用于职业选择、职业指导的经典性理论。1909年，帕森斯在其《选择一个职业》著述中，明确阐明职业选择的三大要素或条件：

(1) 应清楚地了解自己的态度、能力、兴趣、智谋、局限和其他特征。

(2) 应清楚地了解职业选择成功的条件，所需知识，在不同职业工作岗位上所占有的优势、不利和补偿、机会和前途。

(3) 上述两个条件的平衡。帕森斯的理论内涵是在清楚认识、了解个人的主观条件和社会职业岗位需求条件基础上，将主客观条件与社会职业岗位(对自己有一定可能性的)相对照、相匹配最后选择一个与自身情况匹配相当的职业。

职业与人匹配，分为两种类型：

(1) 因素匹配(职业找人)。例如所需专门技术和专业知识的职业与掌握该种特殊技能和专业知识的择业者相匹配；或者脏、累、苦劳动条件很差的职业，需要吃苦耐劳、体格健壮的劳动者与之匹配。

(2) 特性匹配(人找职业)。例如，具有敏感、易动感情、不守常规、个性强、理想主义等人格特性的人，宜于从事审美性、自我情感表达的艺术创作类型的职业。

☞格林豪斯的职业生涯发展理论

美国心理学博士格林豪斯(Greenhouse)的研究侧重于人生不同年龄段职业生涯发展所面临的主要任务，并以此为依据将职业生涯划分为五个阶段：

(1) 职业准备。典型年龄段为0—18岁。主要任务是发展职业想象力，对职业进行评估和选择，接受必需的职业教育。

(2) 进入组织。18—25岁为进入组织阶段。主要任务是在一个理想的组织中获得一份工作，在获取足量信息的基础上，尽量选择一种合适的、较为满意的职业。

(3) 职业生涯初期。典型年龄段为25—40岁。主要任务是学习职业技术，提高工作能力；了解和学习组织纪律和规范，逐步适应职业工作，适应和融入组织；为未来的职业成功做好准备。

(4) 职业生涯中期。典型年龄段为40—55岁。主要任务是对早期职业生涯重新评估，强化或改变自己的职业理想；选定职业，努力工作，有所成就。

(5) 职业生涯后期。典型年龄段为从55岁直至退休。继续保持已有职业成就，维护尊严，准备引退，是这一阶段的主要任务。

☞施恩的职业生涯发展理论

美国麻省理工学院斯隆管理学院教授、著名的职业生涯管理学家施恩(E.

H. Schein)立足于人生不同年龄段面临的问题和职业工作主要任务，将职业生涯分为 9 个阶段：

（1）成长、幻想、探索阶段。一般 0—21 岁处于这一职业发展阶段。主要任务是：① 发展和发现自己的需要和兴趣，发展和发现自己的能力和才干，为进行实际的职业选择打好基础；② 学习职业方面的知识，寻找现实的角色模式，获取丰富信息，发展和发现自己的价值观、动机和抱负，作出合理的受教育决策，将幼年的职业幻想变为可操作的现实；③ 接受教育和培训，开发工作世界中所需要的基本习惯和技能。在这一阶段所充当的角色是学生、职业工作的候选人、申请者。

（2）进入工作世界。16—25 岁之间步入该阶段。首先，进入劳动力市场，谋取可能成为一种职业基础的第一项工作；其次，个人和雇主之间达成正式可行的契约，个人成为一个组织或一种职业的成员。充当的角色是：应聘者、新学员。

（3）基础培训。处于该阶段的年龄段为 16—25 岁。与上述阶段不同，此阶段要担当实习生、新手的角色。也就是说，已经迈进职业或组织的大门。此时主要任务一是了解、熟悉组织，接受组织文化，融入工作群体，尽快取得组织成员资格，成为一名有效的成员；二是适应日常的操作程序，应付工作。

（4）早期职业的正式成员资格。此阶段的年龄为 17—30 岁，取得组织新的正式成员的资格。面临的主要任务：① 承担责任，成功地履行与第一次工作分配有关的任务；② 发展和展示自己的技能和专长，为提升或进入其他领域的横向职业成长打基础；③ 根据自身才干和价值观，根据组织中的机会和约束，重估当初追求的职业，决定是否留在这个组织或职业中，或者在自己的需要、组织约束和机会之间寻找一种更好的配合。

（5）职业中期。处于职业中期的正式成员，年龄一般在 25 岁以上。主要任务：① 选定一项专业或进入管理部门；② 保持技术竞争力，在自己选择的专业或管理领域内继续学习，力争成为一名专家或职业能手；③ 承担较大责任，确立自己的地位；④ 开发个人的长期职业计划。

（6）职业中期危险阶段。处于这一阶段的是 35—45 岁者。主要任务为：① 现实地评估自己的进步、职业抱负及个人前途；② 就接受现状或者争取看得见的前途做出具体选择；③ 建立与他人的良师关系。

（7）职业后期。从 40 岁以后直到退休，可说是处于职业后期阶段，此时的职业状况或任务：① 成为一名良师，学会发挥影响，指导、指挥别人，对他人承担责任;② 扩大、发展、深化技能,或者提高才干,以担负更大范围的、更重大的责任;③ 如果求安稳,就此停滞,则要接受和正视自己影响力和挑战能力的下降。

(8) 衰退和离职阶段。一般在 40 岁之后到退休期间,不同的人在不同的年龄会衰退或离职。此间主要的职业任务:一是学会接受权力、责任、地位的下降;二是基于竞争力和进取心下降,要学会接受和发展新的角色;三是评估自己的职业生涯,着手退休。

(9) 离开组织或职业退休。在失去工作或组织角色之后,面临两大问题或任务:① 保持一种认同感,适应角色、生活方式和生活标准的急剧变化;② 保持一种自我价值观,运用自己积累的经验和智慧,以各种资源角色,对他人进行传帮带。

需要指出的是,施恩虽然基本依照年龄顺序划分职业发展阶段,但并未囿于此,其阶段划分更多的是根据职业状态、任务、职业行为的重要性。又因为每人经历某一职业阶段的年龄有别,所以,他只给出了大致的年龄跨度,并在为职业阶段所示的年龄上有所交叉。

三、李开复给中国学生的第四封信(节选)

大学是人生的关键

这"第四封信"是写给那些希望早些从懵懂中清醒过来的大学生,那些从未贪睡并希望把握自己的前途和命运的大学生,以及那些即将迈进大学门槛的未来大学生们的。在这封信中,我想对所有同学说:大学是人生的关键。

大学是人一生中最为关键的阶段。从入学的第一天起,你就应当对大学四年有一个正确的认识和规划。为了在学习中享受到最大的快乐,为了在毕业时找到自己最喜爱的工作,每一个刚进入大学校园的人都应当掌握七项学习:学习自修之道、基础知识、实践贯通、兴趣培养、积极主动、掌控时间、为人处世。只要做好了这七点,大学生临到毕业时的最大收获就绝不会是"对什么都没有的忍耐和适应",而应当是"对什么都可以有的自信和渴望"。只要做好了这七点,你就能成为一个有潜力、有思想、有价值、有前途的快乐的毕业生。

大学是人生的关键阶段。这是因为,进入大学是你终于放下高考的重担,第一次开始追逐自己的理想、兴趣。这是你离开家庭生活,第一次独立参与团体和社会生活。这是你不再单纯地学习或背诵书本上的理论知识,第一次有机会在学习理论的同时亲身实践。这是你第一次不再由父母安排生活和学习中的一切，而是有足够的自由处置生活和学习中遇到的各类问题，支配所有属于自己的时间。

大学是人生的关键阶段。这是因为，这是你一生中最后一次有机会系统性地接受教育。这是你最后一次能够全心建立你的知识基础。这可能是你最后一次可以将大段时间用于学习的人生阶段，也可能是最后一次可以拥有较高的可塑性、集中精力充实自我的成长历程。这也许是你最后一次能在相对宽容的，可以置身其中学习为人处世之道的理想环境。

大学是人生的关键阶段。在这个阶段里，所有大学生都应当认真把握每一个“第一次”，让它们成为未来人生道路的基石；在这个阶段里，所有大学生也要珍惜每一个“最后一次”，不要让自己在不远的将来追悔莫及。在大学四年里，大家应该努力为自己编织生活梦想，明确奋斗方向，奠定事业基础。

……

踏入大学校门时，你还是一个忙碌的、青涩的、被动的、为分数读书的、被家庭保护着的中学毕业生。

经过大学四年，你会从思考中确立自我，从学习中寻求真理，从独立中体验自主，从计划中把握时间，从交流中锻炼表达，从交友中品味成熟，从实践中赢得价值，从兴趣中攫取快乐，从追求中获得力量。

拓展练习

一、我的身份拼图

生涯是由生命中各个不同的角色组合而成的。在你的生命岁月里，你是否想过自己曾扮演过哪些角色呢？其中，可能有的角色是你所喜爱的，有些是你不喜欢的，这些不同的角色可能影响着你的过去、现在与未来。

就让我们一一将它写下来，并想想看，它们对你的影响是什么？

（1）我曾经拥有过的身份（角色）有：________________

（2）我目前所具有的身份（角色）有：________________

（3）我最喜欢的身份（角色）是，为什么：________________

（4）我最不喜欢的身份（角色）是，为什么：________________

如果没有这个身份（角色），好处是：________________

如果没有这个身份(角色),坏处是:____________________

(5) 我最想拥有的身份(角色)是,为什么:____________________

(6) 我的心得与发现:____________________

二、绘制自己的生涯彩虹图

想象自己未来的生活角色,找一张空白的纸,首先画出彩虹图的半圆,并标注年龄阶段和你可能扮演的角色名称,然后将你在某个年龄所希望扮演角色的区域,按照你认为它重要性的程度,涂上颜色(一种角色一种颜色)。

(1) 你到目前为止扮演过上面类别中的哪些角色呢?

(2) 这些角色是何时出现的?这些角色在什么时候重要性加重或减少呢?

(3) 不同时间在每种角色里你觉得应付出多少心力和时间呢?

三、给自己制订一个计划

个人学业和职业发展计划可以是一个两年计划,也可以是五年甚至是十年计划。不管属于何种计划,你都应该清楚地回答以下问题:

(1) 我要在未来的两年、五年或十年内实现哪些学业和职业的个人具体目标?

(2) 我要在未来的两年、五年或十年内获得什么学位或达到何种程度的谋生能力,甚至积累多少资金?

(3) 我要在未来的两年、五年或十年内拥有怎样的生活方式?

在回答这些目标的过程中,不要纯粹依靠逻辑思维,应发挥你的创造力,把你的情绪、价值等因素调动起来。确定之后,就该开始策划如何达成目标的问题了,在制定具体策略时,建议注意以下几个问题:

(1) 为什么这个目标是可行的?

(2) 我将如何达成这一目标?

(3) 我分别在何时进行上述计划?

(4) 有哪些人将会或应该帮助我共同进行此项计划?

(5) 对我而言还有哪些问题不能解决?

第二章 职业价值探索

要拥有更美好的人生，得先给自己确定一个奋斗的方向，决定自己的生活方式，这是幸福的起点。

——戴尔·卡耐基

幸福是人生的意义和目的，是人类存在的全部目标和终点。

——亚里士多德

如果我们选择了最能为人类福利而劳动的职业，我们就不会为它的重负所压倒，那时我们感到的将不是一点点自私而可怜的快乐，我们的幸福将属于千万人，我们的事业并不显赫一时，但将永远存在。

——卡尔·马克思

做一件事情，最基本的是要把它当作职业来做，进一步是把它当作兴趣来做，而只有把它当成理想和事业来做的时候，才能最大限度地激发出创造力。

——清华大学颜宁教授

人活着就要多做有意义的事，而做有意义的事就是好好活。

——王宝强

一个美国商人坐在墨西哥海边一个小渔村的码头上，看到一个墨西哥渔夫划着一艘小船靠岸。小船上有好几尾大黄鳍鲔鱼，这个美国商人问渔夫要多少时间才能抓这么多？墨西哥渔夫说，才一会儿工夫就抓到了。美国人接着问道，你为什么不待久一点，好多抓一些鱼？墨西哥渔夫觉得不以为然，这些鱼已经足够我一家人生活所需啦！

美国人又问：那么你一天剩下那么多时间都在干什么？墨西哥渔夫解释：我呀？我每天睡到自然醒，出海抓几条鱼，回来后跟孩子们玩一玩，再跟老婆睡个午觉，黄昏时晃到村子里喝点小酒，跟哥儿们玩玩吉他，我的日子可过得充满又忙碌呢！

美国人不以为然，帮他出主意，他说：我是美国哈佛大学企管硕士，我倒是可以帮你忙！你应该每天多花一些时间去抓鱼，到时候你就有钱去买条大一点的船，再买更多渔船。然后你就可以拥有一个渔船队。然后你可以自己开一家罐头工厂。如此你就可以控制整个生产、加工处理和行销。然后你可以离开这个小渔村，搬到墨西哥城，再搬到洛杉矶，最后到纽约。在那里经营你不断扩充的企业。墨西哥渔夫问：这又花多少时间呢？美国人回答：十五到二十年。

然后呢？美国人大笑着说：然后你就可以在家当皇帝啦！时机一到，你就可以宣布股票上市，把你的公司股份卖给投资大众。到时候你就发啦！你可以几亿几亿地赚！

然后呢？美国人说：到那个时候你就可以退休啦！你可以搬到海边的小渔村去住。每天睡到自然醒，出海随便抓几条鱼，跟孩子们玩一玩，再跟老婆睡个午觉，黄昏时，晃到村子里喝点小酒，跟哥儿们玩玩吉他喽！墨西哥渔夫疑惑地说：我现在不就是这样了吗？

【这是一个流传很广的故事，美国商人与墨西哥渔夫之间的差异何在？有人说，美国商人把生命看作是一个过程，墨西哥渔夫却把生命只看作是一个结果。有的人认为,生活的本质在于创造,而有的人则把生活的追求定义为享受!不少人会疑惑,美国商人与墨西哥渔夫之间,究竟谁真正把握着生命,把握着生活?当下与未来,创造与享受,物质与精神,什么才是人生幸福的密码?怎样才能真正拥有美好幸福的生涯?】

第一节　生命与生命的价值

生涯的存在与发展,首先呈现的是一个生命过程。从某种意义上说,生涯就是人生。而人生,是一个人生命的旅程,是人们认识世界、改造世界的全部生命活动的历程。没有生命,就没有人生。所以,生涯规划,首要的是关爱生命、把握人生,实现人生价值。

一、生命是人生最基本的价值

人的身上什么东西是最有价值的?周国平说,"我想来想去,人身上最有价值的东西就两个,一个是生命,一个是精神。生命是最基本的价值,每个人只有一次,不可再生,不可复制,而且这个生命迟早是要结束的,如果说生到这个世界上是偶然的,那么死去则是必然的,所以我觉得这个生命太宝贵了,怎样善待生命是每个人都应该考虑的"。

对生命价值的肯定,是人生的第一命题,以人为本,首先就是以生命为贵。因此,我们可以说,社会经济的发展应该是直指生命的,教育的本质也是直指生命的,职业生涯规划与发展的归依同样在于生命。生涯规划与发展,我们面对的是生命,规划的是生命,发展的也是生命。生涯规划与发展的第一要义就是要让生命出彩!

(一) 生命教育的概念

何为生命教育?狭义的生命教育指的是对生命本身的关注,由个体生命扩展到一切自然生命。广义的生命教育是一种全面的教育,是一种多层次的认识生命本质、理解生命意义、提升生命价值的教育。它不仅包括对生命的关注,还包括生存能力的培养和生命价值的提升。一些从事生命教育的专家指出，生命教育作为一种新兴的教育活动，以生命为核心，以教育手段，倡导认识生命、珍惜生命、尊重生命、超越生命，从而提升人的生命质量。大学生生命教育，有助于大学生树立健全的生命观，珍惜尊重自己和他人的生命，敬畏生命，以积极的态度主动维护生命权利、提升生命价值。

生命教育的思想，最早由日本学者谷口雅春提出，他在1964年出版的《生命的实相》一书中，大声疾呼生命教育的重要性。1968年，美国学者杰·唐纳·华特士出版了《生命教育》一书，首次明确提出生命教育概念，并且在美国加州创建了阿南达学校，开始倡导和践行生命教育思想。这一思想一经提出，就受到人们的高度重视，并在全球迅速发展。

20世纪八九十年代以来，日本、英国等国家和我国港台地区开始大力倡导与推行生命教育，各种学术团体纷纷建立，各种书籍音像资料出版发行，相关政策颁布落实。

自20世纪90年代以来，我国开始全面实施素质教育，倡导以人为本，从某种意义上讲，这是国内生命教育的开端。

人们已经逐渐认识到，教育就是一种生命关怀(左昌伦，2013年)。这种关怀，既是对学生自然生命的关怀，也是对学生精神生命的关怀。人的生命是自然生命与精神生命的统一，是身体与心灵的和谐。学校教育应当尊重生命的完整性，既关怀学生的自然生命，又关怀学生的精神生命；既重视学生身体的健康成长，又重视学生心灵的健康成长；既遵循学生的生理发育规律，又遵循学生的心理发展规律。

这种关怀，既是对学生未来生命的关怀，也是对学生当下生命的关怀。生命是活在当下，而导向未来。学校教育既不能只关注学生的未来而忽视学生的当下，也不能只关注学生的当下而忽视学生的未来。

这种关怀，既是对学生群体生命的关怀，也是对学生个体生命的关怀。每一个孩子都是一朵花蕾，每一朵花蕾都渴望绽放自己的美丽；每一个孩子都是一个花朵，每一个花朵不可能同时开放；每一个孩子都是一朵鲜花，所有的鲜花不会是同一种颜色。学校教育既要关注学生群体的共性特征，也要关注学生个体的个性特点；既要面向全体，也要因材施教。这样有利于激发每一个生命的活力，使每一个生命都真正得到成长。

【小故事】

有一个生长在孤儿院的小男孩，常常悲观地问院长："像我这样没人要的孩子，活着究竟有什么意思呢?"院长笑而不答。

有一天，院长交给男孩一块石头，说："明天早上，你拿着这块石头到市场上去卖，但不是真卖。记住，无论别人给多少钱，绝对不能卖。"第二天，男孩拿着石头蹲在市场的角落，竟然发现有不少人对他的石头感兴趣，而且价钱越出越高。回到院里，男孩兴奋地向院长报告，院长笑笑，要他明天拿到黄金市场上去卖。来到黄金市场上，有人出比昨天高出10倍的价钱来买这块石头。最后，院长叫男孩把石头拿到宝石市场去展示。结果，石头的身价又涨了10倍。由于男孩怎么也不卖，石头竟被传言为"稀世珍宝"。男孩兴冲冲地捧着石头回到孤儿院，把这一切都告诉了院长，并问院长为什么会这样。

院长看着孩子慢慢地说道："生命的价值就像这块石头一样，在不同的环境下就会有不同的意义。一块不起眼的石头，由于你的珍惜而提高了它的价值，竟被传言为稀世珍宝。你不就像这块石头一样吗?"

(二) 生命教育的内容

树立系统科学健康的生命观，是生命教育的基本目标。生命教育应该以生命为主线，从个人扩及他人、家庭、社会、国家、世界，由人衍生动物、植物和环境，将今日扩展至未来。让青少年理解每个生命都是生物圈中的一环，互为条件，互相影响，相辅相成，生生不息。从这个意义上来说，生命教育应最集中、最深刻地体现人文关怀。作为以人文关怀为精神内核的生命教育，应着力于完整地建构人的精神世界，构筑人的精神家园。

具体来说，生命教育的人文关怀主要表现为生命意识的系统培养。生命意识的培养，是生命教育的起点。生命教育应首先帮助我们确立科学、正确、完整的生命意识，即帮助我们认识生命的本质，进而欣赏生命的丰富与可贵，启迪人们如何珍惜生命、尊重生命，并不断创造生命的价值。生命教育的内容主要包括以下几个方面：

1. 认识生命的可贵。

人最宝贵的是生命，每个人只有一次。生命不仅为我们提供了种种机会，体味人生的酸甜苦辣；而且使我们认识了这个世界的丰富，领略大自然的五彩缤纷。更重要的是，它能使我们充分地发挥自己的聪明才智，改造世界、创造价值、憧憬未来。生命教育要让人们充分体验生命的丰富与可贵，深刻认识到生命对自己、对家人和朋友、对社会、对人类具有怎样的意义。

2. 珍惜生命的存在。

中国传统道德教育和理想教育都十分强调义无反顾、舍生取义、见义勇为等理念，但其弘扬的是“重义”，绝不是“轻命”！不可否认，在我们的传统教育中确实存在对个体生命价值的不重视，这一缺失在教育中留下了种种遗憾，甚至造成了不少悲剧。据卫生部透露，我国青少年自杀现象呈明显上升趋势，在15—34岁人群中，自杀是非正常死亡的第一原因。这一严酷的现实不得不让人们反思教育中的不足和缺憾。人的生命是最宝贵的，生命教育就应该让每一个人都真正懂得珍惜生命、保护生命，让所有人都明白生命只有一次(唯一的)，即使输掉了一切但决不能输掉对生命的信念。

3. 欣赏生命的美好。

生命教育并不止于让个体知道“活着”的重要性，而是要塑造人们感受生命之美的心理机制，拥有感受自然之美、欣赏艺术之美、体味科学之美、感悟人性之美等生命的美好的能力。要让人们懂得，世界之美、生活之美是生命赋予的。生命充满美好，要懂得欣赏，懂得珍惜。

4. 尊重生命的个性。

生命是具体的、独特的，而不是抽象的。每一个生命都有其不同的天赋、兴趣、气质和冲动。生命教育必须尊重每一个人的个性。教育者要有大自然般博大的胸怀，不仅要承认人们之间个性的差异，而且要懂得欣赏差异。个性的完善同生命意识是有很大关联的，培养个性，也是一个激发生命的过程，它让生命充满活力、充满热情。个性成长的过程，也是生命表现创造性、生动性的过程。生命是鲜活的，窒息生命、压抑生命，必定表现为对于个性的压抑和束缚。

5. 创造生命的价值。

热爱生命，不只是欣赏生命、享受生命，更应该创造生命的价值。生命是数量和质量的结合，是有限与无限的统一。生命教育应告诉人们，人不仅要活着，而且要活得有意义、有价值，活得精彩。应该明白，我们每一天都在支出自己的生命，如果我们热爱生命，就应该使自己的每一天都过得充实而有意义，努力提高生命的质量，尽可能多地创造生命的价值，让生命焕发出光彩。

6. 了解人生的挫折和苦难。

俗话说人生不如意者十之八九。挫折和苦难是人生的重要组成部分，没有苦难的人生是残缺的人生。人生真正的意义和价值往往是在挑战苦难、战胜厄运的过程中得以充分实现的。生命教育应引导人们认识苦难和挫折是生命的一部分，是无法回避和选择的，生命只有在战胜苦难中才会有乐趣、才会有生机。

7. 积极科学的死亡教育。

在中国的传统观念中，人们对于死亡一直都是非常忌讳的。因此，人们谈理想、谈未来，却很少谈生死。家长们也极少与孩子谈论这一话题，直面孩子疑问时，或闪烁其词，或以一些不实之词美化死亡。这样，无形中向孩子传递了关于生死的一些不正确的信息，使他们对死亡产生了错误的观念和浅薄的认识。

法国作家蒙田曾说："对死亡的熟思也是对自由的熟思。"谁了解了死亡，谁就能够解除对心灵的束缚，不在死亡面前缩手缩脚，放心大胆地去生活、去享受、去创造。死虽然是对生的否定，但它又是生命的必然组成部分。死亡教育就是要透过对死亡的了解，使人们看到生命的有限，从而更加珍惜生命、热爱生命、提升生命的意义和价值。

8. 悲天悯人和承担责任。

中华民族的传统文化中广泛地蕴涵着悲天悯人和承担责任的丰富内涵。悲天悯人的同情心是责任感得以生发的直接契机，而承担苦难的责任感则是同情心的必然升华，二者是一种互为因果的有机关系。处在今天这样一个充满忧患的时代，生命教育中更加需要悲天悯人和勇于承担责任的忧患意识，以历史的使命感和责任感去超越困境，实现理想。

二、人生价值

我们说，生命是人生最基本的价值，但人生的价值却不仅仅只体现于生命，其主要还体现在精神上，体现在个体生命存在对社会和人类所具有的意义上。正如季羡林所言，人生的"意义与价值就在于对人类发展的承上启下，承前启后的责任感"。

(一) 人生价值的定向与定位

人生价值,是人活着的一种行为取向,是人的行为有意识的选择与追求。人生价值观是人们在对人生目的和实践活动进行深层认识和评价时所持的基本观点和态度。人生本身即是一种价值形态。因此,追求人生价值在某种意义上正是人的社会本质的必然外化。

个人的人生价值观念,通常都与其所处的社会经济政治和文化的结构密切相关。就每个人来说,人生价值观念首先来自社会。任何一个社会,都给其成员提供某种价值观念和生活目标,鼓励并引导他们去完成社会所期待的事业。人,作为自然与社会的共同产物,个体的价值取向必须符合社会总体的基本价值目标。然而,在现实生活中,不同的人往往会有不同的价值目标,不同的人对价值的认定和选择都不一样,你有你的追求,我有我的信仰。尤其在现代社会中,这种多样性总是不可避免的。那么,怎样的价值目标是可取的,并能使人生变得高尚而有意义呢?这就涉及人生价值的定向问题。

"在社会主义社会中,在个人和社会的关系上,人的价值包括两方面,即:社会对个人的尊重和满足,个人对社会的责任和贡献"。(胡乔木)我们认为,在个人价值的两个方面中,个人对社会的责任和贡献是第一位的,社会对个人的尊重和满足是第二位的。道理很简单,历史唯物主义认为,社会是有规律前进的历史运动,历史又是人自己创造的。人必须首先创造、贡献,个人的享用和权益才能得到满足和提高。实际上,个人价值定向的过程并不是一次完成。因为在人生发展的不同阶段,社会在变,时代在变,人的思想在变,人生价值的目标或多或少也会有一定程度的调整。所以,人们必须不断地根据已经变化了的条件来确立自己新的起点与目标。在这个变化着的世界中,我们要学会适应社会的变化,学会不断完善自己人生价值的定位,使之更加符合社会的要求和我们自身的发展状况及个人特点与条件。

(二) 人生价值的实现

人生价值在初期阶段只是生存信念中的一种理想追求,要把理想变为现实,则要付出艰辛的劳动,要靠实实在在的实践与奋斗。俄国著名寓言作家克雷洛夫曾经做过这样的比喻:"现实是此岸,理想是彼岸,中间隔着湍急的河流,行动则是架在河上的桥梁。"不经过奋斗,任何理想都不可能实现。从这个意义上说，人生就是一个不懈的奋斗过程，一个不懈地为实现自己的人生价值应战的经历。

不仅如此，在实现人生价值的过程中，或多或少都会遇到各种各样来自自然、社会、家庭、自身的困难，实现人生价值的航程不可能一帆风顺，不可避免地要在不同程度上与困难作斗争。即使我们面前是一条不可逾越的鸿沟，即使我们无法战胜，但只要我们曾经努力过，已经尽了自己最大的力量去拼斗。那么，在某种意义上，我们的人生价值也算是实现了。即使有伤痛，但我们的人生不会留有遗憾。

就现实情况来看，一个人人生价值的实现条件，主要是靠两个具有决定意义的因素：首先，人生价值的实现有赖于树立崇高的人生价值目标，这是人们追求人生价值的精神支柱。因为崇高的价值目标，对个人和社会的发展往往起着定向和导航作用，是发挥个人积极性和创造力的源泉。它能使人在复杂的社会环境中明辨是非，自觉追求人生的真、善、美；它能使人意志坚强。其次，必须培养良好的人生价值驾驭、支配能力，这就要求个人在德、智、体诸方面综合发展。良好的人生价值支配能力只表明一个人具有创造人生价值的自身潜能，即人生价值内能。要把这种价值内能转化为外在价值，必须经过有目的、有步骤的创造性实践与奋斗来实现。

【两个小故事】

故事一：当年，杜鲁门当选总统后，人们便来向他的母亲祝贺："你有这样的儿子，一定十分自豪。"杜鲁门的母亲说："是的。不过我还有一个儿子，同样让我骄傲，他现在正在地里挖土豆。"

故事二：1935年，斯大林在母亲生前最后一次去探望她。她只知道斯大林已是国家"要人"，但对其真实地位并不了解。她问斯大林："约瑟夫，你现在到底是什么职位？""苏共中央总书记。"她不明白总书记是什么意思。斯大林告诉她："妈妈，你还记得沙皇吧？我现在的地位就像沙皇一样。"她却悄悄地在斯大林耳边说："真遗憾啊，你没有当成神父。"

在许多淳朴的母亲眼里，孩子是不是有出息，是不是值得自豪，并不仅仅取决于这个人的地位，更取决于这个人的优秀品质。巴斯德说得对："人生最重要的，不在于地位有多高，而在于善用自己的才能，用到最高的限度。"

三、价值观澄清

2007 年，中国科协主席韩启德先生受邀参加华中科技大学研究生会座谈会，在解答某位博士生有关如何面对社会上各种诱惑的提问时说："对现代人来说，买车、买房是诱惑，但科学研究本身也是一种诱惑，那就要看哪种诱惑的力量大。我们之所以能做出一些成绩，就是我们觉得这是自己最喜欢做的事情。我们需要提升境界，为国家和民族作奉献。如果你既有这种奉献精神，又热爱科学，那就太好了！"韩启德认为，人不能脱离物质生活，但关键是把物质要求放在什么地位。所以"诱惑观"说到底还是价值观问题，每个人面对的诱惑不一样，要自己权衡。

如何面对诱惑？关键是看你把什么放在最重要的地位，正像周国平和王小慧在《花非花》中所说，"人在一生中是不断要放弃一些东西的，倒不是因为这些东西不好，而是因为自己心中有更好的东西。自己心中没有更好的东西，就必定受机会的支配，和别人去争夺那些外在的名利"。什么东西诱惑的力量大？什么是自己心中更好的东西？杜鲁门母亲心里"当总统与挖土豆"的区别，斯大林母亲眼中"总书记与神父"的高低贵贱，就是价值观的分野。

（一）什么是价值观

每个人都有一套独一无二的价值系统，这套系统"百姓日用而不觉"（习近平），却实实在在影响我们生活选择的各个方面。假设你现在面临职业的选择，且有多个选择，你可以选择做行政，工作稳定但未必有太大的挑战；你也可以选择做销售，薪酬没有保障但如果你努力就可能获得更多；你也可以选择当导游，因为你觉得这样可以看到很多优美的风光。无论你做出什么选择，你肯定认为这种选择对你而言是最具有价值的，而当中支配你做出这种选择的就是你的价值观，虽然你未必清楚或了解它。

因此，我们可以把价值观理解为事物对于人们的重要性和优先度，它将直接影响人们付出自己的时间、经历、金钱的方式和程度，也将决定我们的生命品质。可以说，价值观支配着人们生活中的每一件事，从日常的衣食住行到工作的选择、教育孩子的方式，这一切都深受价值观的影响。

我们的价值观当中那些有价值的东西可以分为两类：一类是实质上的，比如成就感、爱、健康等；一类是工具上的，比如金钱、职位等。许多人之所以在职业发展的过程中走偏了路，究其原因是搞混了"实质价值"和"工具价值"之间的差异，常常把精力耗费在"工具价值"上而忽略了"实质价值"，因此才会引发那么多的职业困惑和痛苦。而唯实质价值才能够让你的心灵得到满足，让你的职业拥有更多的快乐。

(二) 澄清你的价值观，树立生活的重心

现代社会已完全改变了传统单一的社会文化体系，社会价值概念变化很快，各种社会传播媒体如广播、电影、电视、报刊书籍以及民族间的广泛交流，给人提供了丰富多变的信息，使人面临更多选择。

个体在选择时的依据往往是已有的价值观，价值观是个性倾向中高层次的定向系统，是个体适应社会环境、参与社会生活的内在调整机制，保证个体在生活中做出重要的、有意义的选择。所以，它直接决定一个人的理想、信念、生活目标的性质。但实际上个体常常不清楚自己所持的价值观，价值探索的目的就在于澄清自己的价值观。在人的价值观形成过程中，通过分析和评价的手段，帮助人们减少价值混乱促进同一价值观的形成，并在这一过程中有效地发展人们思考和理解人类价值观的能力。一个人只有清楚地了解自己在工作和生活中想要什么、什么对自己是最重要的，你的人生目标也才会是清晰的。此时，你就可以真正面对各种各样的诱惑了，你的生活重心也才真正得以确立。通过对价值观或基本信念的澄清，每个人都可以得出一份非常清晰的人生使命宣言。

那么，我们该如何来澄清自己的价值观呢？价值观澄清理论的主要代表人物拉斯(Louis Raths)提出进行价值观澄清可分为3个阶段，即选择、珍视和行动，具体有7个步骤。

1. 选择。

(1) 你是否是自主地选择了这项价值——也就是说从来没有任何人或任何方面把它强加给你？

(2) 它是你从众多的价值观中挑选出来的吗？

(3) 它是你在思考了所做选择的结果或后果后被挑选出来的吗？

2. 珍视。

(1) 你是否为你选择的这一价值而感到自豪(珍视、保护)？

（2）你会在公共场合提到这个珍视的价值观，必要的时候会很确定地肯定它吗？

3. 行动。

（1）你是否能做一些与你选择的价值观有关的事情？

（2）你是否能与你的价值观保持一致的行为模式？

【小游戏】

取一支笔、一张纸，写下你生命中最重要的5样东西。你尽可以天马行空地想象，只要把内心最珍贵的5样东西写出来就行，不必考虑顺序。

然而不幸的是，你的生活发生了意外，你要在这最宝贵的5样东西中舍去一样，请你把其中的某一样抹去。

生活又发生了重大变故，你必须再放弃一样。现在只剩下3样宝贵的东西了。但是，又一次不幸的遭遇迫使你不得不再放弃一样。

现在，你的生活滑到了前所未有的低谷，你必须做出一生中最艰难的选择，只能留下一样东西，其余全部都得放弃。

至此，你的纸上只剩下你最宝贵的一样东西了。你涂掉了四样，它们同样是你看中的东西，被涂掉的顺序就是你心目中划分的价值主次。人生必有取舍，有取舍就有痛苦。当你明确了什么是你生命中最重要的东西，明晰了它们的价值次序，剩下的就是以实际行动来好好珍惜以及实现自己的人生愿望了……

美国心理学家罗克奇（Milton Rokeach）在《人类价值观的本质》一书中，提出了13种价值观：

（1）成就感：提升社会地位，得到社会认同，希望工作能受到他人的认可，对工作的完成和挑战的成功感到满足。

（2）美感的追求：能有机会多方面地欣赏周遭的人、事、物，或任何自己觉得重要且有意义的事物。

（3）挑战：能有机会运用聪明才智来解决困难。舍弃传统的方法，而且选择创新的方法处理事物。

（4）健康：包括身体和心理，工作能够免于焦虑、紧张和恐惧，希望能够心平气和地处理事情。

(5) 收入与财富:工作能够明显、有效地改变自己的财务状况,希望能够得到金钱所能够买到的东西。

(6) 独立性:在工作中能有弹性,可以充分掌握自己的时间和行动,自由度高。

(7) 爱、家庭、人际关系:关心、体贴、关爱他人,与别人分享成功、快乐,协助别人解决问题,对周遭的人慷慨。

(8) 道德感:与组织的目标、价值观、宗教观和工作使命能够不相冲突,紧密结合。

(9) 欢乐:享受生命,结交新朋友,与别人共处,一同享受美好时光。

(10) 权力:能够影响或控制他人,使他人照着自己的意思去行动。

(11) 安全感:能够满足基本的需求,有安全感,远离突如其来的变动。

(12) 自我成长:能够追求知识上的刺激,寻求更圆满的人生,在智慧、知识与人生的体会上有所提升。

(13) 协助他人:认识到自己的付出对团体是有帮助的,别人因为你的行为而受惠颇多。

你一定想知道自己的价值体系是什么,排列你认为最重要的价值观,排在较前面的那些价值才能够把你带到幸福的人生。针对以上 13 种价值观,我们可以分别问自己以下问题:

(1) 我重视的价值观是什么?

(2) 我所选择的最重要的前五个价值观是我一直都重视的吗? 如果曾经有改变,是在什么时候?

(3) 有哪些价值观是我父母认为重要的,而我却不认同? 有哪些价值观是我和父母共同拥有的?

(4) 价值观的改变是否曾经改变我安排生活的方式?

(5) 我理想的工作与我的价值观之间是否有任何关联?

(6) 我是否因为谁说的一句话或做的某件事情,而对自己的价值观感到怀疑?

(7) 以前我曾经崇拜哪些人? 他们目前对我有多大影响?

(8) 我的行为可以反映我的价值观吗? 例如重视工作的变化、成长与突破的你,会选择单调枯燥、一成不变的工作吗? 你会在爸妈的期许下,选择自己不喜欢的专业吗?

这些问题的回答并不容易，也不是朝夕之间就能有完整答案的。随着主客观因素的发展与变化，每个人对问题回答的答案也会变化。但是价值观的澄清，有助于我们找到生活的动力，树立生命的重心，让人生焕发活力。价值观的澄清是一项持续、系统的任务。

第二节　职业价值观探索

从价值观的角度来说，职业发展成功还是失败的判别标准就是你是否得到了你想要的生活，你的职业所带来的生活方式是否符合你的价值观。如果符合，你就会感觉很快乐，哪怕收入会相对低一些；如果不符合，你会感觉很痛苦，哪怕你拿着看起来很高的年薪。当然如果你的追求是成就感，那么就算失去天伦之乐和某种程度的身体健康也会在所不惜。关键是你得到的正好是你想要的，而你失去的你并不介意，真正的职业追求是圆满和平衡。

一、职业价值观

这里所说的职业价值观，是指人生目标和人生态度在职业选择方面的具体表现，也就是指一个人对职业的认识和态度以及他对职业目标的追求和向往。俗话说："人各有志。"当这个"志"表现在职业选择上的时候，就是职业价值观。它是一种具有明确的目的性、自觉性和坚定性的职业选择的态度和行为，这一点对职业目标和择业动机有着决定性的作用。如果一个人追求的是自我价值的实现，那么他就会选择那种最能发挥自己特长的职业；如果一个人只是一味地追求名和利，那么他在选择职业时，就会优先考虑目前所选取职业的地位和经济收入。职业价值观的内涵包括以下三个方面：

(1) 职业价值观是一个人对各种职业价值的基本认识和基本态度。

(2) 职业价值观表明了一个人通过工作所要追求的理想是什么：为了钱，为了权力，还是为了一种情感关系等。

(3) 职业价值观是人们在选择职业时的一种内心尺度，它支配着人的择业心态、行为以及信念和理解等；支配着职业人生认知、明白事物对自己职业发展的意义以及自我了解、自我定位、自我设计等；同时也为自认为正当的职业行为提供充足的理由。

(一) 职业价值观的特性

(1) 职业价值观是因人而异的。由于每个人的先天条件和后天经历不同,其职业价值观的形成也会受到不同的影响,因此,每个人都有自己的价值观和价值观体系。在同样的客观条件下,具有不同价值观和价值观体系的人,其动机模式不同,产生的行为也不同。

(2) 职业价值观是相对稳定的。价值观是人们思想认识的深层基础,它形成了人们的世界观和人生观。它是随着人们认知能力的发展,在环境、教育的影响下,逐步培养而成的。人的价值观一旦形成,便会相对稳定。但当自身状况和外界环境发生较大变化时,职业价值观也会随之而变。

(3) 职业价值观是具有阶段性的。根据马斯洛的需求层次理论,当人低层次的需要得到满足以后,他就会产生更高层次的需求。从职业人生来看,大多数人的职业价值观是具有阶段性的,特别是随着某一阶段的自身需求满足后,新的职业价值观也就会随之产生并确定下来。

(4) 职业价值观不是唯一的。人的职业价值观不是唯一的,择业时会有几个动机支配他的选择,人们常常为选择感到痛苦时,就是因为个人的职业价值观不唯一,而在某一职业中又难以得到全部满足,从而患得患失。

(二) 职业价值观的结构与类型

舒伯在 1962 年就比较完整地阐述了职业价值观的结构理论,将职业价值观划分为三大类:一是内在价值,指与工作本身有关的一些因素;二是外在价值,指与工作本身性质无关的一些因素;三是外在报酬。他根据自己的理论构建了“工作价值问卷(WVI)”,提出了 15 种职业价值尺度,也称 15 因子,它们是:① 智力激发;② 利他主义;③ 经济报酬;④ 变动性;⑤ 独立性;⑥ 声誉;⑦ 美感;⑧ 同事关系;⑨ 安全性;⑩ 生活方式;⑪ 监督的关系;⑫ 工作环境;⑬ 成就;⑭ 管理;⑮ 创造性。他并且根据量表来测量对象的职业价值观的表现,主要包括对象对 15 种职业价值观尺度的关注和重视程度。

我国著名学者宁维卫于 1996 年对舒伯的 WVI 进行修订,制定了中国版的 WVI 量表。他通过对工人、干部、科教人员、大学生、商业人员和个体户五种职业青年职业价值观调查和因素分析,得出五种职业青年的职业价值观的五个主要因素，并与舒伯的三分法相映衬，可以归类为：内在职业价值，包括进取心、民主性、自主性、社会贡献等；外在职业价值，包括人际关系、工作环境等；外在报酬，包括经济价值、生活方式、工作安定性、声望等。并通过实证的方法得出了我国大学生职业价值观的诸因素中，影响最大的因素依次为进取心、经济价值、声望、工作安定性、生活方式。

心理学家马丁·凯茨(Martin Katz)找出了10种与工作有关的价值观，它们可以帮助一个人澄清在某个工作中所能得到的回报和满足。在20世纪60年代末，凯茨就不厌其烦地研究了大约250种职业，以便确定这些职业在这10种职业价值观上是如何被评定的。这10种价值观包括：① 高收入：指除足够生活的费用之外还有可以随意支配的钱；② 社会声望：指是否受到人们的尊重；③ 独立性：指可以在职业中有更多的自己做决定的自由；④ 帮助别人：愿意把助人作为职业的重要部分，帮助他人改善其健康、教育与福利；⑤ 稳定性：在一定时间内始终有工作，不会被轻易解雇，收入稳定；⑥ 多样性：所从事的职业要参与不同的活动，解决不同的问题，不断变化工作场所，结识新人；⑦ 领导力：在工作中可以控制事情的发展，愿意影响别人，承担责任；⑧ 在自己感兴趣的领域中工作：坚持所从事的职业必须是自己感兴趣的领域；⑨ 休闲：把休闲看得很重要，不愿意让工作影响休闲；⑩ 尽早进入工作领域：涉及一个人是否在意进入工作领域的早晚，是否希望节省时间和不支付高等教育的费用而尽早进入工作领域。

在凯茨的价值研究中，"在你感兴趣的领域中工作"也是被当作一种价值观来评定的。他坚信，在生涯决策中价值观比兴趣更加重要。

本章"拓展练习"中所提供的《职业价值观自测量表》，把职业价值取向分为13种类型。这13种类型的划分，与舒伯在"工作价值问卷(WVI)"中提出的15种职业价值尺度基本相同，分别是：① 利他主义；② 美感；③ 智力刺激；④ 成就感；⑤ 独立性；⑥ 社会地位；⑦ 管理；⑧ 经济报酬；⑨ 社会交际；⑩ 安全感；⑪ 舒适；⑫ 人际关系；⑬ 变异性。

另外，也有学者将职业价值观分为如下12类：

(1) 收入与财富。工作能够明显有效地改变自己的财务状况，将薪酬作为选择工作的重要依据。工作的目的或动力主要来源于对收入和财富的追求，并以此改善生活质量，显示自己的身份和地位。

(2) 兴趣特长。以自己的兴趣和特长作为选择职业最重要的因素，能够扬长避短、趋利避害、择我所爱、爱我所选，可以从工作中得到乐趣、得到成就感。在很多时候，能拒绝做自己不喜欢、不擅长的工作。

(3) 权力地位。有较高的权力欲望，希望能够影响或控制他人，使他人照着自己的意思去行动；认为有较高的权力地位会受到他人尊重，从中可以得到较强的成就感和满足感。

(4) 自由独立。在工作中能有弹性，不想受太多的约束，可以充分掌握自己的时间和行动，自由度高，不想与太多人发生工作关系，既不想治人也不想治于人。

(5) 自我成长。工作能够给予受培训和锻炼的机会，使自己的经验与阅历能够在一定的时间内得以丰富和提高。

(6) 自我实现。工作能够提供平台和机会，使自己的专业和能力得以全面运用和施展，实现自身价值。

(7) 人际关系。将工作单位的人际关系看得非常重要，渴望能够在一个和谐、友好甚至被关爱的环境工作。

(8) 身心健康。工作能够免于危险、过度劳累，免于焦虑、紧张和恐惧，使自己的身心健康不受影响。

(9) 环境舒适。工作环境舒适宜人。

(10) 工作稳定。工作相对稳定，不必担心经常出现裁员和辞退现象，免于经常奔波找工作。

(11) 社会需要。能够根据组织和社会的需要响应某一号召，为集体和社会作出贡献。

(12) 追求新意。希望工作的内容经常变换，使工作和生活显得丰富多彩，不单调枯燥。

二、职业锚理论

职业锚一词是美国埃德加·H. 施恩(Edgar H. Schein)教授在1978年《职业动力论》中第一次提出的。施恩认为职业规划实际上是一个持续不断的探索过程，在这个过程中，每个人都在根据自己的天资、能力、动机、需要、态度和价值观等，慢慢形成较为明晰的与职业有关的自我概念。随着一个人对自己越来越了解，这个人就会明显地形成一个占主要地位的职业锚。

(一) 职业锚及其类型

所谓职业锚就是指当一个人不得不做出选择的时候,他无论如何都不会放弃的职业中的那种至关重要的东西或价值观。职业锚实际上就是人们选择和发展自己的职业时所围绕的中心,是个人职业价值观的一种体现。一个人对自己的天资和能力、动机和需要以及态度和价值观有了清楚的了解后,就会意识到自己的职业锚到底是什么。

施恩根据自己在麻省理工学院对44名毕业生的跟踪研究指出,要想对职业锚提前进行预测是很困难的。有些人也许一直都不知道自己的职业锚是什么,直到他们不得不做出某种重大选择时才开始意识到,比如到底是接受公司将自己晋升到总部的决定,还是辞去现职,转而开办和经营自己的公司。正是在这一关口,一个人过去的所有工作经历、兴趣、资质、性格等,才会集合成一个富有意义的模式(或职业锚),这个模式(职业锚)会告诉他,对他个人来说,到底什么东西是最重要的。

施恩根据自己多年的研究,提出了技术职能能力型、管理能力型、自主独立型、安全稳定型、创造型、服务型、挑战型、生活型8种职业锚。这些职业锚的特点如下:

(1) 技术职能型:追求在技术、职能领域的成长和技能的不断提高,以及应用这种技术、职能的机会。对自己的认可主要来自于自身的专业水平,喜欢接受专业技术的挑战,一般不喜欢从事一般的管理工作。

(2) 管理能力型:以获得承担较大责任的管理职位为最终目标。把“职业锚”定位于这种类型的人通常具备三方面的能力:分析能力(在信息不完全以及不确定的情况下发现问题、分析问题和解决问题的能力)、人际沟通能力(在各种层次上影响、监督、领导、操纵以及控制他人的能力)、情感能力(在情感和人际危机面前只会受到激励而不会受其困扰和削弱的能力,以及在较大的责任压力下不会变得无所作为的能力)。

(3) 自主独立型:可以随心所欲安排自己的工作方式、工作习惯和生活方式,能摆脱组织的限制和制约施展个人能力。

(4) 安全稳定型:安全意味着所依托的单位具有安全性,有长期稳定的职业环境,有保障的工作、体面的收入以及可靠的未来生活,而可靠的未来生活通常是由较高的退休金来保证的。

(5) 创造型:以自己的能力创建属于自己的企业或完全属于自己的产品,整个职业发展都围绕某种创造性而努力。把“职业锚”定位于这种类型的人大多是创业者,他们可能正在别人的公司工作,但一旦感觉时机成熟,他们便会走出去开创自己的事业。

(6) 服务型:把“职业锚”定位于这种类型的人追求自己认可的核心价值,例如帮助他人,倡导环保等等。他们一直在追寻这种机会,即使薪水很低也在所不惜。他们不会接受不能实现自己价值的职业,即使面对高薪酬和高职位的诱惑也不动心。

(7) 挑战型:把“职业锚”定位于这种类型的人喜欢解决“不可能完成的任务”,战胜强硬的对手,克服无法克服的困难障碍。对他们而言,从事某项职业的原因是因为工作允许他们去战胜各种困难,新奇、变化是他们实现终极目标的动力。

(8) 生活型:工作环境能够平衡并满足个人、家庭和职业的需要。把“职业锚”定位于这种类型的人希望将生活的各个主要方面整合为一个整体。正因为如此,他们需要一个能够提供足够的弹性让他们实现这一目标的职业环境,甚至可以降低他们职业的一些要求,如薪水、职位。

(二) 职业锚的特征

一个人的职业锚是不断变化的,它实际上是一个不断探索过程产生的动态结果。因此,我们完整科学把握职业锚的概念,还要特别注意以下四个特征。

(1) 职业锚以个体习得的工作经验为基础。职业锚发生于早期职业阶段,新员工只有在工作若干年,积累了一定工作经验后,方能选定自己稳定的长期贡献区。个人在面临各种各样的实际工作生活情境之前,不可能真切地了解自己的能力、动机和价值观以及合适可行的职业选择。因此,是新员工的工作经验产生、演变和发展了职业锚。换句话说。职业锚在某种程度上由员工的实际工作所决定,而不只是取决于潜在的才干和动机。

(2) 职业锚不是个体根据各种测试出来的能力、才干或者作业动机、价值观,而是在工作实践中,依据自身已被证明的才干、动机、需要和价值观,现实地选择和准确地进行职业定位。

(3) 职业锚是个体自我发展过程中的动机、需要、价值观、能力相互作用和逐步整合的结果。

(4) 职业锚不是固定不变的。职业锚是个人稳定的职业贡献区和成长区。但是,这并不是意味着个人将停止变化和发展。员工以职业锚为其稳定源,可以获得该职业工作的进一步发展,以及个人生物、社会生命周期和家庭生命周期的成长、变化。此外,职业锚本身也可能变化,员工在职业生涯的中、后期可能会根据变化了的情况,重新选定自己的职业锚。

三、职业价值观探索与职业选择

大学生在选择职业时都会受到一定动机的支配,而择业的动机一般都是由价值观决定的。在选择职业的过程中,人们往往受社会环境的影响,总是盼望所选择的职业能够满足自己的某种物质和精神需要。职业价值观是指一个人对各种职业价值的基本认识和基本态度。职业的不同,在很大程度上决定了人们的政治和经济地位的明显差别,所以人们对某种社会地位的仰慕,也就转化为对这一社会地位所对应的职业的仰慕。由此产生了人们对社会不同职业的评价,也相应地形成了个人对待职业的态度,产生了职业价值观。

社会上的各种职业都有一定的价值,不同的职业体现着不同的价值内容。由于各种职业的工作条件、工作方式、工作强度、工作性质,以及工作的社会和经济效果都不相同,社会舆论也会对这些价值内容作出评价。所以,人们在思想上会对不同的职业作出不同的评价,表现不同的态度。

由于时代的不同,职业的社会评价也会有所不同。比如在战争时期,军人的地位就会很高,青年中自然就会出现以从事军人职业为自豪的倾向。在经济备受重视的年代,成为一个企业家、创业者、自由职业者又会变成人们的愿望。另外,人们职业价值观的形成,除了受到社会和时代的制约外,还要受地域、家庭的影响。

在我国,出身于中下层,老少边穷地区和农村的毕业生中,出人头地的思想占支配地位;而出身于上层或富裕家庭的毕业生,享乐型的思想价值观占主要地位。

大学生的职业价值观是他们人生价值观的一个重要组成部分,它使学生的择业行为带有一定的选择性和指向性,对学生的择业决策起着指导性和决定性的作用。同时,职业价值观也影响到学生在某个具体工作中的态度,影响着他们以什么样的姿态投入到新的生活和工作环境中。当代大学生的职业价值观在日趋激烈的就业压力中已发生了巨大的变化，这对我国高校价值观教育来说是一个巨大的冲击和挑战，大学生职业价值观的改变不再是某个高校的个案问题，而已演变为一个社会问题。价值观的合理与否直接影响到一个人的人生方向。

职业价值观给我们定了一个框架，我们通常会从这个框架中去作出一个最重大的决定。我们的信念越坚定，就越想使其成为我们生活的一部分。所以，定义自己的价值观——“什么对你来说是最重要的”——这一点极其重要，它能在你的事业过程中发挥举足轻重的作用，能帮助你确立你的事业目标和达到目标的途径，还能给你提供无形的动力，帮助你实现梦想。

有研究表明，有效的生涯决策与一个人对自己的价值观的辨析程度有关。但问题是很多人在职业选择中，对自己的职业价值观并不清楚。如果对自己的职业价值观越清楚，对选择职业和生涯决策就会越容易。对职业价值的探索，有利于明确自己的职业价值取向，为职业选择提供指引。在职业价值探索的过程中，《职业价值观自测量表》能更好地帮助你了解自己的职业价值观。

第三节 职业成功与生涯幸福

我们的人生价值观决定了我们的生活态度，从而决定了我们的职业价值取向并导致了我们做出各种各样的职业选择，这种职业选择决定了我们的职业状况，从而也决定了我们的生活方式，这种生活方式又最终决定了我们的人生幸福感。

一、生活幸福的密码

对幸福生活的向往与追求，是人类的本性，也是人类社会发展进步的根本动力。据称，在哈佛大学，最受欢迎的选修课是《幸福课》，听课人数超过了王牌课《经济学导论》。教这门课的是一位名不见经传的年轻讲师泰勒·本-沙哈尔(Tal Ben - Shahav)。在一周两次的《幸福课》上，本-沙哈尔没有大讲特讲怎么成功，而是深入浅出地教他的学生，如何更快乐、更充实、更幸福。在他看来，一个幸福的人，必须有一个明确的、可以带来快乐和意义的目标，然后努力地去追求。真正快乐的人，会在自己觉得有意义的生活方式里，享受它的点点滴滴。

一个人最大的幸福，是能以自己选择的方式生活。的确，过一种与自己价值观相一致、清醒而有目标的生活，是人类生活幸福的源泉。生活幸福的密码就在于不断靠近生活目标，而生活目标实际上反映了一个人的人生目标。李开复曾这样说道:“人生只有一次，我认为最重要的就是要有最大的影响力，能够帮助自己、帮助家庭、帮助国家、帮助世界、帮助后人，能够让他们的日子过得更好、更有效率，能够为他们带来幸福和快乐。”他是把“影响力”当作自己的人生目标。

现实的生活目标是非常实际具体的。比如创造财富，让家人过上衣食无忧的生活；从事一个使其他人快乐的职业；把所学的知识和积累的经验传授给他人，帮助他人学习和成长；有更多的闲暇时间来做自己喜欢的事情；能够和心爱的人朝夕相处，造就快乐的家庭，等等。

生活目标不是凭空想象的，也不是一句口号，而是你一生的最好智囊。它可以帮助你解决人生途中遇到的各种困惑和难题。一旦确定了生活目标，它就可以为你的人生指引方向，为你的日常生活注入活力，日常生活中也因此而拥有更多的精神与物质的财富，使你感到生活有滋味，工作有奔头，并有明确的行动方向，能果断地作出人生中的重大决策。当你自觉不自觉地产生行为或做出选择时，你会发现与你的生活目标是那样的吻合。

当然，每个人的生活目标都是独特的。最重要的是，你要主动把握自己的人生目标，千万不能操之过急，更不能为了追求所谓的“崇高”，或为了模仿他人而随便确定自己的目标。同时，生活目标也不是一成不变的。在每一个成长阶段都会冒出一个新的目标来，新目标有强有弱，那些强有力的目标会时常显露出来。经过不断的反思与重建，那些曾经是强有力的目标又会转弱，甚至会被其他目标所替代。

那么，应该怎样去发现自己的生活目标呢？其实只有一个人能告诉你人生的目标是什么，那个人就是你自己；只有一个地方能找到你的目标，那就是你心里。生活目标不同于其他目标，它只能由你自己选择。没有人能为你确定或在你身上强加一个生活目标。你的目标必须是来自内心的。事实上，你的既定目标对你的大部分生活具有激励作用。理想的生活目标将赋予生命以灵感，它可以为你的日常生活注入活力。虽然一个生活目标会因为重大成功而得到他人的认同和赞誉，但通常它是更为个人化的东西。可悲的是，尽管我们的生命只有一次，许多人却从未花时间去确认自己的生活目标。因此，大部分人生活沉重、迷茫，而且无法获得满足。

人们很容易把生活目标与个体其他一些有价值的愿望混淆。如获得大学学位是一个成就，然而它却并不是通常意义上的生活目标。买车子也是一个有价值的目标，但对大多数人而言，它不是一个生活目标，除非有一些特别的情况，如喜欢汽车设计，甚至有开汽车制造厂的目标。

【小故事】

曾经有两名泥瓦工，在炎炎烈日下辛苦地砌一堵墙，一位行路人走过，问他们："你们在干什么？"

"我们在砌砖。"一个人答道。

"我们在修建一个美丽的剧院。"他的同伴回答。

后来，将自己的工作视为砌砖的泥瓦工砌了一辈子的砖，而他的同伴则成了一位颇具实力的建筑师，承建了许多美丽的剧院。

为什么同是泥瓦工，他们的成就却有着如此大的差别？其实，我们从他们两人不同的回答中，已经可以看到他们之间的不同了——前者只是漫无目的地干活，心中没有打算，对人生也无规划；而后者心中有清晰的奋斗目标，对人生有很好的规划，所以两人成就不同，命运迥异。

有生活目标的人，生活有质量，工作有激情。如果你的职业目标与生活目标是一致的，那你就是一个工作在最快乐、最幸福中的人。在新浪网举行的"你快乐吗"的人文调查中，"不知道人生目标在哪里"成为网民最不快乐的原因。也许你的第一份工作就与你的生活方式相距甚远，可能是迫于生存的原因，可能是家庭的压力，也可能是受周围环境的影响。但是，只要目标坚定，渐渐地你会意识到、感觉到，你会在机会来临时，尽可能地调整职业，向你的生活目标靠拢。

【延伸阅读】

人生空间——生涯四度

"生涯彩虹图"反映了宽阔的"人生空间"，在无限的人生空间里，生涯也是一个多面体，生活幸福的维度当然也不可能是单向度的，我们不妨把生涯目标设想为四个维度，即“高度、长度、宽度、温度”。这样，人生对于幸福的追求，相应的也就应该在四个维度上努力。

高度，在权力和地位上走得越高，就拥有更多的资源，拥有更大的影响力。“生当做人杰，死亦为鬼雄”，一个人，有高远的理想，有执着的追求，达到一定的高度，于人赢得尊重，于己获得自信，是幸福的一个重要维度。

长度，是指你在这个领域能干多久，3年、5年，还是一辈子？很多人为了往高处走，往往透支自己的精力和健康，结果英年早衰乃至早逝。“五福寿为先”，无论达官贵人，还是普通百姓，都没有人不认同长寿是大福分。事实上，如果你的职位无法往上走，你还可以从长度发展，在这个领域扎根干下去，作为思想、智慧、艺术和体能等某方面的专家，挖得越深，就越卓越。

宽度，打开和做好人生中多种不同的角色，生活可以变得丰富和平衡。在大家都渴望成功的今天，很多人只看到要不断往高处走，却忽视了多重角色的扮演，家庭不和，友情丧失，不懂放松和休闲，那么即使你处在很高的位置，薪酬可观，也是一个不折不扣的失败者。所以宽度同样也是幸福的一个重要维度。

温度，是对生命的热度，温度越高，我们对生活的热爱与激情越多。活出自己生命本来的面目，探索内在世界，追寻真实鲜活的生命自在状态，寻找自己存在的意义和天命，幸福有时不在高度，而在心灵的深度。幸福，在更多时候正是一种内心世界的温暖感。

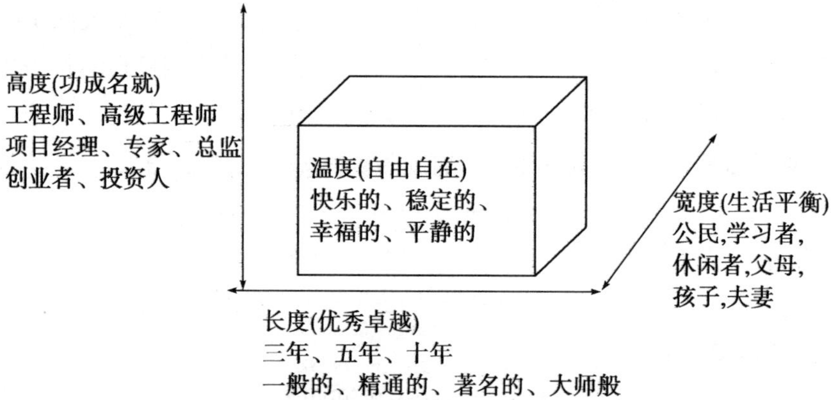

人生真正的幸福来源于“四度”的综合、平衡与统一。每个人对这“生涯四

度”的分别权衡是不一样的，而且因个人价值观、心理倾向和能力条件不同，也不应该一样。但是，“生涯四度”对于每个人来说又都是不可或缺的。高度、长度、宽度、温度，四者之间可以有此长彼消，并从中体现出个性，但一定要平衡。

二、职业目标和生活目标的统一

职业指导之父弗兰克·帕森斯(Frank Parsons)认为职业成功的核心是人—职匹配。从根本上看，这种匹配应该是职业目标和生活目标的和谐统一。

美国赫门米勒家具公司的总裁赛蒙曾经说过：“为什么工作不能够是我们生命中美好的事情？为什么我们把工作看成是一件不得不做的事情而未能珍惜和赞美它？为什么工作不能够是人们终其一生发展道德与价值观、表现人文关怀与艺术的基石？为什么人们不能从工作中去体会事物设计的美，感受过程的美，并试着欣赏可持之恒久的价值之美？”“通用之神”韦尔奇推崇美国当代思想家彼德·里根，他觉得里根将人生面对选择的意义讲述得十分透彻：“要么就是第一或第二，要么就转行。”台湾圣国企管顾问股份有限公司总经理、国际成功学讲师余正昭先生在介绍成功之道时说道，成功最重要的一点是：找到你的方向。对大多数的人来说，几乎每一天中最清醒和最好的时段都在工作。漫漫人生旅途，精力最旺盛的黄金岁月也将在工作中度过。既然工作在生活中占到如此大的分量，那么工作是否快乐就成为衡量生活幸福程度的一个重要因素。职业目标与生活目标的和谐统一就显得非常重要。

(一) 生活目标与职业目标不总是简单一致

王先生在司法机关工作，生活比较舒适和安逸，收入也不低，人际关系也相处得不错。但他却不喜欢这种朝九晚五循规蹈矩的生活模式，他喜欢有变数的工作和生活。工作时间一久，他就对工作没有热情，甚至厌烦。公务员这个职业是多少人向往的，他的长辈也是引以为傲的。他们多么希望自己的子女能出人头地，能谋得一官半职。从职业目标上讲，他也承认这是一种务实的选择，但他还年轻，希望有更大的发展与进步，并且能够用上他的专业，做他希望做的事情，并过自己喜欢的生活。他现在的困惑在于，是听从长辈的意见，在机关里努力谋得一官半职，过稳定而没有激情的日子呢？还是离开安乐窝，在激烈的求职市场里重新开始。职业目标与生活目标能统一吗？

(二) 生活目标可以引导一个人走向成功的职业生涯

王俊是一位专业型的业余乒乓球高手，从小就立志要当一名运动员，长大后事与愿违，阴错阳差地成为一名公务员。一晃就是二十年，公务员在其他人的眼中可是铁饭碗，可对他来说，就好像是啃鸡肋，食之无味，弃之可惜。如果是早二十年，他可以从新选择，但现在已经是四十出头的人，要放弃这份稳定而收入不错的工作，确实是个很伤脑子的问题。可自己对目前的工作没有激情，心情越来越沉闷，这也是事实。有一个机会，一家俱乐部邀请他当业余教练，他一下子感觉找到了自我，找回了他的生活目标。经过权衡，他最终决定放弃公务员，从事乒乓球教练工作。现在，这份工作给他带来无穷的欢乐和成就。他的生活目标已引导他走向成功的职业生涯。

(三) 职业目标可以发展成为生活目标

作为我国跳水“梦之队”的领军人物，郭晶晶一步步走过了常人难以想象的荆棘之路。5 岁练跳水，15 岁首次参加奥运会一无所获，1998 年参加世锦赛仅获女子 3 米跳板亚军，在之后的几年赛事中她始终与奥运会冠军宝座失之交臂，其中包括悉尼奥运会 3 米跳板单人、双人项目。巨大的压力与残酷的现实，肯定不是她的初衷，她的生活目标原本肯定也应该是轻松与享受。但是，为了祖国的荣誉，她明确职业目标，以坚韧的毅力和不服输的信心加之更为艰苦的训练坚持着。2004 年她终于从雅典奥运会拿回 2 枚金牌，2008 年奥运会上拿得 2 枚金牌，演绎了一出完美的落幕。

是什么动力在一路支撑着她？郭晶晶说：“因为喜欢才会投入，才会愿意付出。”生活目标是价值观的一种展示。我们看到，对跳水的热爱是支持着郭晶晶战胜种种艰辛、勇往直前的精神支柱。郭晶晶在艰苦的职业目标追求中，喜欢上跳水这项运动，这就是她的方向和目标。她在跳板上把自己的职业目标发展成了自己的生活目标，实现了职业目标与生活目标的完美结合。她那完美的一跳，也缔造了完美的人生。

(四) 把生活目标融入到职业目标之中

在美国佛罗里达州的一个小镇上，有一名厨师叫马克·鲍勃，他的烹饪水平一直不错，在一家叫好望角的餐厅做了两年的厨师。当厨师之余，他还热爱博彩，虽然他一直没有中过大奖。2009 年 2 月，幸运之神眷顾了他，他居然中了数百万美元的大奖，在经济危机的情况下，他居然成了小镇最幸运的人。中奖的那个晚上，他在自己工作的餐厅请客，亲自下厨和大家一起庆祝自己的一夜暴富。那个晚上所有人都尽情玩闹，只有饭店老板约翰有些难过，因为他得开始计划招募一名新的厨师了，他想鲍勃肯定不会继续干这份工作了。

第二天，就在约翰拟好招聘广告之后，一个熟悉的身影出现了。鲍勃居然回来了，鲍勃不但回来了，而且还风趣地说："我是厨师，你们休想把我丢进那些豪华会。"于是他又吹着口哨开始了自己的厨师工作。很快，饭店里的食客渐渐增多，人们都很惊讶地向鲍勃挥手致意。

后来，他的做法引来了好事的记者，记者举着"大炮"闯进厨房问他："鲍勃先生，你完全没有必要在这里工作，为什么你还留在这里呢?"他一手端着盘子，一手拿着勺子对记者说："我从小就学习做菜，并在父母的反对下坚持成为一名厨师，你大概知道我有多喜欢干这个了吧？而且，在这里我有像亲人一样的老板和同事，我们相处得非常快乐，他们让我的人生大部分时间都很快乐。我为什么要因为一笔意外之财而丢弃了我热爱的事业呢？是的，我不能因为钱而耽误了我的快乐。"鲍勃已经把自己的生活目标融入到职业目标之中。

三、让职业创造"快乐生涯"

2007 年开始执掌哈佛大学 28 任校长的德鲁·吉尔平·福斯特(Drew G. Faust)女士说过："如果你不试着去做自己热爱的事情，不管是玩泥巴还是生物还是金融，如果连你自己都不去追求你认为最有价值的事，你终将后悔。如果你把你一天中醒着的一大半时间用来做你不喜欢的事情，你是很难感到幸福的。"这话道出了价值观、工作和幸福感之间的内在关联性。择其所爱，爱其所择的结果，会使一个人以职业为荣，以工作为乐，并呈现出圆融、丰足、喜悦、智慧和充满创造力的气质。如此，职业就变得生动、美丽，工作不仅是谋生的手段，也是享受生活的一种载体，工作是为了让自己更快乐。

"快乐生涯"，作为一种全新的生涯规划理念，是针对传统生涯概念发展而来的。传统职业生涯规划的理念，着重考虑生涯发展本身的规律，这导致众多职场人士只把工作更多地看作是谋生的手段，尽管有不错的职业发展，然而却无法享受到工作中应有的快乐，一些人甚至视工作为苦役。

在现实生活中，大多数的人首先都还必须为谋生而工作。“快乐生涯”的目标是谋生与自我实现达成一致，做自己真正喜欢做的事情，同时又能借此养活自己。快乐生涯包含三个方面的基本内涵：

第一，发现自己内心的呼唤，发挥自身固有的优势，做自己真正想做的工作。

第二，发展自己的核心技能，积累自己相关的知识，有能力做好自己想做的工作。

第三，能够持续在自己的领域不断发展，创造卓越的价值，获取认可，从根本上成为一个价值贡献者。

（一）事业与生活

一个人有意义的生命，应该是由事业与生活去注释的：事业是生命的伴侣，生活是生命的血液，没有事业相伴，生命是孤单的；没有热血流淌，生命是缺乏激情的。所以成就事业与创造生活对生命来说都是非常重要的，二者骨肉紧相连，同为生命歌。因此，一个人的生活目标，在一定意义上说就必须有事业的追求。

有个老木匠向老板递了辞呈，准备离开他熟悉的建筑业，回家与妻子儿女享受天伦之乐。他是全国最著名的几位木匠之一，手艺高超。老板舍不得这样的好员工离开，问他能否帮忙建造最后一座房子，老木匠欣然允诺。但是，显而易见，他的心已不在工作上，他用的是废料，出的是粗活。等到房子竣工的时候，老板亲手把大门的钥匙递给他并对他说：“这是你的房子，也是我送给你的礼物。”他震惊得目瞪口呆，羞愧得无地自容。如果他早知道是在给自己建房子，他怎么会这样漫不经心、敷衍了事呢？现在他只好住在这幢粗制滥造的房子里！

对于一个人来说，工作就是在创造自己的事业及生活。但真正这样认识到并做到的没有几个人。很多人就像那个老木匠，整天漫不经心地“建造”自己的生活，不是积极行动，而是消极应付。等其惊觉自己的处境时，早已深困在自己建造的“房子”里了。

1. 事业与职业。

麦当劳的创始人雷·克罗克在给学生作演讲的时候问了这么一个问题：“谁知道我们是做什么的？”在场所有的学生回答：“是做快餐的。”但这个答案并非雷·克罗克想要的。在很多人眼中，麦当劳一直以来被认为是卖快餐的，而由一个麦当劳的优秀员工来回答这个问题，答案却出乎大多数人的意料。这个员工是这样来回答的："我的职业是做快餐，可是我的事业是做地产生意。我们最大的资产不是快餐带来的利润，而是快餐带来的麦当劳地产保值增值！"这就是麦当劳一名优秀员工的眼光，他把职业当成心目中的事业来经营了。

《现代汉语词典》里讲："职业，个人在社会中所从事的作为主要生活来源的工作"；"事业，人所从事的、具有一定目标、规模和系统而对社会发展有影响的经常活动"。显然，职业与事业的根本区别在于，职业是为了生活而从事的一种工作，而事业则是对社会发展有影响的抛开衣食之利的经常活动。正如南怀瑾所言，"一个人一辈子做一件事情对社会大众有贡献，对国家民族、对整个社会，都是一种贡献，这才算是事业"。事业要比职业有更丰富的内涵！当然，不能因为事业与职业有所差异而割裂了两者的关系。职业是事业的基础，事业是职业的升华。任何一项职业只要把它当作事业去做，那么它就可以是一项"前无古人，后无来者"的事业。

记得有一位庸者与一位哲人分别这样说道："我活着是为了吃饭"，"我吃饭是为了活着"。如果单纯为职业而"职业"，那么"活着是为了吃饭"；如果职业是为了满足基本生活的给养而做出一番伟大的事业，那么"吃饭是为了活着"。事实上，古今中外，大凡有成就的人，无不是"事业第一，职业第二"；或者说凭借职业的衣食之利为社会做出更大的贡献，即做出一番事业。

马克思倘若不是为无产阶级革命事业，他不会四十年如一日地潜心撰写揭示资本主义剩余价值规律的皇皇巨著——《资本论》；爱迪生若不是要为世界千千万万的家庭点亮一盏盏明灯，他也就无法做出熠熠生辉的事业——发明白炽灯。因此，凡人之所以为凡人，平庸之人之所以平庸，究其因，在于没有正确处理好"职业"与"事业"的关系。有的人，为"功名利禄"而追求职业；有的人，因为"卒不忍独善其身"而追求事业。林觉民"当亦乐牺牲吾身与汝身之福利，为天下谋永福也"而抛妻别子，成就了黄花岗烈士的英名，也同时留下了让人哽咽的千古绝唱——《与妻书》；屈原为国富民强、人民安居乐业而"上下求索"，为申其志，写下了流传千古的《离骚》，更成就了其彪炳千古的光辉人格……他们是中华民族的脊梁，是中国之所以在今天自立于世界民族之林的根本原因。任何人，只要心里装着事业，装着为"社会发展做出巨大贡献"的远大理想,那么他就一定能成就一番光辉的事业!

2. 让职业成为你的事业。

有一位哲人说过,工作时间的所作所为决定你拥有什么,业余时间的所作所为决定你是什么样的人。这其实也说明了职业与事业的关系。工作时间一般从事的是职业内容,而业余时间做的倒是事业。事业是可以延续并由人继承的,职业只是靠技能来服务于人和社会而谋生的手段。

有工作的职业人是快乐的,有事业的人是幸福的,当职业和事业一致时,人是既快乐又幸福的。当职业和事业矛盾时,人们感到痛苦,这种痛苦源于自己的拥有和归属的矛盾。职业和事业的矛盾,就像是你的两只眼睛不能看到一样东西。

有人说过,"老鹰有时飞得比鸡还低,但鸡永远也不能飞得像老鹰那么高"。你是一只老鹰,也许你被意外安排在鸡的社会环境,在年幼时,接受鸡一样的培养和训练,你的习惯和想法都会很像鸡。有时候,你还会因为不如鸡而痛苦和自卑。有一天,你和鸡被带到悬崖绝壁,在你的同类老鹰的追逐恐吓中,鸡纷纷落入深渊,而你在挣扎中挥动有力的翅膀飞向悬崖之上的天空。恍然大悟的你知道了你的事业是飞翔,你的归属是天空,和鸡一样的生活仅仅是你找到事业前的一段职业生涯。

我们每个人,身在社会,就是社会的一分子,身在企业,就是企业的一个重要组成部分。无论你如何自命不凡,也无论你如何的能力无穷,你首先要做到的,就是认清你自己,明白自己应该身居何位。你从事的职业,完全由你自己做主,好与坏、成功与失败,都由你自己的职业取向所决定。你是把职业当作生活的来源来对待,还是把职业当作自己一生的事业来对待,其结果将有天壤之别。

因此,一个具有明确、崇高生活目标的人,在规划自己的职业生涯时,一定会把理想与信念放在首要位置,未来的工作不仅仅只是工作,未来的职业也不仅仅只是职业,只有把职业当事业来规划、来经营,你才会选择主动。当你选择主动的时候,特别是选择满腔热情地投入事业的时候,未来人生的篇章一定是壮美瑰丽的。

(二) 在职场上创造快乐生涯

快乐生活是现代人追逐的一种时尚,也是每一个人都向往的最高境界。

可是，总有这样那样的压力和障碍困扰着我们，使我们对美好的生活和人生感到困惑和失落。其实这是必然的，任何时候人生都不是一帆风顺的，你怎样生活完全取决于自己的心态。不管处于哪一种环境下，只要你有乐观向上、不甘于向命运屈服的雄心壮志，保持健康的心态，你一定会拥有快乐。

快乐与工作是紧密相连的。当你的工作是为了集聚钱财，你一定会觉得很辛苦、很劳累，因为你已成为金钱的奴隶；当你努力工作赚钱是为了快乐，为了志向，为了实现自我，为了奉献社会，那么，再辛苦的工作你也会感到快乐。快乐工作是一种状态、一种生活方式，甚至是一种做人的境界。尽心尽力地做好每一项工作，为工作中的成就而欢欣，为工作的平凡而坦然，只因你的工作创造了价值——为自己、为社会；你的工作实现了自我，为自己，为家人，为团队；工作将使我们的生活更美好、社会更和谐。

事实上，快乐与工作的融合不是告诉我们必须从事什么工作，而是告诉我们要在工作中成为什么样的人。快乐不是一种奖赏，而是工作中的一部分。心理学家早就提醒过我们，快乐的动力来自心底而非建立在外在的收获之上。快乐的获得不能依靠“寻找”和“追求”，而只有依靠“体会”和“感受”。“寻找”快乐的人常常会给快乐设下条件与目标，“等我达到目标就会快乐”或“等我得到什么就会高兴”，所以一味地追求，一心一意地向通往快乐的道路大步迈进。然而实际上，所谓“通往快乐的道路”并不存在，因为快乐本身就在路上。一个无法感受快乐的人即使中了彩票得到了500万，依旧会不快乐：“有了500万又怎么样，上一期的那个人中了1000万！差一期就差很多，我真够倒霉！”

在一个教堂工地上有三个石匠在打磨石头。第一个人说：“这个该死的石头什么时候才能把它敲完。”可以看出他的心情比较郁闷。第二个人说：“要不是为了每天那几美元的工钱，我才不干这活儿呢。”这个人把工作当成了赚钱的工具。第三个人一边工作一边歌唱，他说：“这样的工作很适合我，在敲敲打打中，每天我都在创造艺术品。”我们内心对待工作的态度很大程度上决定了我们是否能对它做出正确的判断——它究竟是令人沮丧的辛苦劳作，还是让我们的灵魂感到愉悦的快乐盛典？其中的关键是为工作赋予意义。心理学家们发现，一个人的工作满意度与他自认为工作是否有意义的感觉有着极大的关系，而工作的价值则完全在于你对工作所赋予的意义。如果一个人认为工作就是“用时间换取金钱”的活动，那恐怕还没开始上班就已经觉得枯燥疲倦，注定沦为工作的情绪奴隶。而要是你能找到工作、劳动的真谛，赋予它深层的心理意义，例如“我的工作可以让我不断学习与人建立深厚情谊”，就能超越工作任务的行为定义，从中找到“为何而战”的动力，工作起来当然就兴致勃勃了。为工作赋予意义，实现职业目标与生活目标的联结，使我们从平凡的工作中感受到它的不平凡之处，那样就会感受到工作的快乐，即使是在普通的职位，你也会尽力将它做得更好、更完美！

真正感受到了工作的快乐，你就会觉得生活的快乐。因为一个人的价值在工作中得到了体现，实现了自我。在如此的心境下，我们自然会感觉工作是充实的，生活是快乐的。我们就不会再抱怨工作，抱怨生活。其实，反过来讲也一样，我们要体会生活的幸福、快乐，就必须树立科学的职业价值观，必须追求职业目标与生活目标的统一与协调，为心中的事业去“用心”工作。生活就应该是如此踏踏实实的，快乐的生活需要我们保持坦然的心态，需要我们学会感恩，学会珍惜现在身边所拥有的一切，需要我们做好当下的工作。幸福、快乐的生活寄寓于富有意义的工作之中。

工作着是美丽的，这首先是因为工作是快乐的。我们发现了工作的意义，或者赋予工作以意义，从事有意义的工作，在工作中实现着自身价值，工作理所当然是快乐的。

工作着是美丽的，更因为快乐的工作才创造了美丽的生涯。快乐的工作使我们的人生既创造、奉献，又享用、满足，生活将因此变得丰富多彩，生命也将因此变得生机盎然，生涯的彩虹也必将更加绚丽灿烂！

同学们，我们已经拥有目标和方向了。

同学们，我们已经明了生命的意义了。

同学们，我们已经知道什么东西对我们最重要；我们已经懂得了微笑的可贵；我们已经领悟到感恩的价值；我们还知道，生涯规划从本质上讲就是对自己生命意义的追寻，是帮助自己确立生活的目标，为的是激发出生命的动力和活力，全面提高生命和生活的品质。我们已经有了准备，现在我们可以开始了，开始探索自我，开始探索世界，坚定地开始构筑自己的职业生涯大厦……

知识拓展

一、推荐阅读两篇短文

青年在选择职业时的考虑

卡尔·马克思

【1835 年 8 月 12 日，就读于特里尔中学的马克思完成了他的中学毕业考试德语作文《青年在选择职业时的考虑》，阅卷老师批阅后，评论道："思想丰富，精彩有力，值得赞许"，校长威登巴赫读后也赞扬："此文以思想丰富和结构严谨而引人注目。"这年，马克思只有 17 岁，在这样一个充满梦想和希望的季节，他对自己的人生、未来进行了深入的思考、规划和设计。他以优美的文笔、深刻的语言，缜密的思考，严格的推理，使人兴奋、鼓舞，给人以振聋发聩的力量。文中所表述的一些见解和许多哲理性的语句都深入实际，给人启迪，时隔一个多世纪，本文仍对我们在现实生活中有着积极的指导意义。】

自然本身给动物规定了它应该遵循的活动范围，动物也就安分地在这个范围内活动，不试图越出这个范围，甚至不考虑有其他什么范围的存在。神也给人指定了共同的目标——使人类和他自己趋于高尚，但是，神要人自己去寻找可以达到这个目标的手段；神让人在社会上选择一个最适合于他、最能使他和社会都得到提高的地位。

能有这样的选择是人比其他生物远为优越的地方，但是这同时也是可能毁灭人的一生、破坏他的一切计划并使他陷于不幸的行为。因此，认真地考虑这种选择——这无疑是开始走上生活道路而又不愿拿自己最重要的事业去碰运气的青年的首要责任。

每个人眼前都有一个目标，这个目标至少在他本人看来是伟大的，而且如果最深刻的信念，即内心深处的声音，认为这个目标是伟大的，那他实际上也是伟大的，因为神决不会使世人完全没有引导，神总是轻声而坚定地作启示。

但是，这声音很容易被淹没；我们认为是灵感的东西可能须臾而生，同样可能须臾而逝。也许，我们的幻想油然而生，我们的感情激动起来，我们的眼前浮想联翩，我们狂热地追求我们以为是神本身给我们指出的目标；但是，我们梦寐以求的东西很快就使我们厌恶——于是我们的整个存在也就毁灭了。

因此，我们应当认真考虑：所选择的职业是不是真正使我们受到鼓舞？我们的内心是不是同意？我们受到的鼓舞是不是一种迷误？我们认为是神的召唤的东西是不是一种自欺？但是，不找出鼓舞的来源本身，我们怎么能认清这些呢？

伟大的东西是光辉的，光辉则引起虚荣心，而虚荣心容易给人鼓舞或者是一种我们觉得是鼓舞的东西；但是，被名利弄得鬼迷心窍的人，理智已无法支配他，于是他一头栽进那不可抗拒的欲念驱使他去的地方；他已经不再自己选择他在社会上的地位，而听任偶然机会和幻想去决定它。

我们的使命决不是求得一个最足以炫耀的职业，因为它不是那种使我们长期从事而始终不会情绪低落的职业，相反，我们很快就会觉得，我们的愿望没有得到满足，我们理想没有实现，我们就将怨天尤人。

但是，不只是虚荣心能够引起对这种或那种职业突然的热情。也许，我们自己也会用幻想把这种职业美化，把它美化成人生所能提供的至高无上的东西。我们没有仔细分析它，没有衡量它的全部分量，即它让我们承担的重大责任；我们只是从远处观察它，然而从远处观察是靠不住的。

在这里，我们自己的理智不能给我们充当顾问，因为它既不是依靠经验，也不是依靠深入的观察，而是被感情欺骗，受幻想蒙蔽。然而，我们的目光应该投向哪里呢？在我们丧失理智的地方，谁来支持我们呢？

是我们的父母，他们走过了漫长的生活道路，饱尝了人世的辛酸——我们的心这样提醒我们。

如果我们通过冷静的研究，认清所选择的职业的全部分量，了解它的困难以后，我们仍然对它充满热情，我们仍然爱它。觉得自己适合它，那时我们就应该选择它，那时我们既不会受热情的欺骗，也不会仓促从事。

但是，我们并不能总是能够选择我们自认为适合的职业；我们在社会上的关系，还在我们有能力对它们起决定性影响以前就已经在某种程度上开始确立了。

我们的体质常常威胁我们，可是任何人也不敢藐视它的权利。

诚然，我们能够超越体质的限制，但这么一来，我们也就垮得更快；在这种情况下，我们就是冒险把大厦筑在松软的废墟上，我们的一生也就变成一场精神原则和肉体原则之间的不幸的斗争。但是，一个不能克服自身相互斗争的因素的人，又怎能抗拒生活的猛烈冲击，怎能安静地从事活动呢？然而只有从安静中才能产生伟大壮丽的事业，安静是唯一生长出成熟果实的土壤。

尽管我们由于体质不适合我们的职业，不能持久地工作，而且工作起来也很少乐趣，但是，为了恪尽职守而牺牲自己幸福的思想激励着我们不顾体弱去努力工作。如果我们选择了力不能胜任的职业，那么，我们绝不能把它做好，我们很快就会自愧无能，并对自己说，我们是无用的人，是不能完成自己使命的社会成员。由此产生的必然结果就是妄自菲薄。还有比这更痛苦的感情吗？还有比这更难于靠外界的赐予来补偿的感情吗？妄自菲薄是一条毒蛇，它永远啮噬着我们的心灵，吮吸着其中滋润生命的血液，注入厌世和绝望的毒液。

如果我们错误地估计了自己的能力，以为能够胜任经过周密考虑而选定的职业，那么这种错误将使我们受到惩罚。即使不受到外界指责，我们也会感到比外界指责更为可怕的痛苦。

如果我们把这一切都考虑过了，如果我们生活的条件容许我们选择任何一种职业；那么我们就可以选择一种能使我们最有尊严的职业；选择一种建立在我们深信其正确的思想上的职业；选择一种给我们提供广阔场所来为人类进行活动、接近共同目标（对于这个目标来说，一切职业只不过是手段）即完美境地的职业。

尊严就是最能使人高尚起来、使他的活动和他的一切努力具有崇高品质的东西，就是使他无可非议、受到众人钦佩并高于众人之上的东西。

但是，能给人以尊严的只有这样的职业，在从事这种职业时我们不是作为奴隶般的工具，而是在自己的领域内独立地进行创造；这种职业不需要有不体面的行动（哪怕只是表面上不体面的行动），甚至最优秀的人物也会怀着崇高的自豪感去从事它。最合乎这些要求的职业，并不一定是最高的职业，但总是最可取的职业。

但是，正如有失尊严的职业会贬低我们一样，那种建立在我们后来认为是错误的思想上的职业也一定使我们感到压抑。

这里，我们除了自我欺骗，别无解救办法，而以自我欺骗来解救又是多么的糟糕！

那些不是干预生活本身，而是从事抽象真理研究的职业，对于还没有坚定的原则和牢固、不可动摇的信念的青年是最危险的。同时，如果这些职业在我们心里深深地扎下了根，如果我们能够为它们的支配思想牺牲生命、竭尽全力，这些职业看来似乎还是最高尚的。

这些职业能够使才能适合的人幸福，但也必定使那些不经考虑、凭一时冲动就仓促从事的人毁灭。

相反，重视作为我们职业的基础的思想，会使我们在社会上占有较高的地位，提高我们本身的尊严，使我们的行为不可动摇。

一个选择了自己所珍视的职业的人，一想到他可能不称职时就会战战兢兢——这种人单是因为他在社会上所居地位是高尚的，他也就会使自己的行为保持高尚。

在选择职业时，我们应该遵循的主要指针是人类的幸福和我们自身的完美。不应认为，这两种利益是敌对的，互相冲突的，一种利益必须消灭另一种的；人类的天性本身就是这样的：人们只有为同时代人的完美、为他们的幸福而工作，才能使自己也过得完美。

如果一个人只为自己劳动，他也许能够成为著名的学者、大哲人、卓越诗人，然而他永远不能成为完美无瑕的伟大人物。

历史承认那些为共同目标劳动因而自己变得高尚的人是伟大人物；经验赞美那些为大多数人带来幸福的人是最幸福的人；宗教本身也教诲我们，人人敬仰的理想人物，就曾为人类牺牲了自己——有谁敢否定这类教诲呢？

如果我们选择了最能为人类福利而劳动的职业，那么，重担就不能把我们压倒，因为这是为大家而献身；那时我们所感到的就不是可怜的、有限的、自私的乐趣，我们的幸福将属于千百万人，我们的事业将默默地、但是永恒发挥作用地存在下去，面对我们的骨灰，高尚的人们将洒下热泪。

人要生活在趣味之中

梁启超

我是个主张趣味主义的人，倘若用化学化分“梁启超”这件东西，把里头所含一种原素名叫“趣味”的抽出来，只怕所剩下的仅有个零了。我以为凡人必须常常生活于趣味之中，生活才有价值；若哭丧着脸挨过几十年，那么，生活便成沙漠，要他何用？中国人见面最喜欢用的一句话：“近来做何消遣？”这句话我听着便讨厌。话里的意思，好像生活得不耐烦了，几十年日子没有法子过，勉强找些事情来消他遣他。一个人若生活于这种状态之下，我劝他不如早日投海。我觉得天下万事万物都有趣味，我只嫌二十四点钟不能扩充到四十八点，不够我享用。我一年到头不肯歇息。问我忙什么，忙的是我的趣味，我以为这便是人生最合理的生活，我常常想动员别人也学我这样生活。

凡属趣味，我一概都承认他是好的。但怎么才算趣味？不能不下一个注脚。我说："凡一件事做下去不会生出和趣味相反的结果的，这件事便可以为趣味的主体。"赌钱有趣味吗？输了，怎么样？吃酒，有趣味吗？病了，怎么样？做官，有趣味吗？没有官做的时候，怎么样……诸如此类，虽然在短时间内像有趣味，结果会闹到俗语说的"没趣一齐来"，所以我们不能承认他是趣味。凡趣味的性质，总是以趣味始，以趣味终。所以能为趣味之主体者，莫如下面的几项：一、劳作，二、游戏，三、艺术，四、学问。诸君听我这段话，切勿误会：以为我用道德观念来选择趣味。我不问德不德，只问趣不趣。我并不是因为赌钱不道德才排斥赌钱，因为赌钱的本质会闹到没趣，闹到没趣便破坏了我的趣味主义，所以排斥赌钱。我并不是因为学问是道德才提倡学问，因为学问的本质，能够以趣味始，以趣味终，最合于我的趣味主义条件，所以提倡学问。

学问的趣味，是怎么一回事呢？这句话我不能回答。凡趣味总要自己领略，自己未曾领略得到时，旁人没有法子告诉你。佛典说的："如人饮水，冷暖自知。"你问我这水怎样的冷，我便把所有形容词说尽，也形容不出给你听，除非你亲自喝一口。我这题目：《学问之趣味》，并不是要说学问是如何如何的有趣味，只是要说如何如何便会尝得着学问的趣味。

诸君要尝学问的趣味吗？据我所经历过的，有下列几条路应走：

第一，无所为。趣味主义最重要的条件是"无所为而为"。凡有所为而为的事，都是以另一件事为目的而以这一件事为手段。为达目的起见，勉强用手段；目的达到时，手段便抛却。例如学生为毕业证书而做学问，著作家为版权而做学问，这种做法，便是以学问为手段，便是有所为。有所为虽然有时也可以为引起趣味的一种方法，但到趣味真发生时，必定要和"所为者"脱离关系。你问我"为什么做学问？"我便答道："不为什么。"再问，我便答道："为学问而学问。"或者答道："为我的趣味。"诸君切勿以为我这些话是故弄玄虚，人类合理的生活本来如此。小孩子为什么游戏？为游戏而游戏。人为什么生活？为生活而生活。为游戏而游戏，游戏便有趣；为体操分数而游戏，游戏便无趣。

第二，不息。"鸦片烟怎样会上瘾？""天天吃。""上瘾"这两个字，和"天天"这两个字是离不开的。凡人类的本能，只要哪部分搁久了不用，它便会麻木，会生锈。十年不跑路，两条腿一定会废了。每天跑一点钟，跑上几个月，一天不跑时，腿便发痒。人类为理性的动物，“学问欲”原是固有本能之一种，只怕你出了学校便和学问告辞，把所有经管学问的器官一齐打落冷宫，把学问的胃口弄坏了，便山珍海味摆在面前也不愿意动筷了。诸君啊！诸君倘若现在从事教育事业或将来想从事教育事业，自然没有问题，很多机会来培养你的学问胃口。若是做别的职业呢，我劝你每日除本业正当劳作之外，最少总要腾出一点钟，研究你所嗜好的学问。一点钟哪里不消耗了，千万不要错过，闹成“学问胃弱”的征候，白白自己剥夺了一种人类应享之特权啊！

第三，深入的研究。趣味总是慢慢地来，越引越多，像倒吃甘蔗，越往下才越得好处。假如你虽然每天定有一点钟做学问，但不过拿来消遣消遣，不带有研究精神，趣味便引不起来。或者今天研究这样，明天研究那样，趣味还是引不起来。趣味总是藏在深处，你想得着，便要进去。这个门穿一穿，那个门张一张，再不曾看见“宗庙之美，百官之富”，如何能有趣味？我方才说：“研究你所嗜好的学问。”嗜好两个字很要紧。一个人受过相当教育之后，无论如何，总有一两门学问和自己脾胃相合，而已经懂得大概，可以作加工研究之预备的。请你就选定一门作为终身正业（指从事学者生活的人说），或作为本业劳作以外的副业（指从事其他职业的人说）。不怕范围窄，越窄越便于聚精神；不怕问题难，越难越便于鼓勇气。你只要肯一层一层的往里面钻，我保你一定被他引到“欲罢不能”的地步。

第四，找朋友。趣味比方电，越摩擦越出。前两段所说，是靠我本身和学问本身相摩擦，但仍恐怕我本身有时会停摆，发电力便弱了。所以常常要仰赖别人帮助。一个人总要有几位共事的朋友，同时还要有几位共学的朋友。共事的朋友，用来扶持我的职业，共学的朋友和共顽的朋友同一性质，都是用来摩擦我的趣味。这类朋友，能够和我同嗜好一种学问的自然最好，我便和他搭伙研究。即或不然，他有他的嗜好，我有我的嗜好，只要彼此都有研究精神，我和他常常在一块或常常通信，便不知不觉把彼此趣味都摩擦出来了。得着一两位这种朋友，便算人生大幸福之一。我想只要你肯找，断不会找不出来。

我说的这四件事，虽然像是老生常谈，但恐怕大多数人都不曾这样做。唉！世上人多么可怜啊！有这种不假外求，不会蚀本，不会出毛病的趣味世界，竟没有几个人肯来享受！古书说的故事“野人献曝”，我是尝冬天晒太阳滋味尝得舒服透了，不忍一人独享，特地恭恭敬敬的来告诉诸君，诸君或者会欣然采纳吧？但我还有一句话：太阳虽好，总要诸君亲自去晒，旁人却替你晒不来。

二、哈佛最受欢迎的选修课《幸福课》

“本-沙哈尔”观点一：追求

我们来到这个世上，到底追求什么才是最重要的？泰勒·本-沙哈尔坚定地认为：幸福感是衡量人生的唯一标准，是所有目标的最终目标。

“本-沙哈尔”观点二：幸福

幸福，应该是快乐与意义的结合——一个幸福的人，必须有一个明确的、可以带来快乐和意义的目标，然后努力地去追求。真正快乐的人，会在自己觉得有意义的生活方式里，享受它的点点滴滴。

“本-沙哈尔”观点三：四种汉堡四种人生模式

[背景]：当年，为准备重要赛事，除苦练外，他须严格节制饮食。开赛前一个月，只能吃最瘦的肉类，全麦的碳水化合物，及新鲜蔬菜和水果。他曾暗中发誓，一旦赛事完了，一定要大吃两天“垃圾食品”。

比赛结束，他干的第一件事就是直奔自己喜爱的汉堡店，一口气买下 4 只汉堡。当他急不可待地撕开纸包，把汉堡放在嘴边的刹那，却停住了。因为他意识到，上个月，因为健康的饮食，自己体能充沛。如果享受了眼前汉堡的美味，很可能会后悔，并影响自己的健康。

望着眼前的汉堡，他突然发现，它们每一种都有自己独特的风味，可以说，代表着 4 种不同的人生模式：

第一种汉堡：就是他最先抓起的那只，口味诱人，但却是标准的“垃圾食品”。吃它就等于是享受眼前的快乐，但同时也埋下了未来的痛苦。用它比喻人生，就是及时享乐，出卖未来幸福的人生，即“享乐主义型”；

第二种汉堡：口味很差，里边全是蔬菜或者有机食物，吃了可以使人日后更加的健康，但会吃得很痛苦。牺牲眼前的幸福，为的是追求未来的目标，他称之为“忙碌奔波型”；

第三种汉堡：是最糟糕的，既不美味，而且吃了还会影响日后的健康。与此相似的人，对生活丧失了希望和追求，既不享受眼前的事物，也不对未来抱期许，是“虚无主义型”；

第四种汉堡：会不会还有一种汉堡，又好吃，又健康呢？那就是第四种“幸福型”汉堡。一个幸福的人，是既能享受当下所做的事，又可以获得更美满的未来。

不幸的是，据本-沙哈尔观察，现实生活中的大部分人，都属于“忙碌奔波型”。

“本-沙哈尔”观点四：幸福的假象

为何当今社会有那么多“忙碌奔波型”的人呢？在本-沙哈尔看来：因为人们常常被“幸福的假象”所蒙蔽，他们把物质与财富，放在了快乐和意义之上。

幸福的假象：我们的社会环境和文化背景（以成败论英雄），导致人们习惯性地去关注下一个目标，而常常忽略眼前的事情，最后，导致终生的盲目追求，然而一旦目标达成，人们常把放松的心情，解释为幸福，好像事情越难做，成功后的幸福感就越强。不可否认，这种解脱，让我们感到到了真实的快乐，但它绝不等同于“幸福”，它只是“幸福的假象”。

“忙碌奔波型”的人，错误地认为成功就是幸福，坚信目标实现后的放松和解脱，就是幸福。因此，他们不停地从一个目标奔向另一个目标。

“本-沙哈尔”观点五：关键点

本-沙哈尔认为：寻找真正能让自己快乐而有意义的目标，才是获得幸福的关键。本-沙哈尔希望他的学生，学会接受自己，不要忽略自己所拥有的独特性；要摆脱“完美主义”，要“学会失败”。

【详细内容可以阅读当代中国出版社 2011 年版的《幸福的方法》】

拓展练习

一、职业价值观自测量表

下面有 52 道题目，每个题目都有 5 个备选答案，请根据自己的实际情况或想法，在题目后面圈出相应字母，每题只能选择一个答案。通过测验，你可以大致了解自己的职业价值取向。

A——非常重要

B——比较重要

C——一般重要

D——较不重要

E——很不重要

1. 你的工作必须经常解决新的问题。　A　B　C　D　E
2. 你的工作能为社会福利带来看得见的效果。　A　B　C　D　E
3. 你的工作奖金很高。　A　B　C　D　E
4. 你的工作内容经常变换。　A　B　C　D　E
5. 你能在你的工作范围内自由发挥。　A　B　C　D　E
6. 你的工作能使你的同学、朋友非常羡慕你。　A　B　C　D　E
7. 你的工作带有艺术性。　A　B　C　D　E
8. 你的工作能使人感觉到你是团体中的一分子。　A　B　C　D　E
9. 不论你怎么干，你总能和大多数人一样晋级和涨工资。　A　B　C　D　E
10. 你的工作使你有可能经常变换工作地点、场所或方式。　A　B　C　D　E
11. 在工作中你能接触到各种不同的人。　A　B　C　D　E
12. 你的工作上下班时间比较随便、自由。　A　B　C　D　E
13. 你的工作使你不断获得成功的感觉。　A　B　C　D　E
14. 你的工作赋予你高于别人的权力。　A　B　C　D　E
15. 在工作中你能试行一些自己的新想法。　A　B　C　D　E
16. 在工作中你不会因为身体或能力等因素，被人瞧不起。　A　B　C　D　E
17. 你能从工作的成果中知道自己做得不错。　A　B　C　D　E
18. 你的工作经常要外出、参加各种集会和活动。　A　B　C　D　E
19. 只要你干这份工作，就不再被调到其他意想不到的单位和工种上去。　A　B　C　D　E
20. 你的工作能使世界更美丽。　A　B　C　D　E
21. 在工作中不会有人常来打扰你。　A　B　C　D　E
22. 只要努力，你的工资会高于其他同年龄的人，升级或涨工资的可能性比干其他工作大得多。　A　B　C　D　E
23. 你的工作是一项对智力的挑战。　A　B　C　D　E
24. 你的工作要求你把一些事务管理得井井有条。　A　B　C　D　E
25. 你的工作单位有舒适的休息室、更衣室、浴室及其他设备。　A　B　C　D　E
26. 你的工作有可能结识各行各业的知名人物。　A　B　C　D　E

27. 在工作中能和同事建立良好的关系。 A B C D E
28. 在别人眼中,你的工作是很重要的。 A B C D E
29. 在工作中你经常接触到新鲜的事物。 A B C D E
30. 你的工作使你能常常帮助别人。 A B C D E
31. 你在工作单位中,有可能经常变换工作。 A B C D E
32. 你的作风使你被别人尊重。 A B C D E
33. 同事和领导人品较好,相处比较随便。 A B C D E
34. 你的工作会使许多人认识你。 A B C D E
35. 你的工作场所很好,比如有适度的灯光,安静、清洁的工作环境,甚至恒温等优越的条件。 A B C D E
36. 在工作中你为他人服务,使他人感到很满意,你自己也很高兴。 A B C D E
37. 你的工作需要计划和组织别人的工作。 A B C D E
38. 你的工作需要敏锐的思考。 A B C D E
39. 你的工作可以使你获得较多的额外收入,比如:常发实物,常购买打折扣的商品,常发商品的提货券,有机会购买进口货等。 A B C D E
40. 在工作中你是不受别人差遣的。 A B C D E
41. 你的工作结果应该是一种艺术而不是一般的产品。 A B C D E
42. 在工作中不必担心会因为所做的事情领导不满意,而受到训斥或经济惩罚。 A B C D E
43. 在工作中你能和领导有融洽的关系。 A B C D E
44. 你可以看见你努力工作的成果。 A B C D E
45. 在工作中常常要你提出许多新的想法。 A B C D E
46. 由于你的工作,经常有许多人来感谢你。 A B C D E
47. 你的工作成果常常能得到上级、同事或社会的肯定。 A B C D E
48. 在工作中,你可能做一个负责人,虽然只领导很少几个人,你信奉“宁做兵头,不做将尾”的俗语。 A B C D E
49. 你从事的那种工作经常在报刊、电视中被提到,因而在人们的心目中很有地位。 A B C D E
50. 你的工作有数量可观的夜班费、加班费、保健费

或营养费等。 A B C D E

51. 你的工作比较轻松，精神上也不紧张。 A B C D E

52. 你的工作需要和影视、戏剧、音乐、美术、文学、艺术等打交道。 A B C D E

评分与评价：上面的52道题分别代表13项工作价值观。每圈一个A得5分，B得4分，C得3分，D得2分，E得1分。请你根据下表中每一项前面的题号，计算一下每一项的得分总数，并把它填在每一项的得分栏上，然后在表格下面依次列出得分最高和最低的三项。

评价表

得分	题号	价值观	说明
	2、30、36、46	利他主义	工作的目的和价值在于直接为大众的幸福和利益尽一份力
	7、20、41、52	美感	工作的目的和价值在于能不断地追求美的东西，得到美感的享受
	1、23、38、45	智力刺激	工作的目的和价值在于不断进行智力的操作，动脑思考，学习以及探索新事物，解决新问题
	13、17、44、47	成就感	工作的目的和价值在于不断创新，不断取得成就，不断得到领导与同事的赞扬，或不断实现自己想要做的事
	5、15、21、40	独立性	工作的目的和价值在于不断能充分发挥自己的独立性和主动性，按自己的方式、步调或想法去做，不受他人的干扰
	6、28、32、49	社会地位	工作的目的和价值在于所从事的工作在人们的心目中有较高的社会地位，从而使自己得到了他人的重视与尊敬
	14、24、37、48	管理	工作的目的和价值在于获得对他人或某事物的管理支配权，能指挥和调遣一定范围内的他人或事物
	3、22、39、50	经济报酬	工作的目的和价值在于获得优厚的报酬，使自己有足够的财力去获得自己想要的东西，使生活过得较为富足
	11、18、26、34	社会交际	工作的目的和价值在于能和各种人交往，建立比较广泛的社会联系和关系，甚至能和知名人物结识
	9、16、19、42	安全感	不管自己能力怎样，希望在工作中有一个安稳局面，不会因为奖金、涨工资、调动工作或领导训斥等经常提心吊胆、心烦意乱

续表

得分	题号	价值观	说　明
	12、25、35、51	舒适	希望能将工作作为一种消遣、休息或享受的形式，追求比较舒适、轻松、自由、优越的工作条件和环境
	8、27、33、43	人际关系	希望一起工作的大多数同事和领导人品较好，相处在一起感到愉快、自然，认为这就是很有价值的事，是一种极大的满足
	4、10、29、31	变异性	希望工作的内容应该经常变换，使工作和生活显得丰富多彩，不单调枯燥

得分最高的三项是：1. ________________；

2. ________________；

3. ________________。

得分最低的三项是：1. ________________；

2. ________________；

3. ________________。

从得分最高和最低的三项中，你可以更清楚地了解自己的职业价值取向。

二、工作与生活的关系自测

请感兴趣的朋友们做做测试吧，通过测试和分析也许能帮助你发现一些问题。先请你阅读下面的问题，根据自己的情况进行判断(选择同意或不同意)。

1. 每天清晨起床，我总是觉得精力充沛。
2. 家人经常抱怨我老是不在家。
3. 我至少有两项与工作毫无关系的嗜好或休闲兴趣。
4. 我觉得现在还不如过去快乐。
5. 我总是将所有的额外补贴用于外出度假。
6. 我有时会因为考虑工作中的事情而半夜惊醒。
7. 我总是觉得工作与个人生活有冲突。
8. 如果现在死去，我会为自己留下的遗产而感到骄傲。
9. 我很少在工作日的晚上有精力出去参加活动。
10. 我很少因为工作而爽约，不去参加朋友的聚会。

现在你可以按照下面的方法来计算你的得分：问题 2、4、6、7 以及 9，如果你同意，则加 1 分。问题 1、3、5、8 以及 10，如果不同意，则加 1 分。

根据不同的得分，可以对自己处理工作与生活的关系情况作出评价。

0—1 分：你在工作与生活的关系上处理得很好，人人称羡。不过，还是得向你提出两点建议：第一，确信你时刻牢记自己的生活目标与未来的职业计划，以继续保持你这种令人称羡的状态；第二，请注意，你这种将个人生活看得过重的态度不会妨碍到您未来的职业前途。

2—4 分：你对工作与生活的关系处理，很多时候还是令人满意的。工作也许会偶尔妨碍到你的个人生活，不过总体上还是属于处理得不错的，但是你如何才能保持这种状态，同时又使自己在事业上有所发展呢？

5—7 分：工作好像对你的生活造成比较大的影响。也许你自己也不愿意工作到很晚，也不愿意周末不休息。也许工作的压力让你感到即使在不工作时也疲倦和烦躁。如果这种状况并不是暂时现象，那么你需要采取措施来调整这种工作与生活的不平衡状态。

8—10 分：工作好像是你生活中的支配因素。你好像就根本不存在工作以外的生活。事实上，如果这种状态持续很长时间的话，你的健康与个人关系就会遇到危险。你能保证自己以后一直保持这种工作状态吗？请赶快采取行动加以补救吧。

第三章

职业自我探索

我觉得一个人最重要的就是要学会自我认识，很多人失败不是因为不优秀，而是对自己认识不正确，没发现和利用自己的优势，而我却知道自己适合做导演！

——徐静蕾

一个人，拥有一份工作就拥有了一定的资产。但只有那些做他们最擅长的事情的人，才能赢得财富和荣誉。

——富兰克林

如果对某一方面特别感兴趣，可以断定你在那方面有特别的能力，应该去发展自己的能力。杜威说兴趣是能力的可靠的征兆。我要补充一句，热情和毅力是兴趣的可靠征兆，是兴趣的证明。如果做一件事情你充满了热情，而且遇到困难你有毅力坚持下去，这就证明你在那件事情上是真正有兴趣和有能力的。

——周国平

要想让我们的好运连连，我们必须要精心策划运气，而策划运气，需要好的计划，好的计划一定是好的设计，好的设计一定能够发挥作用。你需要知道，在构思好的设计时，要首先考虑两个基本的先决条件，第一个条件是知道自己的目标，譬如你要做什么，甚至你要成为什么样的人；第二个条件是知道自己拥有什么资源，譬如地位、金钱、人际关系，乃至能力。

——洛克菲勒

作为一名财富女性，杨澜无疑是成功而幸福的。她既是红遍全国的节目主持人，又是中国最富有的女人之一，而且她还拥有一个幸福的家庭。这样的女人，肯定会让很多女性羡慕。

究竟是什么使她获得了如此巨大的成功呢？答案只有一个，那就是她对自我有着清醒的认识，具有良好的性格，并且善于利用它。

1986 年，杨澜凭借优异的成绩考上了北京外国语大学。毕业之后，在近千名候选人当中脱颖而出，成为中央电视台“正大综艺”女主持人。这是杨澜人生中的第一个机遇，她幸运地抓住了。

1994 年初，杨澜凭借良好的主持风格，获得了中国首届主持人“金话筒奖”。

1998 年 1 月，由杨澜主持的访谈节目“杨澜工作室”开播。人物访谈节目让她接触了大量的社会精英和名人。这些重量级的人物成了杨澜人生交际的一部分。不少人在节目之后仍和她保持着密切的联系，这在一定程度上给她的事业带来了帮助。

敢想敢干是杨澜性格的另一个特点。

1999 年 9 月，杨澜辞去凤凰卫视节目主持人的职务，成立了阳光文化电视控股有限公司。这一举动使她的事业迈上了又一座高峰。杨澜与阳光文化一路走来，有风光，也有坎坷。在这期间，阳光文化经历过低投入、高产出的强势增长，也经历过巨额亏损，更经历过阳光与新浪的并购事件，以及与四通组合的风浪。但杨澜与阳光文化一步步闯过难关，进入了一个崭新的“新阳光”时期。

和许多女人一样，杨澜坦然承认自己也有软弱的一面，她说：“我这个人还是比较中庸，或者说比较保守，害怕有危险、有可能失败的事情。但我始终坚信：宁可在尝试中失败，也不能在保守中成功。”正是这样一种理念推动着她不断地尝试新的东西。

【杨澜以鲜活的个性打造了她多姿多彩的人生。虽然她的性格并非完美，但有效利用性格中的长处使她最终获得了成功和幸福。人与人的性格不尽相同，每个人都有其弱点和优点。成功者之所以成功，不仅是因为他们知道如何避己性格之短，发挥性格的优点，更重要的是他们知道如何在客观认识自我的基础上，为自己做好“人职”的合理匹配。】

第一节　认识我自己

莎士比亚说“反省是人的特质”，中国先儒提倡“反求诸己”，人贵有“自知之明”。一定水平的自我认知力，的确是发挥个人主观能动性的必要基础。我，才是真正的我自己！我们必须负责任地为自己规划职业生涯。认识我自己是做好职业生涯规划的重要前提。

一、自我意识与大学生“自我”的发展

自我意识是人对自己以及自己与周围世界关系的认识，是人的意识发展的高级阶段。自我意识是一个完整的多维度、多层次的心理系统。从表现形式上看，自我意识是一个有机的认知结构，由态度、情感、信仰和价值观等组成，包括自我认识、自我体验和自我控制。从内容上看，自我意识又可以分为生理自我、心理自我和社会自我。

个体的“我”是动态、发展的，个体的自我意识也有一个从无到有，最后达到成熟的过程。人的一生，始终都在寻找自我，实践自我，超越自我。在本质上，“自我”是一个人对于作为一个完整个体的成长自觉。

自我意识在个体发展中有十分重要的作用。首先，自我意识是认识外界客观事物的条件。一个人如果还没有意识到自我，也无法把自己与周围相区别时，他就不可能认识外界客观事物。其次，自我意识是人的自觉性、自控力的前提，对自我教育有推动作用。人只有意识到自己是谁、应该做什么的时候，才会自觉自律地去行动。一个人意识到自己的长处和不足，就有助于他发扬优点，克服缺点，取得自我教育积极的效果。再次，自我意识是改造自身主

观因素的途径，它使人能不断地自我监督、自我修养、自我完善。可见，自我意识影响着人的道德判断和个性的形成，尤其对个性倾向性的形成更为重要。

自我意识的确立作为大学生心理发展的重要标志之一，它对大学生人格的形成、心理的发展起着重要作用，大学生自我意识在这一阶段从分化、矛盾走向统一，对其一生有着特别重要的意义。大学生可以通过以下几个方面来塑造健全的自我意识：

（一）正确认识自我

大学生的生活环境与社会比较虽相对简单，却也复杂多变，一般人很难把握。通过以下三个方面，大学生可以提高自我认识。

(1) 从“我”与人的关系认识自我。他人是反映自我的镜子，与他人交往，是个人获得自我经验的主要来源。

(2) 从“我”与事的关系认识自我，即从做事的经验中了解自己。

(3) 从“我”与己的关系认识自我。古人曰：“吾日三省吾身”，我们可从以下几个“我”全面认识自己：自己眼中的“我”，个人实际观察到的客观的“我”，包括身体、容貌、性别、年龄、职业、性格、气质、能力等；别人眼中的“我”，与别人交往时，由别人对你的态度、情感反应而觉知的“我”；自己心中的“我”，指自己对自己的期许，即理想的“我”。

（二）积极悦纳自我

每个人都知道自我是最重要的，可总有些人不真正地尊重自己、爱惜自己。他们可以喜欢朋友、喜欢知识、喜欢自然，却不愿喜欢自己，结果他们不快乐。实际上，悦纳自我是发展健全自我的核心和关键。悦纳自我就是要无条件地接受自己的一切，好的和坏的，成功的和失败的；同时，要喜欢自己、肯定自己的价值，自己有价值感、自豪感、愉快感和满足感。

（三）有效控制自我

自我控制是人主动定向地改变自己的心理品质、特征及行为的心理过程，是大学生健全自我意识、完善自我的根本途径。很多大学生对自我抱有很高的期望，但因为没有足够的自制力和意志力，经受不住挫折和打击，无法实现自我理想。大学生应根据自己的实际情况和社会需要，确立合适的抱负水平，通过自我奋斗，最终达到自我实现和自我成功。

（四）完善超越自我

加强自我修养，不断进行自我塑造，达到完善自我、超越自我的境界，是健全自我意识的终极目标。大学生都有很高的抱负和远大的理想，但古人说得好，要“齐家治国平天下”须从“修身、养性”开始，即从点滴小事开始。提高自我修养、进行自我塑造首先应根据社会需要和个人特点，在自我协调的基础上，行知并重。行动之后要反省得失原因，再度行动时汲取教训作经验，一旦有所成果，便再反省总结。如此反复进行，便能不断完善自我，境界也就自然而然得到开拓与提升。

二、职业自我的结构

职业自我是指个人所具备的与职业相关的各种素质和条件。了解职业自我、接纳职业自我、发展职业自我，是个人职业生涯通向成功的前提。规划职业生涯的第一步，就是投入精力好好地认识自己，发现自己的所爱、所想、所适、所能、所重、所需。通过职业自我探索，确定了自己的位置，才能确定自己的职业目标和行动方向。

职业自我主要包含以下三个方面的内容：

（一）生理自我

生理自我是指一个人对自己的身体机能、外貌、体能等生理特征的认识。生理自我对个人的最大意义在于，个人首先要悦纳，并尊重自己的生理特征，进而有意识地开发生理自我，以增强应对多变、竞争日趋激烈的职业环境的能力。

（二）心理自我

心理自我是指一个人对自己的价值观、性格、兴趣、情感、能力等特征的认识。心理自我是职业自我的核心内容，也是自我探索的重点内容，它对一个人的职业选择和职业发展都起着至关重要的作用。如果一个人不知道自己想要什么，那么他一生都会活在别人的期望之中；如果一个人所从事的职业与他的兴趣相矛盾，那么他的一生都可能郁郁寡欢；如果一个人所从事的职业与他的性格相矛盾，那么他的一生都可能不得志。在个人职业倾向中，价值观是“动力驱动系统”，对我们职业生涯规划与发展的影响深刻且恒远，因此，价值观的确立与完善，是人生的至要。

（三）社会自我

社会自我是指一个人对自己所处的职业社会环境，以及与自己职业选择和职业发展有关的社会资源的认识。人是社会性动物，一个人不可能脱离社会而独自活动。同样，一个人的职业选择和职业发展活动也不可能脱离社会而独立进行。如果一个人的职业选择不能适应社会的需求，那就会英雄无用武之地；如果一个人的职业选择不能从社会现实出发，那就是同现实较劲，会生活得特别费劲。个人所拥有的社会资源也是社会自我的一项重要内容，要想取得职业生涯的成功，个人除了要有雄厚的人力资本之外，还需要有丰富的社会资源，以借助他人的力量帮助实现职业生涯发展目标。

三、认识自我的原则、方法

（一）认识自我的原则

认识自我是建立在自我观察、自我分析基础上的对自我素质的全面评估。就原则而言，在认识自我的过程中，我们应该注意掌握三条：

1. 客观性原则。

对自己进行观察、分析、评价要以客观事实为基础和依据。不客观的自我认识就是过高或过低的自我评价。过高会使自己脱离现实，过低又往往会忽视自己的长处，导致缺乏自信，过于自卑。

2. 全面性原则。

对自我的认识应当全面，既要看到自己的优点和长处，又要看到缺点和不足。既要看到自己某一方面的特殊素质，又要看到自己的整体因素。反之，任何一种片面、孤立、不分主次的自我认识都是不全面的。

3. 发展性原则。

应以发展变化的眼光来看待自己的现实素质，对自己作出客观、全面的评价，而且应当着眼于未来发展变化，预见自己的发展潜力和前景。

（二）认识自我的方法

从生涯的角度看，职业自我的内容十分丰富，生理自我、心理自我和社会自我的内容我们都必须了解。了解和认识职业自我的方法很多，主要包括自我分析、听取他人的评价、进行心理测试等。对处于择业期间的大学生来说，应当注意使用正确的自我评价方法。既要重视反省，又要广泛听取他人的评价；既要重视心理测试结果的重要参照作用，又不应对其迷信。总之，要注意不同方法相互之间的参照和综合，这样才有利于对自己做出准确、全面的认识。

1. 经验法。

经验法是指在人际交往中根据过去的活动结果，由他人或本人对自己进行主观的分析和评价。

（1）自我反省——回顾过去，发现自我。“未经反省的生活是无价值的生活”（苏格拉底）。通过对自己一些成长经历的回顾，比如过去哪些事情我做起来非常快乐，哪些事情我做起来很痛苦，哪些事情我做起来非常轻松，哪些事情我做起来比较费劲，等等，可以发现自己的职业兴趣和能力优势。

（2）班级、社团或其他活动——参与活动，亲身体验。许多人往往会存在这样一种思维模式：“这事我不感兴趣”，“我不适合干这种事情”等，我们称之为标签思维。还没有尝试怎么就知道自己不感兴趣、不适合呢？参与进去，也许里面别有一番洞天。因此，平时我们应该多参加班级、社团或其他一些活动，从这些活动中了解自己的兴趣、性格、体能及人际关系处理能力。

（3）他人评价——旁观者清，当局者迷。“以铜为镜，可以正衣冠；以古为镜，可以知兴替；以人为镜，可以明得失”。他人就像一面镜子，透过他人对自己的评价可以清楚地了解自我不知道但是别人知道的一面。他人可以是同学、朋友、师长、父母等。

2. 职业测评法。

职业测评是心理测试在职业心理测评上的具体运用。心理测试的基本原理是，通过一个人对问题情境的反应来推论他的心理特征，也就是从个体的外在行为模式来推知其内在心理特征。因而，心理测试是间接地而不是直接地测验人的心理特征。

为了最大限度地发挥职业测评的效用，首先，应该选用一个权威性比较高的心理测试工具；其次，在做测试的过程中，一定要按自己的真实想法填答，避免主观情绪；另外，在测试时，选择一个安静的环境，以避免外界干扰也十分重要。

【小贴士】

正确对待测评结果

职业测评工具可以帮助我们清楚地认识自我，包括了解自己的性格特征和职业倾向，帮助我们进行职业定位。但是，职业测评并不是万能的，它不能解决所有问题。而对于测评结果，更是需要正确对待。

首先，测评结果显示你适合某种工作，只是从性格、能力或未来能力、兴趣等几个方面提供的参考，而你能否适应职业本身的压力、节奏、竞争力及职业对经验、学历等的要求，则往往是测评之外的事。

其次，有的职业测评显示一些职业较适合性格外向的人做，但实践中，一些性格内向的人也会做得很好，为什么？因为一种职业对人才的需求是多样的。所以，职业测评最好和具体岗位结合起来，才能准确判断是否适合某职业。在做具体决策时，除了测评结果作为参考依据意外，你还要考虑以下一些因素，如：职业的发展前景、职业的工作环境、职业给你带来的经济及非经济的报酬、你的个性特征与职业要求的匹配性、你个人的能力特长与职业要求的一致性，以及你的亲朋好友对你的期待。

3. 橱窗分析法。

除了运用经验法和职业测评法对职业自我进行探索之外，我们可以运用橱窗分析法来把握自我。根据自己知道或不知道和别人知道或不知道两个维度，我们可以将自我分成四个橱窗，即公开我、隐私我、背脊我和潜在我。

橱窗(1)：公开我是指个人展现在外，无所隐藏的部分。

橱窗(2)：隐私我是指个人内在、私有、不愿被外人发现的部分。

橱窗(3)：背脊我犹如一个人的背部，自己看不到，别人却看得很清楚。

橱窗(4)：潜在我就像地下的矿藏资源不被人知晓，但是却蕴藏着无限潜能有待开发。

背脊我和潜在我是自我认识中的盲点，也是重点。自我探索的目的就是减少背脊我和潜在我在职业自我中所占的比例，扩大公开我或隐私我的比例。

橱窗分析法的意义在于，我们能够清楚自己的“四个橱窗”，并且通过某些自觉的努力，使公开我的部分越来越大，其他三个橱窗的部分越来越小。如通过自我坦陈，向别人开放自我，可以大大缩小隐私我。自我坦陈还能引发别人的回馈，进而有助于背脊我的减少。自我坦陈与回馈之间，通常还具有交互的作用，当我们从外部得到某些回馈时，会加深对自我的认知，在友好关系的推动下，我们又会更加愿意对我们的朋友诉说自己的隐私我。于是，一个彼此分享、信任的关系网就逐渐展开，这将大大有助于我们发展出更加理想的人格，对于个人的职业规划与发展十分有利。

至于潜在我的减少，一般可以通过实践活动的尝试、自我省察后获得的顿悟和凭借自我观察所获得的新了解来实现。

【小贴士】

自我探索活动

下面的表格中列出了我们常用来形容自我特征的一些字眼，仔细阅读并圈出你认为自己所具有的特征，同时也请你身边的好朋友或老师圈出他们认为你所具备的特征。比照他们圈出的特征和你自己圈出的，看看他们所形容的你和你所形容的自己，是一致的还是有一些不同呢？为什么会有这些不同？

顺从	乐观	坚毅	坦率	自然	害羞	勤奋
诚实	有恒心	稳健	谦虚	实际	喜欢分析思考	独立
服从	理性	内向	好奇	重视方法	冷静沉着	批判
具有科学精神	讲究效率	深谋远虑	亲和力	人缘好	喜欢与人接触	乐于助人
为他人着想	随和	宽宏大量	善解人意	温暖	合作	循规蹈矩
有规律	缺乏弹性	节俭	缺乏想象力	传统保守	谨慎	有条理
按部就班	负责	复杂善变	喜欢变化	缺乏条理	想象力丰富	崇尚理想
情绪化	直觉的	不切实际	喜欢标新立异	独创性	易冲动	感性
好冒险	精力充沛	善于表达	慷慨	自信	细心	活泼热情
积极主动	喜欢表现	善分析	理想化	友善	仁慈	善社交

第二节　兴趣是最好的职业导师

刘立早,重庆人,清华大学建筑系2003级本科生。1998年,刘立早第一次参加高考,以612分的成绩被浙江大学录取,但是低于他报考的生物医学工程、计算机和建筑专业的录取分数,被调剂到化工系。2002年,刘立早以本专业第一名的成绩毕业,并被保送到清华攻读硕博连读。2003年3月,从清华大学申请退学。2003年6月,第二次参加高考,并被清华大学建筑系录取。一出一进清华,究竟有着什么样的故事,放弃和选择之间,他又将告诉我们什么?

《面对面》栏目对刘立早进行了采访,刘立早表示:在别人眼中可能会很特别,但是我自己觉得不会很特别,因为我觉得这样的选择对我来说是一个比较合理的选择。做这个决定,我考虑了一个多月。权衡利弊,觉得一边是清华化工系的博士生,一边有可能是一个其他学校的建筑系本科生。利是这是自己喜欢的专业,弊就是博士学位毕竟比双学位高一等。但是很明显,自己的兴趣和爱好就在那里,这关系到自己以后一生究竟是在一个不感兴趣的专业里面痛苦地挣扎,还是在一个喜欢的专业里面很快乐地做事。你想,这涉及的并不是单纯这几年的时间,而是涉及我一生的选择。

【我们没有必要与刘立早相对照,我们也无法评判刘立早选择的对错利弊,但有一点是确定的,兴趣对人生的意义,尤其是在职业生涯中的意义,刘立早感觉到了,他花了五年的时间明确了自己感兴趣的专业,并为自己的兴趣做出了巨大的“托付”。他是勇敢的,也是喜悦的,是比较幸运的,甚至还可以说是智慧的!】

兴趣是人积极探索某种事物的认识倾向,也可以指人们所偏爱的活动或事物。当一个人对某种事物有兴趣时,会对它产生特别的注意,对该事物的感知比较敏锐、记忆非常牢固、思维相当活跃、情感超常浓厚。子曰:“知之者不如好之者,好之者不如乐之者。”兴趣是最好的职业导师,对职业的兴趣,对工作的投入,是做好工作取得成绩的最重要保证。认识自己的职业兴趣所在,将自己的兴趣与未来的职业发展结合起来,对快乐工作、幸福人生意义非凡。

一、兴趣与职业生涯

个人兴趣是个体以特定的人、活动及事物为对象，所产生的积极的和带有倾向性、选择性的态度和情绪。兴趣反映人们力求认识、掌握某种事物，并经常参与此活动的心理倾向。兴趣不只是对事物的表面的关心，任何一种兴趣都是由于获得这方面的知识或参与这种活动而使人体验到情绪上的满足而产生的。例如，你对某种职业感兴趣，就会对该职业表现出肯定的态度，并具有积极去了解、思考、探索和追求的动力，你就会主动地、积极寻找机会去从事这个职业，而且在工作中感到愉悦和放松，表现出自觉自愿的积极态度。

职业兴趣反映了职业（工作活动）特点和个体特点之间的匹配关系，是人们职业规划的重要依据和指南。许多研究已经指出，个人能力并不能解释、预测职业生涯的成功和失败，个人的兴趣、动机等情感性倾向因素却对职业生涯的适应性会产生影响，因而必须加以重点考虑。在这些因素中，又以兴趣所起的作用最大。职业兴趣对个人职业生涯的影响主要表现在以下四个方面：

（一）兴趣是职业生涯选择的重要依据

正如我们在日常生活中喜欢从事自己感兴趣的活动一样，我们总是倾向于寻找与自己兴趣类型相关的职业（类型），特别是在外界环境限制较小时，更倾向于选择自己感兴趣的职业。因而，对我们的兴趣或兴趣类型有了正确的评估后，就可以帮助我们职业生涯的选择。

（二）兴趣开发人的能力，激励人们去探索和创造

兴趣是一种具有浓厚情感的志趣活动，它可以使人集中精力去获得知识，并创造性地完成当前的活动。人们对某事物感兴趣时，能激发他对该事物的求知欲和探索热情，促使他调动整个身心，以饱满的情绪、最佳的智能和体能状态，最大限度地施展才华、挖掘潜力，发挥主动性和创造性，从而有助于成功。兴趣和能力的合理结合能大大提高你的工作效率。曾有人进行过研究：如果我们从事自己感兴趣的职业，则能发挥我们全部才能的80%—90%，且能长时间保持高效率而不感到疲劳；而如果对所从事的工作没有兴趣，则只能发挥你全部才能的20%—30%，且容易精疲力竭。美国著名华人学者丁肇中教

授就曾经深有感触地说:“任何科学研究,最重要的是要看对自己所从事的工作有没有兴趣,换句话说,也就是有没有事业心,这不能有任何强迫。……比如搞物理实验,因为我有兴趣,我可以两天两夜、甚至三天三夜在实验室里,守在仪器旁,我急切地希望发现我所要探索的东西。”正是兴趣和事业心推动了丁教授所从事的科研工作,并使他获得巨大的成功。

(三) 兴趣可以增强人的职业适应力

广泛的兴趣通常能使人拥有比一般人宽广的眼界,知晓更多领域的知识,具备多项生活技能和才干,从而使人对多变的环境应付自如,即使变换工作性质,也能很快地熟悉和融入新的工作。

(四) 兴趣可以决定你的职业生涯

兴趣影响我们的工作满意度和稳定性,在某些情况下(如不考虑经济因素)甚至具有决定性作用。一般来说,自己不感兴趣的职业很难会让你感到满意,由此会导致工作的不稳定。

二、职业兴趣的分类

各人的兴趣可谓千差万别。为了合理把握职业兴趣与职业环境的适配性,有必要对职业兴趣进行分类。一个人占主导地位的兴趣类型可以为个人选择职业和工作环境提供方向。

(一) 霍兰德的兴趣类型理论

美国著名职业指导专家、心理学教授霍兰德(John Henry Holland)将人的生涯兴趣区分为六种类型,它们分别是:

(1) 实际型。这种类型的人喜欢明确地有顺序地操作事物,也喜欢做同机械、动植物、工具等打交道的实用性质的工作;较不喜欢理论性的研究工作或社会性质的职业。

(2) 研究型。这种类型的人喜欢有系统地观察自然界与文化界的现象,也喜欢从事观察、思考、分析等具有研究性质的工作;不喜欢重复单调的、或需要企业管理能力的工作环境。

(3) 艺术型。这种类型的人喜欢自由自在的、无拘无束、非系统性的活动,或是运用想象力与创造力等富有艺术美感方面的职业;不喜欢文字处理等传统性的工作。

(4) 社会型。这种类型的人喜欢与人接触的活动或是能与大众接触的职业,也喜欢从事助人、教学等增加他人幸福感的工作;不喜欢从事实际型的操作工作。

(5) 企业型。这种类型的人喜欢领导、监督、策划,也喜欢受到大家的注意、领导他人、说服他人,从而实现团体的目标或是经济上的成就;不喜欢观察的、有系统的活动或研究性质的职业。

(6) 常规型。这种类型的人喜欢条理明确、有秩序、有系统的文字处理或整理数字资料的工作(如档案管理等);不太喜欢文艺性的工作。

(二) 库德职业爱好分类

在职业兴趣方面,比较有名、使用时间较长的是库德职业爱好调查表(Kols)的分类。这个调查量表,是由库德(G. F. Kuder)编制的,它将职业兴趣分为十类:

(1) 户外类:大多数时间愿在户外度过,愿与大自然打交道。喜欢从事地理、地质、动物、植物等方面的工作。相应的职业有地质勘探人员、登山队员、森林管理者、考古人员、农业人员等。

(2) 机械类:愿意与工具、机器打交道,而不喜欢从事与人打交道的职业,并希望制作能看得见、摸得着的产品。相应的职业有机器技师、裁缝、建筑工人、司机等。

(3) 计算类:喜欢参加与数字计算和文字符号有关的活动,工作的规律性较强。相应的职业有会计、银行工作人员、邮件分类员、图书管理员、档案管理员等。

(4) 科研类:喜欢去发现新的现象和解决问题,乐于从事分析推理的工作。相应的职业有化学家、数学家、生物学家、物理学家等。

(5) 说服类:善于与人会面、交谈、协调人际关系、组织管理等,或者擅长推销、宣传的工作。相应的职业有教师、行政管理人员、记者、作家、店员、演员等。

(6) 艺术类:这是一种创造性的工作。喜欢通过新颖的设计、颜色的匹配、材料的布局等引起别人情感上的共鸣。相应的职业有画家、雕塑家、建筑师、服装设计师、美容师等。

(7) 文学类:喜欢阅读和写作,或相关的讲授、编辑工作。相应的职业有文学家、历史学家、剧本创作人员、新闻记者、编辑等。

(8) 音乐类:对音乐作品和从事演奏事物的特殊爱好。喜欢听音乐会、演奏乐器、歌唱,或者喜欢阅读有关音乐和音乐家、戏剧家的著作。相应的职业有音乐家、表演艺术工作者、音乐喜剧评论家等。

(9) 服务类:乐于从事社会服务工作,主要指社会上一些帮助人、为他人解除痛苦的职业。相应的职业有医生、职业指导者、社会福利救济工作者、宾馆服务人员、导游等。

(10) 文秘类:喜欢那种需要准确性、灵活性、办公室式的工作。相应的职业有秘书、统计员、公关人员等。

明确自己的兴趣类型,有利于发现自己适合的职业类型。

三、巩固和培养兴趣

兴趣的产生和发展一般要经历这样一个过程:有趣—乐趣—志趣。有趣是兴趣过程的第一个阶段,也是兴趣发展的低级阶段。它往往短暂易逝,非常不稳定。处于这一阶段的兴趣常常与个体对某一事物的新奇感相联系,随着这种新奇感的消失,兴趣也会自然地逝去。乐趣是兴趣过程的第二个阶段,它是在有趣定向发展的基础上形成的,是兴趣发展的中级阶段,在这一阶段中个体的兴趣变得专一、深入。志趣是兴趣发展过程中的第三个阶段,当乐趣同个体的社会责任感、理性、奋斗目标结合起来时,乐趣便变成了志趣。志趣具有社会性、自觉性和方向性,是取得成就的根本动力和重要保证。一个人的职业兴趣的提升,是需要巩固和培养的。

(一) 就业前拓宽职业熟悉面

你在就业前熟悉的职业种类越多,对职业的性质了解得越细致,你的职业爱好就会越广泛。职业爱好越广泛,你的择业动机就越强,择业范围也会相对更宽广。

（二）必要的社会责任心

当就业环境和自身素质决定你必须干自己不喜欢的工作时，你应该拿出必要的对社会负责的态度来，培养自己的职业爱好，即所谓“干一行、爱一行”。事实上，在就业时，多数人并不总是能够挑选到自己的理想职业的。当你还没有选择到自己满意的职业时，就必须尽快调整职业期望值，适应就业环境，在不理想的职位上，培养职业爱好，干出一番理想的事业来。

（三）先就业，后择业

多数人的就业实践表明，走上职业的方法有多种多样，有被别人安排的，有自己找到的，有撞上来的，有被迫干上的。除去自己找到的职业外，其他几种就业方法都是被动的。被动得到的职业，你也会对它产生喜爱之情。不少职业，你刚开始从事的时候，可能对它毫无兴趣。但是随着你从业时间的延长和职业技能的提高，对职业生涯意义的全面了解，当你能够在这些职业上取得一定成绩的时候，你的职业兴趣会大大增加。只要你专心地、深入地从事某种职业，你会发现它有一种使你倾心的魅力。

（四）量体裁衣

陶行知先生曾讲过：“我以为择业时要根据个人的才干和兴趣，做事要有快乐，所以我们要根据个人的兴趣来择业，但是我们若要做事成功，我们必须有那样的才干。”才干，一般是指你最拿手、最擅长的某些知识或技能。在通常情况下，才干与兴趣有着互相推动的效应，即兴趣产生才干，才干助长兴趣；同时才干也能产生兴趣，兴趣又会强化才干。所以，在你初次择业时，应以自己所拥有的才干，即擅长的知识和技能去选择职业。因为根据自己的才干适应职业的状况来择业，往往更趋向于职得其人、人适其职的最佳状态。在这种最佳状态下，你对工作才能越做越有兴趣，越做越长才干，才可能在最后成为某一职业领域内的人才。

在职业选择过程中，一方面，我们要注意找准自己的兴趣，形成良好的职业兴趣品质；另一方面，要衡量自己有无实现兴趣的能力，并保持职业兴趣的相对稳定。因此，在选择职业时不能单纯从兴趣出发，既要照顾兴趣的发展，更要有强烈的社会责任感。兴趣只有与社会责任感结合起来上升为志趣，才能真正成为成就事业的动力。

第三节　性格决定命运

认识性格是认识自我的一个重要内容。法国作家让·吉罗杜说过这样的一段话:从我们的幼年开始,每个人身上就编织了一件无形的外衣,它渗透于我们吃饭、走路以及待人接物的方式之中。这件外衣就是我们的性格。

一、性格及其特征

性格,是指一个人所表现出来的对人、对己、对事物的基本态度及相适应的行为方式中比较稳定的独特的心理特征的综合。实质上,它是一个人由于在自己的大脑两半球内形成的某种性质或某种体系的暂时神经练习系统的动力定型。

(一) 性格的态度特征

人对客观现实的影响总是以一定的态度给予反应,客观对象和现象是多种多样的,因此,人对客观现实作出反应时,性格的态度特征也是多种多样的。性格的态度特征主要是在处理各种社会关系方面所表现出来的性格特征,主要有以下三个方面:

(1) 对社会、集体和他人的态度的特征。属于这方面的特征主要有:公而忘私或假公济私,忠心耿耿或三心二意,善于交际或行为孤僻,热爱集体或自私自利,礼貌待人或粗暴,正直或虚伪,富有同情心或冷酷无情,等等。

(2) 对工作和学习的态度的特征。属于这方面的特征主要有:勤劳或懒惰,认真或马虎,细致或粗心,创新或墨守成规,节俭或浪费,等等。

(3) 对自己的态度的特征。属于这方面的特征主要有:谦虚或骄傲,自尊或自卑,严于律己或放任,等等。

(二) 性格的意志特征

性格的意志特征,是指人在对自己行为的自觉调节方式和水平方面的性格特征。

(1) 对行为目的明确程度的特征。属于这方面的特征主要有：目的性或盲目性，独立性或易受暗示性，纪律性或散漫性，等等。

(2) 对行为的自觉控制水平的特征。属于这方面的特征主要有：主动性或被动性，自制力或缺乏自制力、冲动性，等等。

(3) 在长期工作中表现出来的特征。属于这方面的特征主要有：恒心，坚韧性或见异思迁，虎头蛇尾，等等。

(4) 在紧急或困难情况下表现出来的特征。属于这方面的特征主要有：勇敢或怯懦，沉着镇定或惊慌失措，果断或优柔寡断，等等。

(三) 性格的情绪特征

性格的情绪特征，是指人在情绪活动时在强度、稳定性、持续性和心境等方面表现出来的性格特征。

(1) 强度特征。情绪的强度特征表现为个人受情绪影响程度和情绪受意志控制的程度。例如，有人情绪体验比较微弱，容易用意志控制；有人情绪体验比较强烈，难以用意志控制。

(2) 稳定性特征。情绪的稳定性特征表现为情绪起伏波动的程度。例如，有人不论在成功或失败时，情绪都比较平静，对情绪的控制也比较容易，有人成功时则冲昏头脑，失败时则垂头丧气，对情绪的控制也比较困难。

(3) 持久性特征。情绪的持久性特征表现为个人受情绪影响时间久暂的程度。例如，遇到愉快的事，有人当时很兴奋，事后很快恢复平静；有人愉快的情绪则持续很久。

(4) 主导心境特征。主导心境特征表现为不同的主导心境在一个人身上表现的程度。例如，有人经常愉快，有人经常忧伤；有人受主导心境支配时间长(主导心境的稳定性大)；有人受主导心境支配的时间短(主导心境的稳定性小)。

(四) 性格的理智特征

性格的理智特征，是指人在认知过程中的性格特征。人的认知水平的差异被称为能力特征，人的认知活动特点与风格被称为性格的理智特征。

(1) 感知方面的性格特征。人在感觉和知觉方面的个别差异可以区分出:主动观察型和被动观察型,记录型和解释型,罗列型和概括型,快速型和精确型等等。

(2) 记忆方面的性格特征。人在记忆方面的个别差异包括主动记忆型和被动记忆型之分,直观形象记忆型和逻辑思维记忆型之分;在识记上有快慢之分;在保持上有长短之分等。

(3) 想象方面的性格特征。人在想象方面的个别差异可以分为:幻想家和"冷静的"现实主义者;具有现实感的幻想家和脱离实际的幻想家;主动想象型和被动想象型;在想象题材选择上的狭窄想象型和广阔想象型,大胆想象的人和想象受限制的人。在想象过程中创造性和创造性成分的多少,往往反映一个人的性格的"独创性"或"依赖性"的特征。

(4) 思维方面的性格特征。人在思维方面的个体差异可以区分出:独立型和依赖型,分析型和综合型等。

性格的上述各个方面的特征并不是孤立的,而是相互联系着的,在个体身上结合为独特的整体,从而形成一个人不同于他人的、独有的"特征"、"标志"或"属性"。这正是性格一词的本来的含义。在上述四个方面的性格特征中,性格的态度特征和意志特征是最主要的,其中又以前者更为重要,因为它直接体现了一个人对事物所特有的、稳定的倾向,也是一个人的本质属性和世界观的反映。

性格是一种为人处世的态度和行为方式,它与人的职业价值观念有着密切的关系。心理学家认为,人的性格影响其职业适应性,如果一个人的性格与所从事的职业很符合,就可能在事业上获得成功;反之,则会使从业者的心理健康受到损害,甚至会妨碍事业的成功。人的性格通过教育是可以得到一定程度的改变的,在学习知识、技能的同时,如果也能注意塑造自己良好的性格,将有助于个人的健康发展。

二、性格与职业的匹配

不同类型的性格与不同的职业之间有着内在的适配度。在探讨性格与职业匹配关系的时候,重要的是强调性格分类与职业选择的相关性,为此,对性格进行类别区分,就成了我们进行职业性格分析的一个重要基础。由于研究问题的差别,对性格的分类可谓五花八门,这里介绍常见的三种性格分类。

1. 按照个人心理能量倾向于外部世界还是倾向于内部世界，把人的性格分为外向型和内向型，这是一种常见也是有效的分类方法。

外向型性格的人的心理能量倾向于外部世界，容易把自己投入到对客观事物、人与物及周围环境的知觉、思维和情感之中。他们活泼开朗，善于交际，且与人交往随和，适应环境的能力较强。但是，外向型性格的人注意力不稳定、兴趣容易转移、活动不能持久。

内向型性格的人心理能量倾向于内部，对内部心理活动的体验持久而深刻。他们感情比较深沉，待人接物小心谨慎，喜欢单独工作，喜爱思考，且具有自我分析和自我批判精神。但是，内向型性格的人不善于表达自己的思想，不善于社交，对新环境的适应能力不强。

一般来说，外向型性格的人更适合从事与外界广泛接触的职业，如管理人员、律师、政治家、推销员、记者、教师等，而不适合从事一些程序操作、理论研究方面的工作。内向型性格的人比较适合从事有计划的、稳定的、不需要与人过多交往的职业，如科学家、技术人员、会计师、打字员等，而不适合做公关、营销方面的工作。需要注意的是，在现实生活中，典型外向或典型内向的人并不多，大部分属于混合型，这就增加了我们适应不同岗位的能力。

2. 一位瑞士心理学家把人的性格分为敏感型、情感型、思考型和想象型四类，每一类性格也都有与其相对应的职业范围。

(1) 敏感型：这类人精神饱满，好动不好静，办事爱速战速决。但行为常有盲目性，有时情绪不稳定。这类人约占人群的40%，适合的职业范围是运动员、行政人员等。

(2) 情感型：这类人感情丰富，喜怒哀乐溢于言表，不喜欢单调的生活，爱刺激、爱感情用事，对新事物很有兴趣。这类人约占人群的25%，适合的职业范围是演员、导游、护理人员等。

(3) 思考型：这类人善于思考，逻辑思维发达，有成熟的观点，生活、工作有规律，实践观念强，重视调查研究及言行的准确性。但有时思想僵化，缺乏灵活性。这类人约占人群的25%，适合的职业范围是工程师、教师、财务人员和数据处理人员。

(4) 想象型：这类人想象力丰富，憧憬未来，喜欢思考问题。不过，有时行为古板，不易合群。这类人约占10%，适合的职业范围是科学工作者、发明研究人员、艺术工作者和作家。

3. MBTI 性格类型。

MBTI 性格类型理论是目前国际上最权威、最普遍使用的理论，因为只有它真正深入系统地把握了人的性格（本我）。近年来，全世界每年有 200 多万人次接受 MBTI 测试。据统计，世界前 100 强公司中有 89%的公司引入使用 MBTI 作为员工和管理层自我发展、改善沟通、提升组织绩效的重要方法。

MBTI 性格理论始于著名心理学家荣格的心理类型学说，后经美国的凯恩琳·布莱格斯（Katharine Briggs）与伊莎贝尔·迈尔斯（Isabel Myers）深入研究而发展成型。MBTI 性格类型理论认为，人的性格可以分为四个维度，每个维度有两个方向。这四个维度：外倾（E）—内倾（I），表示我们与外界相互作用的程度以及自己的能量被引向何处，反映态度和心理能量的倾向；触觉（S）—直觉（N），表示我们自然注意到的信息类型，反映某种与获取信息相关的心理功能或知觉过程；思维（T）—情感（F），表示我们做决定和得出结论的方法，反映某种与个体作判断相关的心理功能或判断过程；判断（J）—知觉（P），表示我们喜欢以一种较固定的方式生活（或做决定），还是以一种更自然的方式生活（或获取信息），反映与外界相处时的态度或倾向。

每个人的性格都在四种维度相应分界点的这边或那边，我们称之为“偏好”。例如：如果你落在外倾的那边，称为“你具有外倾的偏好”；如果你落在内倾的那边，称为“你具有内倾的偏好”。

外倾（E）。关注自己如何影响外部环境：将心理能量和注意力聚集于外部世界和与他人的交往上。如聚会、评论、聊天等。

内倾（I）。关注外部环境的变化对自己的影响：将心理能量和注意力聚集于内部世界，注重自己的内心体验。例如：独立思考，看书，避免成为注意的中心，听的比说的多等。

触觉（S）。关注由感觉器官获取的具体信息：看到的、听到的、闻到的、尝到的、触摸到的事物。例如：关注细节、喜欢描述、喜欢使用和琢磨已知的技能。

直觉（N）。关注事物的整体和发展变化趋势：灵感、预测、暗示，重视推理。例如：重视想象力和独创力，喜欢学习新技能但容易厌倦，喜欢使用比喻，跳跃性地展现事实。

思维（T）。重视事物之间的逻辑关系，喜欢通过客观分析作决定评价。例如：理智、客观、公正。

情感(F)。以自己和他人的感受为重，将价值观作为判定标准。例如：对行为对他人情感的影响敏感，认为圆通和坦率同样重要。

判断(J)。喜欢做计划和决定，愿意进行管理和控制，希望生活井然有序。例如：重视结果(重点在于完成任务)、按部就班、有条理、尊重时间期限、喜欢做决定。

知觉(P)。灵活、试图去理解、适应环境、倾向于留有余地，任事情自由发展。例如：重视过程、随信息的变化不断调整目标等。

在现实生活中，每个维度的两个方面你都会用到，只是其中的一个方面你用得更自然、更容易、更快、更舒适，就好像每个人都会用到左手和右手，习惯用左手的人是左撇子，习惯用右手的人是右撇子。同样，你的性格类型就是你用得更自然、更容易、更快、更舒适的那种。

四个维度各有两个方面，个体对这四个维度的偏好不同组合就构成了 16 种性格类型。不同的性格类型各具心理特点，适合不同的职业。

专家提醒，在运用 MBTI 性格类型理论的时候，应该注意五个方面的问题：

(1) 自己根据维度解释判断自己的性格类型往往不准，必须使用可靠性得到充分验证的专业的测试工具进行测试，并与对这个性格类型系统和测试工具有深入了解的专业顾问充分沟通，由顾问对测试结果进行修正或确认，才能确定你的性格类型。

(2) 测试结果展示的是你的性格倾向，而不是你的知识、技能、经验。

(3) 每一种性格倾向(性格类型)，都既是优点、也是缺点，没有绝对的“好”与“差”之分，但不同特点对于不同的工作存在“适合”与“不适合”的区别，从而表现出具体条件下的优、劣势。

(4) MBTI 性格类型系统中的“外倾”、“内倾”相当于我们日常生活中说的外向、内向，但日常生活中对外向、内向的判断不够标准。普遍的现象是日常生活中判断一个人性格外向，但按照 MBTI 性格类型系统的标准判断应该是“内倾”。中国人 80%以上性格偏向“内倾”。

(5) 不要试图改变你的性格类型，而应该通过深入、系统地把握自己的优、劣势，“扬性格和天赋之长”、“避性格和天赋之短”，选择最适合自己的职业发展路径。

【小贴士】

气质类型与职业匹配

一般来说，根据一个人的感受性、耐受性、反应的敏锐性、可塑性、情绪的兴奋性和指向性的不同组合，可以把气质分为胆汁质、多血质、黏液质和抑郁质四种类型，气质是人在心理活动和行为方式上具有独特的色彩，并且会影响个人的心理和行为的特点、方式及效率，所以每种气质类型都具有较为适应的职业范围(详见下表)。

气质类型	类型特征	可能适应的职业
多血质	思维灵活，反应迅速，好交际、敏感，但易变、浮躁、欠稳重	较适合做社交性、文艺性、多样化、要求反应敏捷且均衡的工作，而不太适合做需要悉心钻研的工作。可以从事的职业范围很广，如外交人员、管理人员、驾驶员、医生、律师、运动员、新闻记者、冒险家、服务员、侦察员、警察、演员等
胆汁质	直率热情、精力旺盛，但自制力差，易冲动，准确性差	较适合做反应迅速、动作有力、应急性强、危险性大、难度较高而费力的工作，但不适宜从事稳重、细致的工作。适宜选择那些工作不断转换、环境不断变化、不断有新活动的职业，如导游、外事接待、推销员、节目主持人、演讲者和演员等
黏液质	情绪稳定，不易激动，善于忍耐，但反应迟缓、朝气不足	较适宜做有条不紊、耐心细致的工作，而不太适宜从事激烈多变的工作。可以从事如财务管理、外科医生、法官、出纳员、会计、播音员和调解员等
抑郁质	细腻深刻、踏实细致，但多愁善感、孤僻迟缓	较适合从事持久细致的工作，而不适合做要求反应灵敏、处理果断的工作。他们能兢兢业业地工作，如技术员、打字员、排版工、检查员、化验员、刺绣雕刻工、机要秘书、保管员等

三、成功者必备的性格特质

性格决定命运。如果将一个人比作一栋大厦，那么性格就是这座大厦的钢筋骨架，而知识和学问等则是充斥于骨架中的混凝土。钢筋骨架决定着一座建筑物能建成高耸入云的摩天大楼还是低矮的简易楼房，而性格决定着你的一生是平平庸庸还是建功立业、让人敬仰。

健康的性格是成功的前提。健康的性格作为人的一种行为方式，其主要的性格行为取向被认为是个人充分发挥潜能和价值的能力。马斯洛认为具有“健康的性格”的人就是“自我实现”的人，罗杰斯把“健康的性格”的人看作是为美好生活而奋斗的人。

一个人在社会中要想取得成功，就必须能够和他人建立积极的关系。那种惯常对人怀有敌意、猜忌、嫉妒、分裂之心的人，那种阴阳怪气、只顾自己、性格古怪孤僻的人，不但不可能很好地参与社会生活，充分发挥自己的潜能和价值，还会给人与人之间的关系带来伤害。心理学家认为，健康的性格主要包括以下几项原则：

(一) 自我认可原则

对自己有着较为明确的了解，能客观地认识自己和评价自己，既承认自己的能力和才干，又承认自己的不利条件或限制因素。由于健康性格的人对现实世界及对自我的知觉是客观的、如实的，同时也能够接纳和容忍这些真实情况，因此他们常能热爱自己，有一种积极的自我概念，使得他们能根据正确的信息采取行动，从而更好地发挥自己的潜力，完成更多的事情。

(二) 智慧原则

智慧原则指作为性格健康的人，他们对人类社会的知识和文明持有一种基本肯定的态度和一种向往、追求知识的心理倾向。树立健康性格要学会从知识海洋中习得正确认识自己的方法，处理好自己与行为的关系；学会战胜寂寞、绝望和烦忧的方法，处理好自己与环境的关系；学会善于在工作中获取成就，处理好自己闲暇娱乐活动与工作的关系；不断提高自己的知识素养、文化素养、道德素养和思想素养，学会正确处理自己与他人关系的方法。

(三) 创造性原则

创造性原则，是指能最大限度地发挥自己的优点和长处，使自己的人生道路和生活更符合自己的特性，为社会的发展和进步发挥自己独特的作用。遵循创造性原则的人不相信“扑克牌算的命运”，不时地享有自我创造性所带来的成功喜悦。同时，这种创造反过来又促使其积极地对待生活，促使其不断地进步，增强信心，并使自己更聪明、更智慧，使其在工作、闲暇、人际关系和婚姻等方面更富有美感和情趣。

(四) 社交原则

具有健康性格生活方式的人具有乐于与人交往的特点，在与人相处时，对他人持有的肯定态度(如尊敬、信任、诚挚、谦让、善良等)总是多于否定态度(如憎恶、怀疑、恐惧、欺骗、骄傲、敌对等)，对自己所属的团体或群体有一种休戚相关、安危与共的情感，能与人和睦相处，把自己置身于同他人之间关心的、真实的、信任的关系之中。

知识拓展

一、请你阅读下面的文章

成为一个人意味着什么？(节选)

(美)罗杰斯

人们苦恼的原因可能不大一样，有的来自学习，有的源于妻子，有的因为老板，有的是因为自己失去控制的或荒唐古怪的行为，有的却因为某种恐惧心理，等等。但是在所有这些差异后面，有一个人们共同探求的中心问题。在我看来，每一个人似乎都在心底深处反复自问：“我到底是什么人？我怎样才能接触到隐藏在表面行为下面的真正的我？我如何才能真正变成我自己？”

在一次咨询中，一位年轻女人在对我描述她一直长期使用的面具时，她表示自己已完全不能确信在这种四面讨好、八面玲珑的伪装后面还存在什么她的真正自身：

我正在考虑有关是非标准的问题。我不知怎么学会了一种窍门，我想，嗯，或者说是一种习惯，即老是想使我周围的人感到轻松自在，或使事情进行得一帆风顺。我们周围总得有些能息事宁人的和事佬吧，他们就像能平息海浪的油一样。无论是在小型会议上，或是在朋友们的聚会时，还是在其他什么场合，我总能帮助把事情搞得顺顺当当的，而且总是显得自己过得挺快活。有时，我连自己也感到惊讶地提出与我真实想法完全相反的意见，因为我注意到如果我不这么做，负责召集的人就会很不高兴。换句话说，我简直从来就不曾有过——我的意思是我从未发现自己对于事物曾有过——什么明确固定的看法。现在看来我之所以这样是因为我在家里长期养成的习惯。开始，我只是不坚持自己的信念；到后来，我已经不知道我是否还有什么应该支持的信念。我从来没有诚实地成为我自己，我也从来不清楚我自己究竟是什么，我只不过一直在扮演某个虚假的角色。

从这段谈话里，你能看到她如何审视自己长期沿用的假面具，如何认识到自己对它的不满，并努力思考怎样才能认识到面具后面的真正自身，如果这自身确乎存在的话。在这一努力发掘真实自身的过程中，咨询者特别愿意利用我们为她建立的治疗关系去探索考察她的经验的各个侧面，并勇敢地承认和正视自己常常面临的深刻矛盾。她懂得她有不少行为，甚至有不少情感都不是真的，都不是她的有机体的真实反映。所有这些不过是某些表面的东西，某种伪装而已。在这背后，她自己却深藏不露。她发现，她在许多时候是按照自认为应该的那样去生活，而不是根据她本身的要求。她常常感到自己只是应别人的需要而生存于世，她似乎根本没有什么自我，她只是试图按照别人认为她应该的那样去思维、感受和行动罢了。在这一点上，我非常吃惊地发现，丹麦哲学家克尔凯郭尔早在100多年前就曾经以他敏锐的心理学洞察力极其准确地描述了人的这种困境。最常见的使人沮丧的情景是一个人不能根据其选择或意愿而成为他自己；但最令人绝望的则是“他不得不选择做一个并非自己本身的人”。另一方面，“与绝望相反的情景就是一个人能够自由地真正成为他自己”，而这种自由选择正是人的最高责任。当我在读他的某些著述时，我几乎觉得他曾听我们的咨询者描述过对自我的探索。这种探索常常使人感到痛苦不安。

当人们看到自己正在摆脱这些以前从未觉察到的假面孔时，对自我的探索就变得更加令人心烦意乱。他们开始探究存在于自身内部的那些狂乱而猛烈的情感，这是一件可怕的工作。要除掉自己曾以为是真正自我的一部分的面具，这可能是一种令人极度不安的体验。不过，一旦人们有了思想、感受和存在的自由，他们便会朝着这一目标迈进。有一个人进行了一系列的心理治疗的交谈，她下面的这段话可以揭示这一点。她用了不少形象的比喻来说明她是怎样竭尽全力去接近她自己的真实内在的。

现在回想起来，我曾经一层一层地拆掉了我的全部防御，因为我总爱在自己周围建起道道防线，然后在生活中试一试，最后又将它们摒弃；而在这整个过程中，自己却始终保持不变。我并不知道在这些防御工事的里面究竟是什么，我真有些害怕发现它，但我还是坚持了下来。最初，我觉得在自己的内部什么也没有——只是一片空虚。我感到自己急切需要一个坚实的核心。过后，我感到自己面临一堵厚实的砖墙，高得难以翻越，厚得无法穿过。一天，这堵墙开始变成半透明状，不再是固体。后来，墙好像慢慢消失了，但是在它的后边，我看见一座大坝，后面是被拦截的凶猛翻腾的水。我感觉到自己好像正在拼死地顶住这股大水的冲击，假如我开一个哪怕是极小的洞，我和我周围的一切便会在顷刻之间被这股代表汹涌情感的急流所吞没。最后，我再也挺不住了，只得听凭潮水奔流。无可奈何，我只好完全屈服于一种自怜情绪，然后是自恨，最后则变成了自爱。我感到自己好像已经跃过了一道深渊，安全地到达了彼岸，虽然我还在边缘处摇摇晃晃，尚未站稳脚跟。我不知道自己在寻求什么，也不知道我正向何处去，但我那时确实感觉到自己在向前迈进，正如每当我在真正地生活时所能感受的一样。

我相信她的这番话能够较好地表达出许多人的共同感受：一旦伪装、高墙或大坝不复存在，那么被她内心世界所禁锢的汹涌的情感浪潮就会冲走一切障碍，使之荡然无存。而且，她的话表明人对寻求成为自己有一种紧迫的需要。同时，她的话也初步揭示人如何确定自身实在的方法，即只有在她充分体验到自己处于活生生的有机状态时所产生的各种情感以后，她才能肯定她确实是她的真正自我的一部分，正如这位咨询者曾经体验过她的自怜、自恨和自爱等各种情感一样。

二、艾里克森人格发展理论

艾里克森(E. H. Erikson，1902)是美国著名精神病医师，新精神分析派的代表人物。他认为，人的自我意识发展持续一生。他把自我意识的形成和发展过程划分为八个阶段，这八个阶段的顺序是由遗传决定的，但是每一阶段能否顺利度过却是由环境决定的，所以这个理论可称为心理社会阶段理论。每一个阶段都是不可忽视的。

艾里克森的人格终生发展论，为不同年龄段的教育提供了理论依据和教育内容，任何年龄段的教育失误，都会给一个人的终生发展造成障碍。它也告诉每个人你为什么会成为现在这个样子，你的心理品质哪些是积极的，哪些是消极的，它们是在哪个年龄段形成的，这会给你以反思的依据。

1. 婴儿期(0—1.5 岁)：基本信任和不信任的心理冲突。

不要认为婴儿是一个不懂事的小动物，只要吃饱不哭就行，这就大错特错了。此时是基本信任和不信任的心理冲突期，因为这期间孩子开始认识人了，当孩子哭或饿时，父母是否出现则是建立信任感的重要问题。信任在人格中形成了希望这一品质，它起着增强自我的作用。具有信任感的儿童敢于希望，富于理想，具有强烈的未来定向。反之则不敢希望，时时担忧自己的需要得不到满足。艾里克森把希望定义为：对自己愿望的可实现性的持久信念，反抗黑暗势力、标志生命诞生的怒吼。

2. 儿童期(1.5—3 岁)：自主与害羞和怀疑的冲突。

这一时期，儿童掌握了大量的技能，如爬、走、说话等。更重要的是，他们学会了怎样坚持或放弃，也就是说儿童开始有意识地决定做什么或不做什么。这时候父母与子女的冲突很激烈，也就是第一个反抗期的出现，一方面父母必须承担起控制儿童行为使之符合社会规范的任务，即养成良好的习惯，如训练儿童大小便，使他们对肮脏的随地大小便感到羞耻，训练他们按时吃饭，节约粮食等；另一方面儿童开始了自主感，他们坚持自己的进食、排泄方式，所以训练良好的习惯不是一件容易的事。这时孩子会反复应用“我”、“我们”来反抗外界控制，而父母决不能听之任之、放任自流，因为这将不利于儿童的社会化。反之，若过分严厉，又会伤害儿童自主感和自我控制能力。如果父母对儿童的保护或惩罚不当，儿童就会产生怀疑，并感到害羞。因此，把握住度的问题，才有利于在儿童人格内部形成意志品质。艾里克森把意志定义为：不顾不可避免的害羞和怀疑心理而坚定地自由选择或自我抑制的决心。

3. 学龄初期(3—5 岁)：主动对内疚的冲突。

在这一时期如果幼儿表现出的主动探究行为受到鼓励，幼儿就会形成主动性，这为他将来成为一个有责任感、有创造力的人奠定了基础。如果成人讥笑幼儿的独创行为和想象力，那么幼儿就会逐渐失去自信心，这使他们更倾向于生活在别人为他们安排好的狭窄圈子里，缺乏自己开创幸福生活的主动性。

当儿童的主动感超过内疚感时，他们就有了目的的品质。艾里克森把目的定义为：一种正视和追求有价值目标的勇气，这种勇气不为幼儿想象的失利、罪疚感和惩罚的恐惧所限制。

4. 学龄期(6—12 岁):勤奋对自卑的冲突。

这一阶段的儿童都应在学校接受教育。学校是训练儿童适应社会、掌握今后生活所必需的知识和技能的地方。如果他们能顺利地完成学习课程,他们就会获得勤奋感,这使他们在今后的独立生活和承担工作任务中充满信心。反之,就会产生自卑。另外,如果儿童养成了过分看重自己的工作的态度,而对其他方面漠然处之,这种人的生活是可悲的。艾里克森说:如果他把工作当成他唯一的任务,把做什么工作看成是唯一的价值标准,那他就可能成为自己工作技能和老板们最驯服和最无思想的奴隶。

当儿童的勤奋感大于自卑感时,他们就会获得有能力的品质。艾里克森说:能力是不受儿童自卑感削弱的,完成任务所需要的是自由操作的熟练技能和智慧。

5. 青春期(12—18 岁):自我同一性和角色混乱的冲突。

一方面青少年本能冲动的高涨会带来问题,另一方面更重要的是青少年面临新的社会要求和与社会的冲突而感到困扰和混乱。所以,青少年期的主要任务是建立一个新的同一感或自己在别人眼中的形象,以及他在社会集体中所占的情感位置。这一阶段的危机是角色混乱。

这种统一性的感觉也是一种不断增强的自信心,一种在过去的经历中形成的内在持续性和同一感(一个人心理上的自我)。如果这种自我感觉与一个人在他人心目中的感觉相称,很明显这将为一个人的生涯增添绚丽的色彩。

艾里克森把同一性危机理论用于解释青少年对社会不满和犯罪等社会问题,他说:如果一个儿童感到他所处于的环境剥夺了他在未来发展中获得自我同一性的种种可能性,他就将以令人吃惊的力量抵抗社会环境。在人类社会的丛林中,没有同一性的感觉,就没有自身的存在,所以,他宁做一个坏人,或干脆死人般的活着,也不愿做不伦不类的人,他自由地选择这一切。

随着自我同一性形成了忠诚的品质。艾里克森把忠诚定义为:不顾价值系统的必然矛盾,而坚持自己确认的同一性的能力。

6. 成年早期(18—25 岁):亲密对孤独的冲突。

只有具有牢固的自我同一性的青年人,才敢于冒与他人发生亲密关系的风险。因为与他人发生爱的关系,就是把自己的同一性与他人的同一性融合一体。这里有自我牺牲或损失,只有这样才能在恋爱中建立真正亲密无间的关系，从而获得亲密感，否则将产生孤独感。艾里克森把爱定义为压制异性间遗传的对立性而永远相互奉献。

7. 成年期（25—65 岁）：生育对自我专注的冲突。

当一个人顺利地度过了自我同一性时期，以后的岁月中将过上幸福充实的生活，他将生儿育女，关心后代的繁殖和养育。他认为，生育感有生和育两层含义，一个人即使没生孩子，只要能关心孩子、教育指导孩子，也可以具有生育感。反之没有生育感的人，其人格贫乏和停滞，是一个自我关注的人，他们只考虑自己的需要和利益，不关心他人（包括儿童）的需要和利益。

在这一时期，人们不仅要生育孩子，同时要承担社会工作，这是一个人对下一代的关心和创造力最旺盛的时期，人们将获得关心和创造力的品质。

8. 成熟期（65 岁以上）：自我调整与绝望感的冲突。

由于衰老，老人的体力、心理健康每况愈下，对此他们必须做出相应的调整和适应，所以这一阶段的心理状态被称为自我调整对绝望感的心理冲突。

当老人们回顾过去时，可能怀着充实的感情与世告别，也可能怀着绝望走向死亡。自我调整是一种接受自我、承认现实的感受；一种超脱的智慧之感。如果一个人的自我调整大于绝望，他将获得智慧的品质，艾里克森把它定义为：以超然的态度对待生活和死亡。

老年人对死亡的态度直接影响下一代儿童时期信任感的形成。因此，第八阶段和第一阶段首尾相连，构成一个循环或生命的周期。

艾里克森认为，在每一个心理社会发展阶段中，解决了核心问题之后所产生的人格特质，都包括了积极与消极两方面的品质，如果各个阶段都保持向积极品质发展，就算完成了这阶段的任务，逐渐实现了健全的人格，否则就会产生心理社会危机，出现情绪障碍，形成不健全的人格。

拓展练习

一、气质类型测试

气质主要是由先天决定的。通常，心理学家认为，人的气质可分为胆汁质、多血质、黏液质和抑郁质 4 种。下面的调查表可以帮助自己了解你属于哪一种气质类型。

调查表中共有 60 个题目，请你根据自己的情况如实回答。每题共有 5 个档次分数，你认为符合自己情况的，请记下数值 2；比较符合的记 1；介于符合与不符合之间的记 0；比较不符合的记－1；完全不符合的记－2。

气质类型测试题（每题都要回答）

(1) 做事力求稳妥，不做无把握的事。

(2) 遇到可气的事就怒不可遏，想把心里话说出来才痛快。

(3) 宁肯一个人干事，不愿很多人在一起。

(4) 到一个新的环境很快就能适应。

(5) 厌恶那些强烈的刺激，如尖叫、噪声、危险镜头等。

(6) 和人争吵时，总是先发制人，喜欢挑衅。

(7) 喜欢安静的环境。

(8) 善于和人交往。

(9) 羡慕那种善于克制自己的感情的人。

(10) 生活有规律，很少违背作息制度。

(11) 在多数情况下情绪是乐观的。

(12) 碰到陌生人觉得很拘束。

(13) 遇到令人气愤的事，能很好地自我克制。

(14) 做事总是有旺盛的精力。

(15) 遇到问题常常举棋不定，优柔寡断。

(16) 在人群中从不觉得过分拘谨。

(17) 情绪高昂时，觉得干什么都有趣；情绪低落时，又觉得干什么都没有意思。

(18) 当注意力集中一个事物时，别的事很难使我分心。

(19) 理解问题总是比别人快。

(20) 碰到危险情景时，常有一种极度的恐怖感。

(21) 对学习、工作、事业怀有很高的热情。

(22) 能够长时间做枯燥、单调的工作。

(23) 符合情趣的事情，干起来劲头十足，否则就不想干。

(24) 一点小事就能引起情绪波动。

(25) 讨厌那种需要耐心、细致的工作。

(26) 与人交往不卑不亢。

(27) 喜欢参加热烈的活动。

(28) 爱看感情细腻、描写人物内心活动的文学作品。
(29) 工作学习时间长了,常感到厌倦。
(30) 不喜欢长时间论谈一个问题,愿意实际动手干。
(31) 宁愿侃侃而谈,不愿窃窃私语。
(32) 别人说我总是闷闷不乐。
(33) 理解问题常比别人慢一些。
(34) 疲倦时只要短暂的休息就能精神抖擞,重新投入工作。
(35) 心里有话宁愿自己想,不愿说出来。
(36) 认准一个目标就希望尽快实现,不达目的,誓不罢休。
(37) 学习、工作同样一段时间后,常比别人更疲劳。
(38) 做事有些莽撞,常常不考虑后果。
(39) 老师或师傅讲授新知识、技术时,总希望他讲慢些,多重复几遍。
(40) 能够很快地忘记那些不愉快的事。
(41) 做作业或完成一件工作总比别人花的时间多。
(42) 喜欢运动量大的剧烈体育活动,或参加各种文艺活动。
(43) 不能很快地将注意力从一件事情转移到另一件事情上去。
(44) 接受一个任务后,就希望把它迅速解决。
(45) 认为墨守成规比冒风险强些。
(46) 能够同时注意几件事。
(47) 当我闷闷不乐时,别人很难使我高兴起来。
(48) 爱看情节跌宕起伏、激动人心的小说。
(49) 对工作抱认真、严谨、始终如一的态度。
(50) 和周围人们的关系总是相处不好。
(51) 喜欢复习学过的知识、重复已掌握的工作。
(52) 希望做变化大、花样多的工作。
(53) 小时候会背的诗歌,我似乎比别人记得清楚。
(54) 别人说我“出语伤人”,可我不觉得这样。
(55) 在体育活动中,常因反应慢而落后。
(56) 反应敏捷,头脑机智。
(57) 喜欢有条理而不甚麻烦的工作。
(58) 兴奋的事常使我失眠。

(59) 老师讲新概念,常常听不懂,但弄懂以后很难忘记。

(60) 假如工作枯燥无味,马上就会情绪低落。

确定你属于哪种气质的办法如下:

1. 把每题得分按下表题号相加,并算出各栏的总分。

2. 如果多血质一栏得分超过20分,其他三栏得分较低,则属典型多血质;如这一栏在20分以下、10分以上,其他三栏得分较低,则为一般多血质;如果有两栏的得分显著超过另两栏得分,而且分数比较接近,则为混合型气质,如胆汁—多血质混合型,多血—黏液质混合型,黏液—抑郁质混合型等;如果一栏的得分较低,其他三栏都不高,但很接近,则为三种气质的混合型,如多血—胆汁—黏液质混合型或黏液—多血—抑郁混合型。

多数人的气质是一般型气质或两种气质混合型,典型气质和三种气质混合型的人较少。

气质类型测试得分表

胆汁质	题号	2	6	9	14	17	21	27	31	36	38	42	48	50	54	58	总分
	得分																
多血质	题号	4	8	11	16	19	23	25	29	34	40	44	46	52	56	60	总分
	得分																
黏液质	题号	1	7	10	13	18	22	26	30	33	39	43	45	49	55	57	总分
	得分																
抑郁质	题号	3	5	12	15	20	24	28	32	35	37	41	47	51	53	59	总分
	得分																

对4种气质类型的解释:

胆汁质相当于神经活动强而不均衡型。这种气质的人兴奋性很高,脾气暴躁,性情直率,精力旺盛,能以很高的热情埋头事业,兴奋时,决心克服一切困难;精力耗尽时,情绪又一落千丈。

多血质相当于神经活动强而均衡的灵活型。这种气质的人热情、有能力、适应性强,喜欢交际,精神愉快,机智灵活,注意力易转移,情绪易改变;但是办事重兴趣,富于幻想,不愿做耐心细致的工作。

黏液质相当于神经活动强而均衡的安静型。这种气质的人平静,善于克制忍让,生活有规律,不为无关事情分心,埋头苦干,有耐久力,态度持重,不卑不亢，不爱空谈，严肃认真；但不够灵活，注意力不易转移，因循守旧，对事业缺乏热情。

抑郁质相当于神经活动弱型，兴奋和抑制过程都弱。这种气质的人沉静，深沉，易相处，人缘好，办事稳妥可靠，做事坚强，能克服困难，但比较敏感，易受挫折，孤僻，寡断，疲劳不易恢复，反应缓慢，不图进取。

二、性格测试 MBTI

这是基于荣格心理类型理论的“迈尔斯一布莱格斯心理类型指标”(Myer-Briggs Type Indicator，简称：MBTI)。请在每题 a、b 的选择方格中评分，a+b 评分的总和为 5。提示：0—从不，1—很少，2—居中，3—很多，4—极多，5—总是。

1	□a □b	先了解别人的想法，再做决定。 不和别人商量，就做决定。
2	□a □b	认为自己是一个富于想象或凭直觉的人。 认为自己是一个讲求精确、讲求事实的人。
3	□a □b	根据现有资料及对情境的分析，对他人作评断。 运用同理心与感觉以了解他人需要及价值观，并以之对他人作评断。
4	□a □b	顺着他人的意思作出承诺。 作明确的承诺，并确实加以实践。
5	□a □b	有安静、独立思考的时间。 与他人打成一片。
6	□a □b	运用所熟悉的好方法来完成工作。 尝试运用新的方法来完成工作。
7	□a □b	以合乎逻辑思考及按部就班的分析得到结论。 根据过去生活的体验及信息得到结论。
8	□a □b	定下完成工作的最后期限。 拟定时间表，并严格遵行。
9	□a □b	和人稍谈话题后，再自我思考一番。 和他人尽兴畅谈某事后，再自我思考一番。
10	□a □b	设想各种可能发生的情况。 按实际的情况处理问题。
11	□a □b	被认为是一个擅长思考的人。 被认为是一个感觉敏锐的人。
12	□a □b	事前详细考虑各种可能性，事后反复思考。 搜集需要的数据，稍作考虑后，作出明快决定。

续表

13	□a □b	拥有内在思想和情感而不为他人所知。 与他人共同做某些活动或事情。
14	□a □b	抽象与理论。 具体与实际。
15	□a □b	协助别人探索他们自己的感受。 协助别人作出合理的决定。
16	□a □b	问题的答案保持弹性,且可修改。 问题的答案是明确的、可预知或可预测的。
17	□a □b	很少表达自我内在的想法及感受。 自在的表达自我内在的想法及感受。
18	□a □b	从大处着眼。 从小处着眼。
19	□a □b	运用常识,凭着信念来作决定。 运用资料分析事实来作决定。
20	□a □b	事前详细计划。 临时视需要而做计划。
21	□a □b	结交新朋友。 独处或只与熟识者交往。
22	□a □b	重视概念。 重视事实。
23	□a □b	相信自己的想法。 相信经证实的结论。
24	□a □b	尽可能在记事簿记下事情。 尽可能少用记事簿记载事情。
25	□a □b	在团体中详细的谈论新奇且未决定的问题。 自己先想出结论然后和他人讨论。
26	□a □b	拟定详细的计划,然后切实地执行。 拟定计划,但不一定执行。
27	□a □b	是理性的。 是感性的。
28	□a □b	随心所欲地做些事。 尽量事先了解别人期望我做什么。
29	□a □b	成为众人的焦点。 退居幕后。

续表

30	□a □b	自由想象。 检视实情。
31	□a □b	体验感人的情境或事物。 运用能力，分析情境。
32	□a □b	在预定的时间内开会。 在一切妥当或安适的情况下，宣布开会。

内向型(I)	外向型(E)
1. b	1. a
5. a	5. b
9. a	9. b
13. a	13. b
17. a	17. b
21. b	21. a
25. b	25. a
29. b	29. a
合计：	合计：

理解型(P)	判断型(J)
4. a	4. b
8. a	8. b
12. a	12. b
16. a	16. b
20. b	20. a
24. b	24. a
28. a	28. b
32. b	32. a
合计：	合计：

思考型(T)	感觉型(F)
3. a	3. b
7. a	7. b
11. a	11. b
15. b	15. a
19. b	19. a
23. b	23. a
27. a	27. b
31. b	31. a
合计：	合计：

直觉性(N)	理 性(S)
2. a	2. b
6. b	6. a
10. a	10. b
14. a	14. b
18. a	18. b
22. a	22. b
26. b	26. a
30. a	30. b
合计：	合计：

【计分方法】

将计分表上每一直栏的总分相加，共4对，8个分数。

分别找出每一对分数中，数字较大者，即为你个人的风格，每人均可有4种风格。例如：内向型18分，外向型22分，则取外向型为个人风格，其他以此类推。

每个风格都有程度上的差别，如果在相对应的两个风格中（如外向型对应内向型），有一方的程度较强，即表示另一方程度较弱。

【诊断结果】

30—40分：表示此风格非常强，几乎没有另一对应风格。

25—29分：表示此风格比另一风格更加强。

22—24分：表示此风格比另一风格稍强一些。

20—21分：表示兼具两个风格的特质。

第四章

职业世界探索

我们这个时代的麻烦就是将来不会是过去那个熟悉的模样。

——保尔·瓦雷里

如果怕热,就别进厨房。

——哈里·S.杜鲁门

没有了工作,生命就会腐蚀,但工作若失去意义,生命就会窒息、停止。

——阿尔巴特·卡马斯

世界是你们的,也是我们的,但是归根结底是你们的。

——毛泽东

李萱是刚大学毕业参加工作的新人，现在从事一般临床护理工作。当初选择专业的时候，是父亲帮她做主的，并告诉她读这个专业可以出国做护士，万一不喜欢还可以在学校里转专业。在她大一可以转专业时，听老师说这一行就业容易，并且自己也没有特别喜欢的专业，就继续读了下来。在临近毕业求职时由于担心自己找不到工作，所以未经多方考察就贸然选择了一个大家都认为不错的医院。工作了几个月后，她发觉自己非常不适合做这一行，因为她是一个很不喜欢被束缚的人，而临床护理的工作非常死板、教条。李萱做过个人职业测评，显示是艺术社会型。她迫不及待想要摆脱这个工作，可是没有合适的方向。

【寻找适合自己的职业方向应该是一个积极主动的探索过程。李萱遇到的职业发展问题缘于她对职业世界的不够了解，大学生只有提前熟悉了职业世界，才有可能寻找到适合自己的职业岗位。】

第一节　职业世界与预期职业库

职业的产生和发展是社会生产力发展、进步的结果，一个国家的经济结构、产业结构、科技结构和生产力总体水平决定了社会职业的构成。随着经济社会发展进程的加快，特别是科技的迅猛发展，社会分工越来越细，职业种类越来越多，新的职业在不断涌现产生，一些传统职业却逐步萎缩消退，如日中天的职业变成了昨日星辰，黄昏职业可能又显现出新的曙光。职业变化可谓前所未有，职业世界可谓扑朔迷离。

大学生职业生涯规划不能凭空自我设计。探索职业世界、全面了解现实中的行业与职业状况、科学评估自身面临的职业社会环境，有利于大学生把握社会发展需求，抓住职业生涯机会，增强职业生涯规划的自觉性、针对性和有效性。

一、职业及其分类

(一) 什么是职业

职业一般指一个人所从事的具体工作的种类，是人们利用专门的知识和技能，为社会创造物质财富和精神财富，从中获得稳定、合法、合理的报酬作为物质生活来源并满足精神需求的活动形式。职业通常由以下五个要素构成：

(1) 职业名称：一般是由社会通用称谓来命名的，是职业的符号特征。

(2) 职业主体：从事一定社会分工活动的劳动者，必须具有承担该职业活动所需要的资格和能力。

(3) 职业客体：职业活动的工作对象、内容、劳动方式和场所等。

(4) 职业报酬：通过职业活动所取得的各种报酬。

(5) 职业技术：劳动者在从事职业活动中所运用的自然技术、社会技术与思维技术的总和。它体现在人们从事职业活动时使用工具、材料、工艺方法的发展和应用，也包括尚未形成系统的经验。

职业的要素体现了职业是社会与个人、整体与个体的联结点，社会整体依靠每一个个体的职业活动来推动和实现发展目标；个体则通过职业活动对整体做出贡献，并索取一定的回报以维持生活。整个社会因众多的职业分工和从业者的工作而构成人类共同生活的基本结构。根据对职业概念的理解，职业具有以下几个特性：

(1) 社会性：职业是为社会所需要的，是劳动者所进行的社会生产劳动。

(2) 分工性：职业是社会分工体系中劳动者所获得的一种劳动角色。

(3) 连续性和稳定性：职业是劳动者连续从事的某种社会工作，而且该工作相对稳定，不是随时随地变动的。

(4) 经济性：劳动者从事某种职业必定要从中取得合法的经济收入报酬。

(二) 职业的分类

职业分类是指采用一定的标准和方法，依据一定的分类原则，对从业人员所从事的各种专门化的社会职业所进行的全面、系统的划分与归类。一方面是根据职业活动工作特征的相异程度进行职业划分；另一方面是根据职业活动工作特征的相同程度进行职业归类。

社会上的职业多种多样，要想有效地了解职业，可以对职业按照不同标准进行分类。

1. 国外的职业分类。

根据西方国家一些学者提出的理论，在国外，一般对职业作三种类型的分类：

(1) 按脑力劳动和体力劳动的性质、层次进行分类。这种分类方法把工作人员划分为白领工作人员和蓝领工作人员两大类。白领工作人员包括：专业性和技术性的工作，农场以外的经理和行政管理人员、销售人员、办公室人员。蓝领工作人员包括：手工艺及类似的工人、非运输性的技工、运输装置机工人、农场以外的工人、服务性行业工人。

“领子”的色彩也诠释着职业新概念。“白领”大多受过良好的教育，因一技之长被老板聘用为管理层或做一些文职的事，他们工作上能独当一面，面对无常的世事显得更加达观，处理问题的方式也更趋实用。“蓝领”主要指产业工人，他们靠支付自己的体力来获取报酬，建筑工人、钢铁工人、纺织女工、家电制造工人、水电管道维修工、装修工人、卡车司机等职业是蓝领的典型职业。蓝领的本质特征在于具有统一的生产技能和职业规范，具有一定的组织化水平。当前在工业、农业和第三产业中，均存在一定规模的蓝领群体。

(2) 按心理的个别差异进行分类。这种分类方法是以美国著名的职业指导专家霍兰德创立的“人格—职业”类型匹配理论为基础的。“人格—职业”类型匹配理论，把人格类型划分为六种，即实际型、研究型、艺术型、社会型、企业型和常规型。与其相对应的也有相同的六种职业类型，如项目经理、销售人员，营销管理人员、政府官员、企业领导、法官、律师等，就属于企业型的职业类型，一般会受到企业型职业兴趣者的特别青睐。本章“拓展练习”中“霍兰德职业倾向测验量表与职业索引”列出了这六种职业类型的具体职位名录，同时列出了更多小类的索引，可供参考。

(3) 依据各个职业的主要职责或“从事的工作”进行分类。这种分类方法较为普遍，以两种代表示例：其一是国际标准职业分类，它把职业由粗至细分为 4 个层次，即 8 个大类、83 个小类、284 个细类、1506 个职业项目，总共列出职业 1881 个。其中 8 个大类是：① 专家、技术人员及有关工作者；② 政府官员和企业经理；③ 事务工作者和有关工作者；④ 销售工作者；⑤ 服务工作者；

⑥ 农业、牧业、林业工作者及渔民、猎人；⑦ 生产和有关工作者、运输设备操作者和劳动者；⑧ 不能按职业分类的劳动者。这种分类方法便于提高国际间职业统计资料的可比性和国际交流。其二是加拿大《职业岗位分类词典》的分类，它把分属于国民经济中主要行业的职业划分为23个主类，主类下分为81个子类、489个细类、7200多个职业。此种分类对每种职业都有定义，逐一说明了各种职业的内容及从业人员在普通教育程度、职业培训、能力倾向、兴趣、性格以及体质等方面的要求，有较大的参考价值。

2. 我国的职业分类。

根据我国不同部门公布的标准，主要有两种分类方法：一种是人口普查使用的《职业分类标准》；另一种是《中华人民共和国职业分类大典》的分类。这两种分类的基本原则是一致的，都是依据在业人口本人所从事的工作性质的同一性进行分类的。除此之外，社会上还有一种十分流行的职业分类方法——按照职业的工作方式，对职业类型进行归纳聚类。

(1) 根据国家统计局、国家标准总局、国务院人口普查办公室1982年3月公布，供全国人口普查使用的《职业分类标准》(以下简称《标准》)分类。该《标准》依据在业人口所从事的工作性质的同一性，将全国范围内的职业划分为8个大类、64个中类、301个小类。其中8个大类的排列顺序是：第一，各类专业、技术人员；第二，国家机关、党群组织、企事业单位的负责人；第三，办事人员和有关人员；第四，商业工作人员；第五，服务性工作人员；第六，农、林、牧、渔劳动者；第七，生产工作、运输工作和部分体力劳动者；第八，不便分类的其他劳动者。在8个大类中，第一、二大类主要是脑力劳动者，第三大类包括部分脑力劳动者和部分体力劳动者，第四、五、六、七大类主要是体力劳动者，第八类是不便分类的其他劳动者。

(2) 根据国家劳动和社会保障部、国家质量技术监督局、国家统计局1999年颁发的《中华人民共和国职业分类大典》(以下简称《大典》)分类。《大典》参照国际职业分类标准，从我国实际出发，按照工作性质同一性的原则，对我国社会职业进行了科学划分和归类，全面客观地反映了现阶段我国社会的职业结构状况。《大典》将我国社会现有的职业结构划分为8个大类、66个中类、413个小类、1838个细类(职业)。其中8个大类分别是：第一大类为"国家机关、党群组织、企事业单位负责人"；第二大类为"各类专业技术人员"；第三大类为"办事人员及有关人员"；第四大类为"商业及服务业人员"；第五大类为

“农、林、牧、渔水利业生产人员”；第六大类为“生产、运输人员及有关人员”；第七大类为“军人”；第八大类为“不便分类的其他人员”。这是我国人才市场目前普遍使用的职业分类方法。为及时反映新职业的发展变革，2004 年 8 月起，原劳动和社会保障部建立了新职业信息发布制度，对职业分类与职业标准开发实行动态管理，并通过信息发布制度，系统介绍新职业名称、定义、主要工作内容以及从业人员状况等情况。同时，定期组织专家对《大典》进行增补修订，并及时颁布《大典》增补本。《大典(2005 增补本)》收录了 77 个新职业；《大典(2006 增补本)》收录了 82 个新职业；《大典(2007 增补本)》又收录了 31 个新职业。

(3) 按照所从事职业的工作方式，可以把职业类型归纳为 16 种。这种分类十分流行，在职业分析的时候，常常把适合某一特定职业类型的人们统称为“种族”或“部落”，如“创意型部落”、“运营型种族”等等。按照工作方式区分的 16 种职业类型及其典型职业列表如下所示：

职业分类	职业方向	典型职业
创意型职业	富有创造力的职业领域，通过运用良好的抽象思维能力来实现预期的职业活动目标	创意文案、时尚编辑、建筑师、总导演、乐队指挥、作家、景观设计师等
分析型职业	侧重于研究分析的职业领域，通过运用系统化思维来实现预期的职业活动目标	金融分析师、系统分析员、审计师、信息管理师、精算师、专业领域编辑、电脑安全专家、古玩鉴定师、专利代理人等
公关型职业	多面性的职业领域，最主要的是发挥良好的人际影响力	会员发展经理、新闻发言人、记者、口译人员、大堂经理等
公益型职业	带有公益色彩的职业领域，主要运用交流沟通能力、对人的热忱与友善、对事务的细致和耐心，为他人提供真诚帮助，从而实现具有人生意义的自我价值	秘书、健身教练、拓展训练师、健康顾问、教育顾问、营养保健师、康复治疗师等
顾问型职业	“思想助人”的职业领域，主要通过运用严格的逻辑性推理来实现预期的职业活动目标	管理顾问、理财顾问、心理咨询师、职业咨询师等
管家型职业	“大管家”式的职业领域，事无巨细，尽在掌握之中	宠物健康护理员、股票分析师、物流管理师等
技术型职业	进行技术的熟练应用和探索研究，从而实现技术成果或项目	医生、药剂师、网络管理员、按摩治疗师等

续表

职业分类	职业方向	典型职业
经纪型职业	视野广阔的职业领域，通过发挥敏锐的市场洞察力来实现预期的职业活动目标	销售经理、采购工程师、客户服务经理、猎头、导游、律师、资产评估师、培训师、证券经纪人、保险代理人、娱乐经纪人、策划编辑、医药代表等
商务型职业	商业化的职业领域，实现自身具有挑战性的经济价值目标	渠道经理、店长、市场调研、电子商务师、物业管理师、拍卖师等
设计型职业	以设计为主的职业领域，通过运用独特的审美观获得职业认可	平面设计师、网页设计师、制图设计师、室内设计师、园艺师、工艺美术设计师、花艺师、调酒师、摄影师、美发师、美术编辑等
实操型职业	操作应用的职业领域，通过运用自身耐心细致的特征来实现预期的职业活动目标	速录师等
引领型职业	意识领先的职业领域，通过发挥其敏锐的市场洞察力来实现预期的职业活动目标	市场策划、策划顾问、企业形象设计师、产品设计师、广告设计师、展览设计师、商品陈列师 、服装设计师、形象设计师 、明星、企业家等
应用型职业	这类方向的大部分职业都涉及具体的产品或事务	会计师、翻译等
运营型职业	该类方向的大部分职业都会涉足经济或商业领域，工作中的大量时间会从事整体战略分析、信息资料的抽象概括和应用以及商业模式的实际运作等	理财规划师、基金经理等
展现型职业	富有创新气息的职业领域，通过运用自身独特的审美观、丰富的表现力，直接面对客户，为他们提供具有创新性的服务	主持人、人体彩绘师、漫画家等
智囊型职业	有深度探索空间的职业领域，通过运用周到的统筹规划来实现预期的职业活动目标	营销专家等

以上每一种分类方法，对其职业的特性都有明确的解释，这对我们更好地掌握某一职业的特点，去选择适合自身职业有指导作用。

二、职位分类

不能混淆职业分类与职位分类。职业分类只是划分职业的种类，而职位的分类则在职业内部划分出不同的工作岗位。职位是一定数量的人员任职的工作岗位，是具体工作任务、责任和权利构成的统一体，是以“事”为中心，并以多数任职者在一定劳动时间内能完成任务的多少为标准设置的。

职位分类通常也是政府机关、企事业单位以及其他用人单位把内部众多工作岗位划分成若干种类和等级的分类方式，其划分标准除了要对具体工作岗位的任务定量外，还包括具体工作岗位的性质、责任大小及工作的难易程度等。加拿大教育学家杰拉尔德·科斯格雷夫认为，所有职业大体上可以分为6个层次，从事高层次工作的人在选择和监督方面负有更大的责任。6个层次从低到高分别是：① 非熟练性工作：简单的日常工作，很少需要独立的思考和创造性；② 半熟练性工作：要求最起码的技能和知识，或在有限的范围内要求较高的技能；③ 熟练性工作：要求专门技术和知识，在工作中需要有判断能力；④ 半专业和管理性工作：要求专门知识和判断能力，多半是脑力工作；⑤ 专业性工作：要求较高的专门知识和判断能力；⑥ 高级专业和管理工作：要求丰富的知识，较强的思考和自主能力。

其中，第⑤⑥层次的工作要求经过大学甚至研究生阶段的学习培训才能达到。第③④层次的工作要求经过高中、大学或其他的专门训练才可能达到。第①②层次的工作要求经过职业训练，但有些人也可以不经过任何培训。对于求职者，特别是大学生求职者来说，只有在充分了解不同职位所要求的不同任职资格和条件的前提下，衡量自身的实际情况，正确地进行自我评估，才能实事求是地确立合理的职业期望。

三、预期职业库与工作世界地图

对职业世界的探索，不应该是盲目的，要有的放矢，要有大致的探索方向。我们在实际着手职业信息调查的时候，必须有一个大致的探索目标范围。

(一) 根据自我探索形成预期的职业库

通过第三章对真实自我的认识，在对自己进行性格、兴趣等职业倾向探索的过程中，我们获知了自己适合的目标职业。同时，我们都有自己心目中理想的职业，可以通过头脑风暴的形式把它们也列出来，这样就获得了一个职业清单，再看看这些职业有什么共同点，由此可能启发你获得更多值得探索的职业。结合你的能力和价值观，再次对职业清单进行筛选，最终得到你预期的职业库。

简单举例说，同学小 B 期待做经济管理方面的工作，但是具体选择什么工作还难以决定。性格探索的结果是他适合做人力资源管理者、咨询顾问、教师等，兴趣探索的结果是他应该做社工、教师、培训人员等，价值观探索的结果是他期待做服务、自由职业、护理等工作，再看看他的能力知识状况，可以做教育、销售、客户服务等工作。从小 B 职业探索得出的各种选择中，我们可以看到，教师职业、教育工作者出现的频次最高；社工、客户服务、服务、护理等虽然名称不同，但都明显体现了帮助他人的特点。所以最适合小 B 的职业首先具有与人打交道、帮助他人的特点，其次还有沟通性、商业性等特点。由此他可以列出或搜索一些符合这些特点的职业，比如培训师、咨询顾问、客户服务经理等，形成预期职业库；再以预期职业库中设定的目标职业为范围，进行详细的职业信息调查。做职业信息调查和作出职业决策时，目标及其信息太多容易让人迷失，反而拿不定主意；而调查的目标范围过窄又起不到让当事人了解客观事实的作用。所以，在形成预期职业库的时候，“库”既不能过大，也不能太小，必须根据自己的情况作适当平衡。一般而言，把 5—10 个职业放入预期职业库比较适中。

(二) 工作世界地图(职业分类图)

工作世界纷繁复杂，职业的种类也层出不穷，我们要在各式各样、千奇百怪的职业丛林中顺利找到合适的目标职业，形成预期职业库，实属不易。为此，我们可以借助职业分类的方法，按“类”设“库”，把某一类或某几类职业作为目标对象，进行深入探索，对相关职业信息做进一步的调查分析。“工作世界地图”为借助职业分类确定自己预期职业目标范围提供了一种可行的方法和思路。

所谓工作世界地图，其实就是一张职业分类图。普里蒂奇(Prediger，1993)在霍兰德六边形模型的基础上，增加了人—事物、资料—概念两个兴趣维度。人—事物维度分别表示对与人相关的工作以及对与具体物体相关的工作有较强兴趣，前者如为人们提供服务、帮助他们等，后者如从事与机械、生物、材料等有关的工作。资料—概念维度分别表示对与具体事实、数字、计算等打交道的工作和用理论、文字、音乐等新方式表达或运作的工作兴趣较强。美国大学考试中心(ACT)把普里蒂奇的研究进一步推向深入，他们在兴趣的两维基础上，将职业群体的具体位置标定在坐标图上，从而得到工作世界地图。该图分为 12 个区域，共有 20 个职业群被标定在图中(如下图所示)。

ACT 以地图的形式，将职业世界中的职业群以兴趣关系为基础进行分类、排列，很直观，人们可根据自己的兴趣类型在该图中的位置，找到自己的兴趣职业；还可以通过与不同职业群的远近位置比较，进一步扩展与自己职业兴趣相关的工作搜索范围。在这个地图上，可以确定某一个或者几个职业群，并把它作为自己的目标职业范围，形成预期职业库，范围可大可小，十分方便。

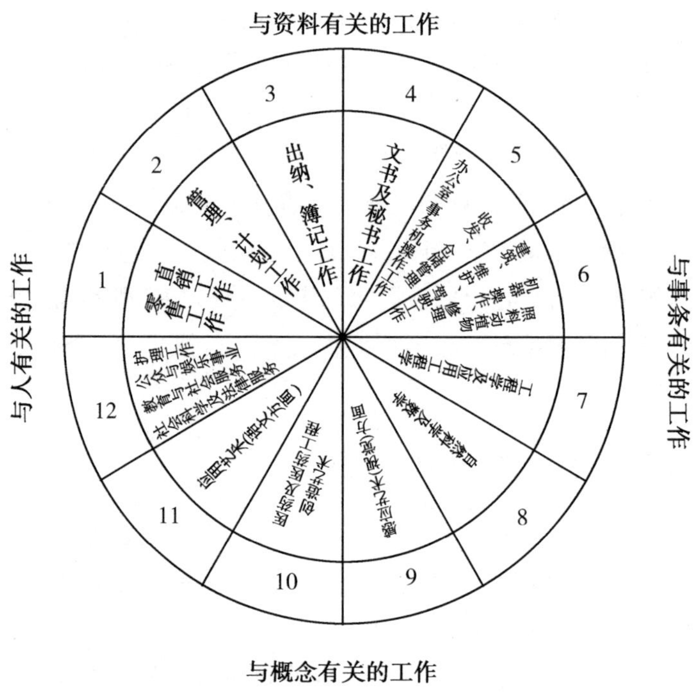

职业分类图(美国 ACT)

工作世界地图，是我们设计与规划职业信息搜索范围的有效工具。值得注意的是，由于 ACT 职业分类图并没有经过本土化的研究，所以我们在使用该图时必须秉持科学的态度，只能参考借鉴。

第二节 职业信息调查与职业分析

职业生涯的决策，具有高度的自主性，但从本质上看，又具有客观必然性。人的本质是其社会关系的总和，职业生涯的本质也必然是个体与环境相互作用的结果。因此，大学生在职业生涯规划与发展过程中，在认真探索自身职业倾向的同时，应切实明了"社会发展需要自己干什么"，明了"环境允许或支持自己干什么"。这对大学生来说至关重要，也更为迫切。

社会发展需要自己干什么？要回答这个问题，就需要对宏观社会政治经济环境、产业、行业、企业和岗位的要求进行分析，这是对直接职业环境的调查探索。通过分析，有助于我们在职业生涯中"顺势而为"、"乘势而上"。环境允许或支持自己干什么？要回答这个问题，就要求我们对间接职业环境有实事求是的把握。我们应该通过对自己家庭情况、学校所学专业以及人才和劳动力市场状况的了解，分析自己拥有的社会资源，扬长避短，创造属于自己的"头顶一方天"。

探索职业世界的过程，实质上是就业环境的探索过程，其重点是职业信息调查与职业分析。

一、职业、产业与行业

产业与行业是求职者和从业者最直接的职业环境，职业岗位与产业、行业关系密切。大学生要想清楚地认识自己将来从事的职业世界，首先应该对社会上的产业、行业有所了解。

（一）产业及其分类

产业是对各类行业在社会生产力布局中发挥不同作用的称谓。20 世纪 20 年代，国际劳工局最早对产业作了比较系统的划分，即把一个国家的所有产业分为初级生产部门、次级生产部门和服务部门。后来，许多国家在划分产业时都参照了国际劳工局的分类方法。第二次世界大战以后，西方国家大多采用了三次产业分类法。

三次产业是根据社会生产活动历史发展的顺序对产业结构进行划分，产品直接取自自然界的部门称为第一产业，对初级产品进行再加工的部门称为第二产业，为生产和消费提供各种服务的部门称为第三产业。这是世界上较为通用的产业结构分类，但各国的划分不尽一致。我国最早于 1985 年规定了三次产业的划分范围。

随着社会经济的不断发展，我国的国民经济行业变化较大。为了及时准确地反映我国三次产业的发展状况，同时更好地进行国际比较，2012 年，国家统计局根据国家质检总局和国家标准委 2011 年修订颁布的《国民经济行业分类》(GB/T4754 — 2011)，对 2003 年《三次产业划分规定》进行了修订，对原三次产业的划分范围进行了调整，制定了新的三次产业划分标准。

新的三次产业划分范围具体如下：第一产业是指农、林、牧、渔业(不含农、林、牧、渔服务业)。第二产业是指采矿业(不含开采辅助活动)，制造业(不含金属制品、机械和设备修理业)，电力、热力、燃气及水生产和供应业，建筑业。第三产业即服务业，是指除第一产业、第二产业以外的其他行业，包括：批发和零售业，交通运输、仓储和邮政业，住宿和餐饮业，信息传输、软件和信息技术服务业，金融业，房地产业，租赁和商务服务业，科学研究和技术服务业，水利、环境和公共设施管理业，居民服务、修理和其他服务业，教育、卫生和社会工作，文化、体育和娱乐业，公共管理、社会保障和社会组织，国际组织，以及农、林、牧、渔业中的农、林、牧、渔服务业，采矿业中的开采辅助活动，制造业中的金属制品、机械和设备修理业。

与 2003 年印发的《三次产业划分规定》相比，2012 年的修订主要在以下方面作出调整：一是对 3 个大类作了调整。为了规范三次产业的口径、范围，推动我国服务业发展，将“农、林、牧、渔业”中的“农、林、牧、渔服务业”，“采矿业”中的“开采辅助活动”，“制造业”中的“金属制品、机械和设备修理业”等 3 个大类一并调入第三产业。调整后，第一产业为 4 个大类；第二产业为 2 个门类和 36 个大类；第三产业为 15 个门类和 3 个大类。二是明确第三产业即为服务业。鉴于目前服务业的口径、范围不统一，既不利于服务业统计和服务业核算，也不利于贯彻执行国务院《关于加快发展服务业的若干意见》以及国务院办公厅转发国家统计局《关于加强和完善服务业统计工作的意见》。因此，此次修订三次产业划分规定时，明确第三产业即为服务业。

在经济研究和经济管理中，除了三次产业分类法之外，经常使用的产业分类方法还有两大领域分类法和资源密集度分类法。按生产活动性质，可以把产业部门分为物质资料生产部门和非物质资料生产部门两大领域：前者指从事物质资料生产并创造物质产品的部门，包括农业、工业、建筑业、运输邮电业、商业等；后者指不从事物质资料生产而只提供非物质性服务的部门，包括科学、文化、教育、卫生、金融、保险、咨询等。按照各产业所投入的、占主要地位的资源的不同为标准，区别劳动力、资本和技术三种生产要素在各产业中的相对密集度，也可以把产业划分为劳动密集型、资本密集型和技术密集型产业。另外，还可以按产业处于增长或衰退不同的状态，将产业分为朝阳产业和夕阳产业两大类。

（二）行业及其分类

行业是指从事相同性质的经济活动的所有单位的集合。我国对行业的划分是遵循经济活动的同质性原则的，即每一个行业类别都按照同一种经济活动的性质划分。国家质检总局和国家标准委 2011 年 4 月修订颁布了新的《国民经济行业分类》(GB/T4754 — 2011)，《国民经济行业分类和代码表》采用线分类法和分层次编码方法，将国民经济行业划分为 20 个门类、96 个大类、432 个中类、1 094 个小类。其中，国民经济行业门类具体划分为：

1. 农、林、牧、渔业；
2. 采矿业；
3. 制造业；
4. 电力、热力、燃气及水生产和供应业；
5. 建筑业；
6. 批发和零售业；
7. 交通运输、仓储和邮政业；
8. 住宿和餐饮业；
9. 信息传输、软件和信息技术服务业；
10. 金融业；
11. 房地产业；

12. 租赁和商务服务业；
13. 科学研究和技术服务业；
14. 水利、环境和公共设施管理业；
15. 居民服务、修理和其他服务业；
16. 教育；
17. 卫生和社会工作；
18. 文化、体育和娱乐业；
19. 公共管理、社会保障和社会组织；
20. 国际组织。

(三) 职业和行业、产业之间的关系

一个产业通常由很多行业组成，每一个行业类别又由从事相同性质的经济活动的很多单位集合而成。职业与行业、产业之间有十分密切的联系。

首先，在不同的行业里，可以有很多相同的职业岗位，如财务会计岗位，无论在什么行业，甚至无论什么单位都是必不可少的。但是，任何职业都具有行业性，并反映着各行业自身的特点。同样是财务会计岗位，在制造业、金融业、农林牧渔业之间存在极大的区别。因此，在职业素养的培养过程中，重视职业的共性要求的同时，更不能忽视行业各自的特点和独特的要求。

其次，社会职业岗位存在的依据是社会产业、行业发展的需要。“职业”由“职”与“业”组成，“职”是职责，“业”就是产业和行业。产业结构的变化，必然引致行业的兴衰、职业发展的消长。产业发展水平的高低，对职业岗位的素质和能力要求必然造成深刻的影响。国民经济的“结构调整”与“转型升级”，对大学生就业而言，既是重大的机遇，也一定是严峻的挑战。

再次，从社会经济发展趋势分析，在今后的就业市场里，无论什么产业、什么行业，职业岗位的复合性要求都越来越强，再加上行业之间的融合，产业间、行业间的界限日渐淡化。职业与行业、产业之间，更多地体现为特色与优势，而不是界限与壁垒。

二、专业、家庭与职业

学校所学的专业和家庭的背景情况，对求职者和从业者而言，也是十分重

要的间接职业环境。大学生对职业世界的探索，除了特别需要关注产业、行业发展趋势之外，还应该认真关注人才及劳动力市场的状况，还应该充分考虑家庭环境的影响，考虑社会对专业学习经历的要求，对于女大学生来说，甚至还应该考虑社会对女性的特殊要求。全面探索，才能知己知彼、趋利避害、扬长避短。

（一）职业与专业探索

对专业的定义，专家学者有不同的见解。《教育管理辞典》(海南人民出版社 2005 年版)将专业定义为：高等学校或中等专业学校根据社会分工需要而划分的学业门类。各专业都有独立的教学计划，以体现本专业的培养目标和要求。这个定义基本与《辞海》的解释一致，认为专业是一种学业门类。

不同的职业需要不同的知识、技能条件，而不同的知识和技能则是专业的主要内容。从经济和效率的角度来看，我们所选择的专业当然应当是职业目标所需要的知识和技能。某专业的培养目标和要求总是对应于职业的要求。

然而从专业与职业的相关性来讲，它们并不都是逐个对应的关系，通常的情况是，一个专业可以对应一个职业群，甚至几个相关的职业群。例如建筑专业对应的职业群为：建筑师(建筑设计等)；土木工程师(设计和管理建筑物、道路等的建设)；制图员(根据工程师和建筑师的设计说明准备草图)；机械工程师(计划和设计工具、机器和发动机)；测量员(为建筑场所和地图绘制收集和测量数据)。而且，职业群一般又由基本操作技能相通，工作内容、社会作用以及从业者所应该具备的素质接近的若干个职位构成。职业群按横向划分，是相同的职业存在于不同的产业或行业之中，如管理类专业所对应的职业群广泛分布于国民经济的各个产业和行业之中。纵向划分，则是同一职业存在于同一行业若干个不同的岗位及其可能晋升的职务上。例如人力资源专业的职业发展路线为：人力资源助理→人力资源专员→人力资源主管→人力资源经理→人力资源总监。

一个人无论是出于主动还是盲从而选择了某一学业门类，他都无法保证这个专业一定是自己将来要从事的职业或事业。因此，大学生在专业知识学习的态度上，必须强调重能力、厚基础、宽口径；在择业、就业的策略上，又绝对不能拘泥于专业与职业的“一对一”关系。

【小贴士】

专业探索

1. 专业十项调研。

这是进行专业探索的核心任务，据此来了解和确定一个专业。最后形成的专业报告，也是在此基础上拓展而成的。所以无论是个人还是小组，都要将完成专业十项作为第一目标。专业十项具体包括：① 这个专业是什么；② 这个专业都学什么；③ 这个专业有哪些名校和名师；④ 与此专业相关的专业有哪些；⑤ 这个专业对社会和生活有什么用；⑥ 这个专业毕业后都能做什么工作；⑦ 学这个专业的牛人、名人都有谁，成就怎样；⑧ 在这个专业领域权威的企业、机构有哪些；⑨ 学这个专业的上几届师长的目前状况怎样；⑩ 怎样才能学好这个专业，学习的圈子和资源都有什么。

2. 十个专业的选择。

如果你发现自己不喜欢目前所学的专业，就要探寻自己可能喜欢的专业；浏览专业设置目录和说明，充分了解相关信息；了解整体后确定几个专业大类(如文理工法管大类)；了解大类和专业后确定专业小类(如管理大类中分公共管理小类、工商管理小类等)；了解各个小类和专业后确定十个专业(如工商管理小类中的人力资源管理，公共管理类中的行政管理等)；针对每个专业进行“专业十项”的调研；最后确定三个目标专业。

3. 三个专业的学习。

专业的学习有以下要求和方法：自编一本专业通论教材；明确 300 个概念；抄写一本最厚的专业通论教材；制作一个专业学习和发展手册；拜访 50 位与专业相关的人士；写一篇原创的专业论文；翻译一本外文的专业通论教材；从事一个月的专业相关工作实习。如你能运用其中的三个方法并坚持半年，那你一定是这个专业的小专家了，这也为日后的职业探索、职业定位打下了坚实的基础。

4. 确定一个适合专业。

专业探索的最后结果表现为确定一个自己喜欢和适合的专业，这里有以下几个参考：熟悉专业通论教材；能写专业相关的文章；知道专业领域的最新活动和进展；能和专业领域的人士对话；明确专业的毕业出路是什么；喜欢这领域的专业书；乐于听这专业的课并且很愿意发表言论；愿意和别人分享你对此领域的看法和见解。如果你符合了其中的三条，那你有资格说你确定自己喜欢的专业了。

（二）家庭与职业

虽说市场越开放，人们的选择性就越大，达成自己职业目标的可能性也越大，但不管怎么样，一个人的家庭背景必然对职业生涯带来很大的影响。在古代，很多职业是世袭的，如“军、民、匠、灶”等职业基本由父子相传。即使在今天，医生的儿子当医生，律师的儿子当律师，仍然是一个比较普遍的社会现象。

【小故事】

那英的父亲那红生是著名中医，为香港科学院医学博士，因攻克世界五大难症之一的白血病，获得过美国国际名医药双项金奖等多种殊荣，在国内外医学界颇有名气。那红生一心希望两个女儿将来能继承父业。那英中学毕业后，那红生让两个女儿去医校学习，为将来报考中医学院作准备。谁知，热爱唱歌的那英却瞒着父母考了沈阳歌舞团。那红生又急又气，用鞋底狠狠地揍了那英一顿。姐姐为了顺父亲的意就报考了中医，尽管她并不喜欢。高中毕业后，那辛以优异的成绩考上了辽宁中医学院，之后，又考上北京中医学院研究生。

后来那英独自到了北京，成了北漂一族，举目无亲，事业又不顺利。那辛不顾父母反对，辞掉工作去照顾妹妹。那辛的到来，为那英带来了好运。1988年，那英被著名作曲家谷建芬看中，进入声乐培训中心学习。1990年那英凭借歌曲《山不转水转》一炮打响，成为了中国流行乐坛的一线歌手。

那英和姐姐的生涯之路使我们看到，家庭环境特别是父母的期待对子女的影响有多大。那英和姐姐是幸运的，这种幸运源于对理想的坚定信念。对于大多数没有明确目标的年轻人来说，他们的人生道路都是被父母规划、安排、设计的。父母对子女的职业选择有显著的影响，他们对子女的角色期望不可忽视。

除了父母，一个人的家庭关系圈也会对职业生涯产生重要影响。在关系型的现实社会中，家庭关系圈是个人生涯规划与发展的最重要社会资本，与大学生职业生涯规划、发展的成败有紧密的关系。

三、职业信息的调查与分析

（一）职业信息调查与分析的内容

职业信息的调查与分析，需要掌握的内容包括宏观的职业世界现状，如社会经济发展形势、就业政策、劳动力供求关系、各地区各行业的需求分布、多种工作形式选择的可能性等等；与个人就业相关的一些情况，如可供利用的社会、组织、家庭资源，他们的态度，各个行业、职业的发展性，各个行业、职业的待遇与机会等；与具体职业岗位相关的信息，如单位的文化、价值观，工作岗位的职责内容，工作的要求、待遇及发展空间，等等。具体的职业分析，主要可以从以下 10 个方面着手。

1. 职业描述。

职业描述，就是定义这个职业的内涵，具体包括职业名称以及各方面对其所作的定义。职业描述是对职业最精炼的概括和总结，是透彻理解职业和调研职业的基础。给职业定义的每个字都值得仔细思考，因为日后你要做的事情全是对定义的拓展。除了最新的职业，绝大多数职业都有固定的定义，联合国国际劳工组织、美国嘉南大的职业展望手册、中国的国家劳动和社会保障部，以及很多职业分类大典都有对职业的详细介绍。

2. 职业的核心工作内容。

每个职业都有核心的工作职责，职责背后对应的就是工作内容，说白了，就是这个职业一般都干什么活，什么工作是这个职业必须要做的。了解职业的核心工作内容，有利于了解胜任该工作必须要具备的工作能力。在多大程度上了解工作内容，是衡量一个人对工作的熟悉程度的重要标准。成熟的职业都有权威人事部门给其总结确定的核心工作内容，一些企业的招聘广告中也有对工作内容的描述。

3. 职业的发展前景及其对社会和生活的影响、作用。

职业的发展前景，是国家、社会等对这个职业的需求程度，具体包括三个问题，即职业在国家阶段发展中的作用、职业对社会和大众的影响、职业对生活领域的影响。就是说，不仅仅要知道这个职业对国家、对社会、对行业的作用，也要知道这个职业对大众生活的影响，人们对它的依存度和声望度如何。

分析一个职业的发展前景，应该关注国家的导向，因为这是促进职业发展的黄金动力；同时，应该分析判断该职业对大众生活的影响，因为只有大众认可并需要，该职业才能立于不败之地。

4. 薪资待遇及潜在收入空间。

职业是社会分工的产物，职业根据参与社会分工的实际状况来确定其相应的报酬。值得注意的是，每个职业的起薪可能都差不多，但每个职业潜在的收入成长空间并不相同。能力不断提升的背后就蕴藏着不同的高薪。一个职业的收入及其成长空间，可以从各种不同的渠道去了解，如前程无忧的调查、天涯职场论坛上的评论等。

5. 岗位设置及不同行业、企业间的差别。

职业与职位是不同的。一般来说，一个职业是有一系列岗位划分的，如人事工作的岗位就分招聘、考核等很多具体岗位，而不同行业、不同性质、规模的企业对岗位的划分和理解也是有很大不同的，很可能同样都叫一个名字，但干的活却完全不一样。了解职业的岗位设置，能加深对职业外延的理解，可以使自己更加明确目标方向，有利于职业规划与决策。

6. 入门岗位及其职业发展通路。

入门岗位一般是指针对应届毕业生的初入职场的一些中低端岗位。在进行职业分析时，既要了解入门岗位的情况，更要了解其日后职业发展方向是什么，有哪些发展途径，最高端岗位是什么。我们看好一个职业，是看好自己在这个职业中的发展前景，同时必须关注眼前能够获得的入门岗位，因为这正是我们进入目标职业的现实通道。

7. 职业标杆人物。

了解职业标杆人物，就是要了解这个领域谁做得最好，是怎么做到的，都取得了什么成绩，遇到了什么困难，具备什么素质等。通过研究他的奋斗轨迹，可以加深对职业的了解，从而找到在这个职业领域奋斗的途径。职业标杆人物一般不难找到，通过上网搜索对该领域中贡献最大的人即可。

8. 职业的典型一天。

职业的典型一天，更多是在访谈中完成的，你要知道这个工作的一天都是怎么过来的，从早上离家出门到晚上下班回家的时间都是怎么安排的。了解职业的典型一天是判断自己是否适合这个职业的重要指标，如果你不想过那样的一天，不能接受这份工作对你个人生活的影响，就不用再为之努力去从事这个职业了。职业的典型一天，在职业的核心工作内容中会有涉及，但更多的还是要你去访谈做这个职业的人，这样也才更真实。

9. 职业通用素质要求及入门具体能力。

职业通用素质要求是指从事这个职业的一般的、基本的要求。主要是个人通用素质能力，就是把这个工作做好要具备的能力。其实每个岗位对其任职资格都有介绍，只是需要自己把它作一个系统的整理，尤其要加上职业访谈中的内容，列出十项最常用的能力，然后与自己一一对照，找出自己需要加强和补充的能力，并在大学生活里尽可能培养相关能力。

10. 职业对个人的内在素质要求。

有些工作对人的内在要求是很高的，如工作态度等，这些是从你的内在来判断你是否适合和喜欢一个职业的核心标准。在考量职业的方方面面之后，最后一关就是对职业内在要求的盘点。岗位描述的任职资格中，会有对其内在素质的要求；同时，业内也有普遍认为的个人素质要求。是否具备相关素质，将直接影响你能否胜任这份工作。

（二）职业信息调查与分析的方法

大学生进行职业信息调查与分析一般采用生涯人物访谈、文案调研法、观察法、问卷调查法等方法。在实际运用过程中，必须根据调查的内容、对象而定。

1. 生涯人物访谈。

生涯人物访谈是访谈法在职业信息调查中的运用。访谈法(Interview)又称晤谈法，是通过访员和受访人面对面的交谈来了解受访人心理和行为的心理学基本研究方法。因研究问题的性质、目的或对象的不同，访谈法又可以分为深层访谈法、头脑风暴法和德尔菲法三种不同的形式。生涯人物访谈是深层访谈法的一种形式。

深层访谈法是一种无结构、直接、个人的访问。在访问过程中，一个掌握高级技巧的调查员深入采访一个被调查者，以揭示对某一问题的潜在动机、信念、态度和感情。深层访谈法适合于了解复杂、抽象的问题。这类问题往往不是三言两语可以说清楚的，只有通过自由交谈，对所关心的主题深入探讨，才能从中概括出所要了解的信息。深层访谈法的主要工作流程为：接受任务书→制定约人方案→预约被访者→正式访问→访问后的记录、整理存档留底→

访问后续工作。在职业信息调查中，采用生涯人物访谈，有利于了解职业的具体深层次的信息、职业性质、职业发展等。

生涯人物访谈是指学生对身居自己感兴趣职位的人进行采访。进行生涯人物访谈，首先得解决跟谁谈、谈什么的问题。

找准访谈对象是访谈成功的关键。访谈对象应是被称为“生涯人物”的人，即这个领域比较有代表性的人物，如企业总经理、部门主管、技术骨干、核心员工等，也可以是在某个领域干过几年而选择离开的人。对于职场新人来说，选择一些工作五年左右的前辈进行访谈，能获得直接有用的信息。

由于访谈对象大多工作繁忙，所以访谈过程应尽可能紧凑，尽量少占用对方时间。事先准备好提纲，确定访谈方向，并提前做好预约，会让访谈更加顺畅。访谈时，应明确访谈的目的是收集供职业生涯决策的信息，而不是利用生涯人物来找工作，以免引起双方的尴尬。

【小贴士】

生涯人物访谈的问题设置

1. 您是如何找到这份工作的？

2. 就您的工作而言，您最喜欢什么？最不喜欢什么？

3. 您的职位是什么？您的主要职责是什么？

4. 从事此行业的人做些什么？

5. 工作地点一般在哪里？

6. 在行业内，先从什么样的工作岗位做起，能学到最多的知识，最有益于发展？

7. 工作场所有哪些特征？

8. 在工作方面，您每天都做些什么？

9. 您在做这份工作时，日常面临的问题是什么？什么最有挑战性？

10. 个人的主要成就是什么？最成功的是什么？

11. 在这个职位上，如果想获得成功必须拥有并保持什么样的能力？

12. 目前还缺乏的必须改进的能力有哪些？怎么改善它们？

13. 在您的组织中，在同样一个岗位上把成功和不成功区别开来的行为是什么？

14. 您认为做好这份工作应该具备哪些知识、技能和经验？

15. 目前，行业内要求从事这份工作的人应该具备什么样的教育和培训背景？

16. 您认为什么样的个人品质、性格和能力对做好这份工作来讲是重要的？

17. 这项工作需要的个人品质、性格和能力同别的工作要求有什么不同？

18. 学校中的哪些课程对这个行业比较有帮助？

19. 行业内，单位对刚进入该领域工作的员工一般会提供哪些培训？

20. 在您的工作领域里，初级职位和略高级别职位的薪水一般是什么水平？

21. 男女工作者在这份工作上机会均等吗？

22. 这个行业的人们，对于他们所从事的工作有什么满意与不满意之处？

23. 从事这份工作实现了您的人生价值吗？家庭对您现在的工作满意吗？

24. 这个行业的人才供求关系怎样？据您所知，从事这种工作的人在单位或者行业内发展的前景怎样？

25. 最近这个行业和工作因为科技进步、经济的全球化发生变化了吗？

26. 您如何看待该单位的组织文化和该领域的工作方式在将来的变化趋势？

27. 这个行业是否有季节性或地理位置的限制？

28. 这个行业存在的困难及前景如何？

29. 据您所知，有什么职业杂志、行业网站或其他渠道能帮助我深入了解这个领域？

30. 您的熟人中有谁能够成为我下次采访的对象吗？可以说是您介绍的吗？

当然，对于以上这些问题，访谈学生可以根据自己的需要再作整理，但访谈重点应在于全面了解“生涯人物”关于工作的主观感受。

2. 文案调研法。

在对职业信息进行调查时，通过收集二手资料、文献等了解职业信息，也是比较常用的方法。文案调研又称二手资料调研或文献调研，是指根据一定的研究目的，通过对收集到的、与调查课题相关的各种信息和情报资料等进行分析、研究，获得调研成果的一种调研方法。

（1）从文献方面对职业信息进行调查，主要步骤：确定查询渠道→进行文献检索→实施文献收集→展开文献鉴别→文献的研究与应用。

（2）从二手资料入手收集职业相关信息，一般有以下方式：① 通过查看企业的内部资料获取职业信息。如了解企业岗位的设置、工作任务等。② 通过网络获取职业信息。二手资料的网上收集主要通过搜索引擎查找所需信息的站点网址，然后访问所想查找信息的网站。③ 通过行业协会和商会获取二手资料。如想了解行业集中度、行业中企业的市场占有率、各行业中相对应的职业情况、各行业的发展趋势等相关内容，都可以从行业协会、商会中获得。④ 通过研究机构和调查机构获取二手资料。不少经济、工商业研究所和调查咨询公司经常发表相关行业的市场调查报告和专题评论文章，能提供大量的背景材料。⑤ 通过各类会议获取二手资料。主要渠道有学校、政府、公司招聘会、供需洽谈会、人才交流会、网络人才交流会，各种博览会、展销会、交易会，专业性、学术性经验交流会等。⑥ 通过新闻媒体来获取二手资料。一般刊物的出版机构以及广播网和电视网每天都会传播出大量的正规信息资料，这对于调查者来说，也是重要的资料来源。

【小贴士】

Jobsoso 简介

全球最大中文职业信息检索引擎：Jobsoso

网址：http://www.jobsoso.com。

Jobsoso 是国内职业测评公司北京北森公司于 2005 年 3 月 16 日正式发布的，它以全球领先的职业分类信息技术——美国 O＊NET 系统为基础，经过适度的本土化，可以进行独立的职业信息搜索。

这一系统包含 1000 余种职业，可分为 22 大类：管理；传媒、艺术、文体娱乐；销售及相关职业；商业及金融；医疗专业技术；行政及行政支持；计算机和数学分析；医疗卫生辅助服务；农、林、畜牧业；建筑及冶炼类；科学研究；食品加工和餐饮服务；设备安装、维修和保养；社区及社会服务工作；建筑物、地面清洁及维护；企业生产；法律工作；个人护理及服务性职业；物流；教育、培训及图书管理。

它对某个具体职业从职位名称、直属上级、直属下级、合作部门、职业描述、工作内容、教育背景、核心课程、工作经验、培训认证、工作环境、职业前景、知名公司、薪酬待遇、相关职业、榜样人物、该职业对人的核心要求等方面进行了比较全面的描述。

3. 观察法。

观察法是研究者有目的、有计划地在自然条件下，通过感官或借助于一定的科学仪器，对社会生活中有关人们行为的各种资料进行搜集的过程。观察法也是我们了解职业信息的有效方法，我们可以通过了解工作程序、工作演示等来知晓职业信息。

(1) 准备阶段。该阶段需要实施的工作内容包括：① 检查文件，形成工作的总体概念；② 工作的使命、主要职责和任务、工作流程；③ 准备一个初步的观察任务清单，作为观察的框架；④ 为数据收集过程中涉及的还不清楚的主要项目做一下注释。

(2) 进行观察。在部门主管的协助下，对员工的工作进行观察。在观察中，要适时做记录。

(3) 进行面谈。根据观察情况，最好再选择一个主管或有经验的员工进行面谈，因为他们了解工作的整体情况以及各项工作任务是如何配合起来的。这个环节需要确保所选择的面谈对象具有代表性。

(4) 合并工作信息。这个环节包括两个任务：首先要检查最初的任务或问题清单，确保每一项内容都已经被回答或确认。然后进行信息合并，把所收集到的各种信息，包括主管、工作者、现场观察者、有关工作的书面材料等合并为一个综合的工作描述。在合并阶段，工作分析人员应该随时获得补充材料。

(5) 核实工作描述。这个阶段有三个步骤：第一步要把工作描述分发给主管和工作的承担者，并附上反馈意见表。第二步，根据反馈意见表，逐句检查整个工作描述，并对遗漏和含糊的地方做出标记。第三步，召集所有观察对象进行面谈，补充工作描述遗漏的东西，明确其含糊的地方，最终形成完整和精确的工作描述。

4. 问卷调查法。

问卷调查法也称“书面调查法”，或称“填表法”。这是用书面形式间接搜集研究材料的一种调查手段，是一种通过向调查者发出简明扼要的征询单(表)，请求填写对有关问题的意见和建议来间接获得材料和信息的方法。问卷调查法包括问卷设计、问卷调查、调查结果汇总等阶段。核心环节就是调查问卷设计。成功的问卷设计应该具备三个功能：① 能将所要调查的问题明确地传达给被调查者。② 能够让对方合作，并取得真实、准确的答案。③ 问卷应该具有一些自我检测的功能，帮助确定被访者回答问卷的认真程度。

在校大学生要了解职业信息，通过问卷调查也是一个不错的途径，可以自己设计问卷，然后带着问卷走访各个企业、各个机构，访问企业家、工人、专家，从他们那里了解职业信息、了解现在的职业世界。

第三节 职业世界的发展

大学生职业生涯的规划与发展，是面向未来的，必须具有前瞻性。在日新月异的社会发展过程中，职业环境瞬息万变。只有用发展的眼光看世界，切实把握职业世界的未来趋势，因势利导，循声而动，职业生涯规划与发展才会有可靠的基础。

一、职业资格证书制度

职业资格证书制度是劳动就业制度的一项重要内容，也是一种特殊形式的国家考试制度。

（一）我国职业资格证书制度的形成

1993 年 2 月 13 日，中共中央、国务院发布的《中国教育改革和发展纲要》提出：“专业性、技术性较强的岗位，应在获得岗位资格证书后上岗”。“推行学历文凭、技术等级证书、岗位资格证书并重的制度，扭转升学、文凭、职称对于教育运行的片面导向作用。逐步建立职业岗位资格考核机构，实施各种岗位的资格考试和资格证书制度”。

1993 年 11 月，党的十四届三中全会通过的《中共中央关于建立社会主义市场经济体制若干问题的决定》指出：“要把人才培养和合理使用结合起来，配套改革劳动人事与干部选拔制度。要制订各种职业的资格标准和录入标准，实行学历文凭和职业资格证书制度，逐步实行公开招聘、平等竞争，促进人才的合理流动”。

国家原劳动部和人事部于1994年2月联合制定颁发了《职业资格证书规定》，规定了国家职业资格的种类、资格证书体系、证书作用、取得方式等。

1999年6月13日《中共中央、国务院关于深化教育改革全面推进素质教育的决定》指出："要依法抓紧制定国家职业标准，明确对各类劳动者的岗位要求，积极推行劳动预备制度，坚持实行'先培训、后上岗'的就业制度，继续改革大中专毕业生就业制度，使学生树立正确的择业观。地方政府教育部门要与人事、劳动和社会保障部门共同协调，在全社会实行学业证书、职业资格证书并重的制度。转变传统的人才观念，形成使用人才重素质、重实际能力的良好风气"。

2000年3月劳动和社会保障部第6号令《招用技术工种从业人员规定》明确，国家实行职业资格证书制度，实行先培训后上岗的就业制度。同时规定了用人单位招用90个技术复杂以及涉及国家财产、人民生命安全和消费者利益的工种（职业）的劳动者，必须从取得相应职业资格证书的人员中录用。

（二）职业资格与职业资格证书

职业资格证书制度的核心内容是，按照国家制定的职业技能标准或任职资格条件，通过政府认定的考核鉴定机构，对劳动者的技能水平或职业资格进行客观公正、科学规范的评价和鉴定，对合格者授予相应的国家职业资格证书。

职业资格是对从事某一职业所必备的学识、技术和能力的基本要求。职业资格包括从业资格和执业资格。从业资格是指从事某一专业（职业）学识、技术和能力的起点标准。执业资格是指政府对某些责任较大、社会通用性强、关系公共利益的专业（职业）实行准入控制，是依法独立开业或从事某一特定专业（职业）学识、技术和能力的必备标准。

职业资格证书是表明劳动者具有从事某一职业所必备的学识和技能的证明。它是劳动者求职、任职、开业的资格凭证，是用人单位招聘、录用劳动者的主要依据，也是境外就业、对外劳务合作人员办理技能水平公证的有效证件。获得从业资格和执业资格的人员，都会取得相应的证书，如会计上岗证、教师资格证等，都是一种从业资格证书，而注册会计师、执业医师证书等就是一种执业资格证书。

职业资格证书制度是与国家“就业准入”制度相联系的。所谓就业准入是指根据《劳动法》和《职业教育法》的有关规定，对从事技术复杂、通用性广、涉及国家财产、人民生命安全和消费者利益的职业(工种)的劳动者，必须经过培训，并取得职业资格证书后，方可就业上岗。实行就业准入的职业范围由人力资源和社会保障部确定并向社会发布。对技术工种(职业)从业人员实行就业准入制度，其根本目的在于提高劳动者技能水平，增强其就业能力和适应职业变化的能力，实现高质量就业和稳定就业。

(三) 我国职业资格证书制度的特点

(1) 我国的职业资格证书制度，实际是一种职业资格的国家考试制度。

(2) 我国的职业资格，既是“门槛”，也是“台阶”。既体现从事某个职业的最低要求，也反映从业者的能力水平。

(3) 标准参照考试模式。一般说来，考试有两种模式，一种是标准参照考试模式，一种是选拔式考试模式。招生考试、公务员的考试、事业单位的招考是选拔式的考试，而职业资格证书的考试是标准参照考试模式。职业资格条件是按照国家的标准来设定的，职业技能鉴定以统一的标准进行。标准下面有规范、有教材、有题库、有试卷，所有的考试试卷必须符合国家的标准。相同的职业资格考试，无论在全国什么地方考试，考试标准都是一样的，只要达到了国家的标准，就能获得国家职业资格证书。

(4) 职业资格证书制度的设置是为了满足市场经济的需要、人才发展的需要，具备职业导向的功能。社会上一些前沿的、被社会广泛认可的生产岗位和社会需要的职业，可以通过社会的鉴定、颁发职业资格证书来进行导向，比如心理咨询师、人力资源管理师、秘书、经营师等等。社会需要这样的职业，相关部门就根据前沿的设计，确立这个职业的职业标准，开展考试并颁发职业资格证书。

(5) 我国的职业资格证书制度是由政府统一管理的。按照《劳动法》第八章第 63 条规定，要经过政府批准的职业技能鉴定部门，对劳动者的技能水平进行认定和评价。这个过程，就是职业技能鉴定。我们的考核鉴定和我们的机构都是由国家认定和界定的，证书也是由国家统一颁发的。

（四）大学生应当如何看待职业资格证书的作用

现在不少大学生已经特别重视"资格证"的作用，毕业前两年内就考取10多个校外资格证的"考证王"，也已经屡见不鲜。有信息表明，近年来出现的可供大学生考试的证书已经超过了百种。有的是通用型的，如计算机等级证书，大学英语四、六级证书等，特别为用人单位看重，成为大学生考证的首选；也有的是能力型的，如托福或雅思成绩证书、英语中高级口译资格证书、驾照等；此外，职业资格类证书，如会计证、报关员证，现已成为大学生报考人数增幅最快的考证类别。

与此同时，越来越多的单位在招聘时看重求职者有无职业资格证书。国家政府部门也强调，要"在全社会实行学业证书、职业资格证书并重的制度。转变传统的人才观念，形成使用人才重素质、重实际能力的良好风气"。可以预见，在未来职场中，职业资格证书将大行其道。大学生必须用科学正确的态度看待职业资格证书。

1. 大学生应该了解各类证书的区别。

学历证书、学业证书、学位证书、职业资格证书和职称证书都是不一样的。学历证书是学制系统内实施学历教育的学校或者其他教育机构，对完成了学制系统内一定教育阶段的学习任务的受教育者所颁发的文凭，主要有小学毕业证书、初中毕业证书、高中毕业证书、中等专业学校毕业证书、大专毕业证书、本科毕业证书、硕士毕业证书、博士毕业证书等等。学业证书中还有一部分非学历性的学业证书。非学历性的其他学业证书是指实施非学历教育的学校或者其他教育机构不能按照国家教育教学标准组织学制系统内分阶段的教育活动，不能发放学历证书，但可以根据其办学宗旨和具体实施教育情况，给毕业生发放记载受教育者学习程度和时间的写实性的学业证书。

学位证书与学历证书也不同。学位证书，又称学位证，是作为证明学生专业知识和技术水平而授予的证书，在我国学位证授予资格单位为通过教育部认可的高等院校或科学研究机构。目前我国学位分为三类：学士学位，硕士学位，博士学位。其中，学士学位里还包括第二学士学位，统称学士学位。从学习收获来看，学历代表着学习的经历，学位代表着学习水平和层次。学历仅仅证明了一个人学习的时间和过程，学位却是对这个人所学知识达到一定水平的认可。因此，学位的价值要超过学历。

职称最初源于职务名称，理论上职称是指专业技术人员的专业技术水平、能力，以及成就的等级称号，分高级、中级和初级三类，分别反映专业技术人员的技术水平、工作能力。就学术而言，它具有学衔的性质；就专业技术水平而言，它具有岗位的性质。专业技术人员拥有何种专业技术职称，表明他具有何种学术水平或从事何种工作岗位，象征着一定的身份。职称证书是指经国务院人事主管部门授权的部门、行业或中央企业、省级专业技术职称评审机构评审通过，并颁发的系列专业技术职务证书。职称证书与职业资格证书是完全不同的。

2. 大学生取得的职业资格证书，并不是越多越好。

随着社会主义市场经济的发展，人才市场对大学生的要求越来越高。我们既需要掌握从业岗位的相关理论知识，还必须具有相关的实践经验技能。大学生的知识和能力结构应该是理论够用、专业知识扎实、操作技能过硬、适应能力强、实用本领多。从这个意义上说，大学生在校期间除取得学历证书外，争取获得一个或者几个相关的职业资格证书，有利于增强自身就业竞争力。但是，大学生也不应该盲目去参加各种职业认证或者职业资格证书考试。一方面，任何事情都是有代价、成本的，我们只有结合自己所学的专业、个性特征和职业目标等，考取相关的职业资格证书，才能发挥它应有的功效，否则就只能是徒劳无益。另一方面，任何"证书"都只是一种标签而已，在实际生活中，是不是证书越多就证明你越有才华和能力呢？是不是证书越多求职就越顺利呢？在一次人才交流会上，有这样一个场景：在某外贸公司的招聘现场，招聘人员是一名外方主管和一位中国女秘书。一位求职者递上了自己的求职资料，女秘书问："你的英语水平怎么样？"求职者指着他的六级证书，用汉语回答："我通过了国家英语六级。"一旁的外方主管看了一眼证书，便用英语很快地向他提了一个问题，意思与女秘书小姐问的一样。但他也许没有听懂对方的英语，或许太紧张，没有作答。外方主管双肩一耸，两手一摊，秘书小姐随即说："对不起，先生！"这位应聘者就这样被拒之门外。

二、职业世界与职业观的新变化

(一) 职业世界新特点

职业世界的变化是客观的，也是必然的。随着社会经济结构与形态的发展变化，社会职业的结构形态也一定面临全新的变化。硅谷精神教父凯文·凯利说，展望今后20年，今天的我们是难以想象的，所有生意都是数据生意，介入网络的能力将会重于所有权，“注意力在哪儿，钱就会在哪儿”，人类社会经济生活和商业世界中，都可能产生颠覆性的领域；法国时尚学院哲学教授奥利维耶·阿苏利的《审美资本主义：品味的工业化》一书也试图揭示，在工业国家之间，正在发动一场美学战争。在他看来，从20世纪末至今，资本主义的发展趋势主要就是审美资本主义，它的特征是审美动因成为经济增长的主要动力。审美品位的问题，似乎涉及了整个工业文明的前途和命运，也涉及了我们每一个个体的未来与发展！如此看来，规划我们的生涯，谋划我们的未来，就没有理由忽视这两个关键词：品味与审美。这难道不是职业世界即将面临的“彻底性的颠覆”？

【延伸阅读】

硅谷教父凯文·凯利的未来商业预言书

2014年9月27日，硅谷精神教父、科技商业预言家凯文·凯利在斯坦福大学，为来自中欧国际工商学院的20多位学员进行了长达3个小时的分享，畅谈他对未来20年重大商业科技潮流的见解。主要内容节选如下：

1. 从铜时代到氧气时代。

我想说的第一事实就是：这个世界上增长最快的不是物质，而是信息。它比我们所有的生物产能，人类的生产力都要快。世界上的信息量大到什么程度？需要用16乘以276次方去描述。人类每秒钟创造的网线长度已经超过了声速。这些就叫信息爆炸，信息膨胀的速度和原子弹爆炸的速度是一样的。而这是一个持久的爆炸，远远不是一瞬间。

到2050年，数据量将达到非常恐怖的100万Zetabit。一个Zetabit是1万亿G。接下来这个时代就叫Zeta时代，而在Zeta时代之后，更大量级的信息用什么来描述？英语已经词穷了。我与很多语言学家聊过这个问题，他们都没有答案。面对如此大的信息量，我们甚至没有一个好的数学算法去实时处理数据。怎样利用这些数据，把数据变为有价值的东西？这里面就有很多商机。

不同的商业时代使用不同介质传递信息。早期是铜，因为人们用电缆传输；然后进入硅的时代，硅制造成芯片。我认为下一个时代是氧气的时代。在不久的将来，我们通过无线网络来传输的信息总量就会超过通过有线网络来传输的信息总量。

2. 个人数据才是大未来。

未来数据还有一个趋势：如今很多数据都在洲际间通过海底光缆来传输，是地理位置之间的传输。但今后很多数据会留在本地进行处理，甚至以每个家庭为单位处理的信息总量可能会比留在本地的数据总量还要大。再扩大一个层面来说，我们每个人每天都会产生很多数据。在广播时代，观众人数是一个很大的量级，由广播台去触及；到了互联网时代，出现博客和社会化媒体，你成为了一个广播台，可以拥有很多受众，但你传递的信息量比较少，远远不如广播台；后来出现了微信朋友圈，传递给相对少的受众，但信息的总量非常大。我认为未来就是每一个人传递自己信息的时代。

亚马逊那样的大网站有一个节点去控制很多观众，我们称之为“云”；低一层次的就是一些本地的发送站，我们称之为“雾”；而最底层的称为网格，就是我们每一个人作为接收端。我预言，接下来数据会更多地在每个人的智能设备之间传输，不会回到发射塔、交换机或者“云”里面。我们自己就形成了一个小的局域网。到2020年，超过2/3的信息传送距离不会超过1公里。那么像WiFi、蓝牙技术等目前虽然不是电信级别的技术，不是很严肃，利润很低，市场很小，问题很多，但是不是有可能颠覆未来呢？

3. 介入网络的能力重于所有权。

另一个颠覆性的技术就是云技术。在一个500人的团体里，信息量是500平方等级的；另一个500人团体的信息量也是500平方等级的。如果这两个团体联网，则能产生1000的平方量级的数据量，远远大于两个500的平方。传统扩大网络很简单，就是把这些小的网络连起来，变成一个更大的网络。扩大网络规模带来的增长是几何倍数的。所以，有一个很大的云，要比你把它分散成很多小的网络的价值更多。从这个互联网角度看，人数越多，你提供每个客户的成本就向零无限靠近，你基本上可以提供一个免费的服务。随着云技术的不断发展，介入网络的能力要比实际拥有的所有权要更重要。由于物权是资本主义的基础，现在我们在颠覆所有权，对资本主义就是一个很重要的事情。

4. 所有生意都是数据生意。

不管你现在做什么行业，你做的生意都是数据生意。你关于客户的这些数据，其实跟你的客户对于你来说是同样重要的。数据可以通过网络流转，从一个格式变成另一个格式。数据不应该以它的存储而定义，应该由它的流转来定义。

现在只是分享时代的早期。现在讨论很热的一个话题就是无处不在的摄像头监控。然而互联网总是希望去监控和采集数据，我们是很难去停止这个趋势的。我们每一部手机上都有一个摄像机，这意味着全球一共有60亿台摄像机。我们现在谈论艳照门、国家安全局的棱镜，我们都知道自己的数据一直被采集不安全。这些数据我们是无法停止被采集的，我们应该想的是，如何怎么样把采集数据的模式从由某一个机构来掌控，变成你我之间去互相观察。比如，美国的警察带了一个传感器摄像头对市民进行实时监控，那么反过来，市民也可以带这个东西去监控警察对我们做了什么。

5. 增强现实、新交互界面与视觉跟踪。

大家都知道谷歌眼镜，而现在的可穿戴智能隐形眼镜可以直接贴在你的角膜上。可穿戴设备不止是眼镜，它可能变成衣服。我们用它来接收数据，同时也在传递数据，通过各种摩擦跟它互动。我们还给盲人做了一个可穿戴式的背心，上面有摄像头，可以看到前方，通过振动去告诉这个盲人怎么走。增强现实，把虚拟的物体跟你看到的真实世界通过某种方式结合在一起。

新的交互界面，我在《少数派报告》中演示过。汤姆·克鲁斯在操作一台电脑的时候，并不是像我们这样敲键盘，而是浑身都用起来去跟一台机器互动。我们身体的每一个部分都应该可以操作一台电脑。如果我要再拍一部科幻电影，我绝对不会让电影主角用键盘来操作电脑的，我会让他做一些手势，看上去就是在工作。

此外还有视觉跟踪。它会跟踪你的眼睛看的地方，知道你在看什么。通过视觉跟踪，我们还可以捕捉他的情绪，利用这些技术去跟踪他的眼球，去看他在看哪些内容的时候情绪变化如何，据此去更改我们的内容。结果就是，我们在看屏幕的时候，实际上它也在看我们。我们就可以去根据这样反馈来修改我们的作品。

语音技术也远不止是苹果的SIRI技术，比如说翻译。有一种实时的翻译工具，画面拍的是西班牙语，显示出来就变成了英语。这个是一个我们最后的一个人际交互的一个设想，就是除了前面说的这些，它是一个头盔，你戴在头上它会去捕捉你的想法，你可以通过你的想法去操纵电脑。

6. 注意力在哪儿，钱就在哪儿。

注意力经济是一个颠覆性的领域，注意力在哪儿，钱就在哪儿。很多人每天都在看邮件，花很多时间在邮件上，它占用我们的时间。于是有人说，你读邮件是应该能拿到钱的，因为你在花时间。如果读邮件都要给钱的话，那读广告是不是更要给钱呢？现在的广告投放模式是花钱投给广告公司，为什么不去直接把钱花在你的用户上，让他看广告就能拿到钱呢？这样我们就可以看这人的关注度在哪儿，然后用钱去买他的注意力，让他看我们的广告。这个人会影响其他的人，有影响力人的就应该给更多钱。

一种新的商业模式是，我们应该有权利去让自己成为媒体，在自己上面放广告去赚钱。比如一些博客的下面会放一个广告，看上去挺酷的，不像是一个广告，而博主能拿到钱。另外人们应该有能力去通过自己去制作广告赚钱。有消费者直接参与的广告制作、直接进行广告宣传，然后通过自己的社会化媒体变成社会化的一个广告。这彻底颠覆了广告行业。

7. 远距离图像与视频技术。

远距离图像也是一个颠覆性的领域，比如电话会议、远程医疗。Oculus 是 Facebook 刚刚收购的一家虚拟现实公司，我试过他们的产品，感觉特别好，是一种全浸入式的体验，非常真实。Facebook 花了 10 亿美元去收购这家公司。

除此之外还有各种屏幕，包括可折叠的屏幕。未来的屏，不仅仅是硬硬的一块，我们甚至可以把屏变得跟书一样，可以翻，可以折，里面的内容可变。还有一些没有屏的展示，比如说全息图。全息技术现在不完美，但以后可能也会对我们产生颠覆。我们现在已经不是读书的人，而是读屏的人。屏里面有各种各样的逻辑。

3D 打印给我们带来的一个巨大颠覆就是，你以前认为硬件的那些东西，在未来都会变成软件了。3D 打印出来的东西其实就是一个图纸，是能够更改的能够传输、修改的，是数据形成的。那么这就是一个跟我们现在谈到的这个各种各样的互联网设备一样，它里面是芯片的，美国人有一种期望，利用 3D 打印技术重新让制造业回归美国，但也有一种说法，中国现在是 3D 打印的领袖。

如果我们穿越到 1980 年代，告诉那时的人，30 年以后你们会有维基百科，会有今天各种各样很酷的技术，没有人会相信。展望今后 20 年，也是今天的我们难以想象的。我唯一知道的是，20 年以后最伟大的产品，现在还没被发明出来，而你们作为创业者，就要去发明这些东西！虽然现在谷歌这样的高科技公司如此强大而成功，但我只想说，你们现在开始一点也不晚，而现在已经发生的事情根本就什么都不算。

职业世界的变化，还与人才与劳动力市场自身的状况相联系。在市场经济条件下，劳动力自由流动，价值规律对劳动力市场发挥着调节作用，劳动报酬主要由劳动生产率和劳动力市场供求关系决定。随着社会经济的发展，人们的职业世界呈现出新的特点。

1. 工作转换将成为一种常态。

随着经济结构的转型升级，第二产业的就业人数减少，第三产业的工作机会增加。同时，企业的破产与建立将是普遍的事情，这些都会使工作者一生在不同岗位上工作，经常换工作将会是一种常态。

2. 劳动力市场全球化。

随着信息时代的到来，整个世界就像是一个村落——“地球村”。劳动力在全球范围内流动将是平常的事，中国人可能在美国工作，同样美国人可能在中国工作。劳动力市场的全球化，要求我们必须用全球化的视角去看待工作。

3. 培训和再教育成为常事。

21世纪是信息时代，知识与信息的更新年限不断缩短：工业经济时代，即19世纪60年代，知识更新大概50年左右；而在知识经济时代，知识更新年限在3—5年左右，如果不学习，马上就会被社会淘汰。未来的职业世界将是个“学习社会”，不断更新知识将成为生存的必要条件。没有任何一种教育和技能，可以在未来社会中一成不变，这就要求工作者不断参加培训与再教育，充实和提升自我，以适应社会发展的需要。

4. 工作要求技术化。

不断发展的经济社会对劳动力的素质、技能的要求在不断提高，就业市场越来越需要具有广博知识及技术基础的专业人员。据调查显示，劳动力市场中高技能人才供不应求，从供求状况对比看，各技术等级的求人倍率均大于1，劳动力需求大于供给，其中求人倍率较高的是高级工程师、高级技师和高级技能人员，其求人倍率分别为2.08、1.96、1.71。

5. 工作形式多样化。

工作形式有很多种，最常见的就是全职工作，即连续为同一雇主工作，每周工作40或40个小时以上的工作。学生在求职时都希望能找到一份全职工作，因为其具有相对的稳定性和保障。兼职工作是指每周为同一雇主工作的时间不足40小时，兼职者通常没有将工作报酬作为生活费的主要来源，主要是为了赚取额外的收入而考虑工作。尤其对那些希望继续读书但又受限于经济条件的学生来说，这是很好的增长社会经验的途径。另外一种和兼职工作类似的工作形式是多重工作，是指一个人同时兼有两个或两个以上独立的工作角色。还有自由职业，或称SOHO(Small Office House Office)，是目前社会中比较受追捧的一种自雇的工作形式，是一个人的经营模式。自由职业的风险性相对较大，因此选择此种工作形式的人通常具有良好的心理安全感、自我管理能力和自信心。另外，还有工作分享、工作分工或团队模式等工作形式。

（二）职业观的新变化

传统职业观与新职业观之间的比较

传统职业观	新职业观
重视忠诚和工作任期 ① 接受工作稳定的职业生涯模式； ② 忠诚于公司，公司将以延长工作任期作为奖励； ③ 经常需要个人为“公司利益”做出牺牲。	**重视承诺和绩效** ① 接受实现个人理想的职业生涯模式； ② 忠诚于增强信心的理想，人生的价值是做贡献和适应新的要求； ③ 认为团体协作和彼此忠诚是重要的。
成长 ① 成长就相当于晋升； ② 逐级晋升就等于成功。	**成长** ① 成长与个人发展和人生意义有关，尤其要扩大知识面，提高技能水平； ② 从事个人认为有意义的活动就等于成功。
员工发展 ① 组织重视员工发展； ② 个人重视组织所提供的职业生涯道路，通过获得组织认为重要的技能寻求保障； ③ 组织对员工的职业发展负责。	**个人发展** ① 组织重视个人发展； ② 最成功的工作环境会鼓励员工不断学习和进步； ③ 个人对自己的职业发展负责。

续表

传统职业观	新职业观
绩效 ① 工作时间越长越好； ② 个人保障与受雇用时间长短有关； ③ 个人应该在同一家单位待很长时间。	**暂时性** ① 个人保障与个人能力和适应性挂钩； ② 一个人可能不在同一家公司待很长时间。
组织模式 ① 组织相当于一个小家庭； ② “妈妈和爸爸”(高级管理人员)会照顾我们。	**组织模式** ① 组织相当于一个大家庭； ② 重要的是伙伴关系和关系网络，服务是共享的。
组织体制 以职位等级为基础，由具体的工作组成。	**组织体制** 以要做的工作为基础，由合同、联盟和网络组成。

传统职业观与新职业观最大的区别在于：前者认为组织应当为员工的职业生涯发展负责；后者认为员工应当为自己的职业生涯负责。在传统的职业观中，员工应当以组织利益为第一、以组织为家，组织要像父母一样照顾员工；而在新职业观中，组织与员工更像是合作者的关系，组织为员工的发展提供学习锻炼的机会，员工在不断学习新技术与知识的过程中，适应组织的发展需要，同时提升自我能力。新职业观是经济和技术快速发展的产物，日趋激烈的竞争要求企业有更灵活和快速的适应能力，所以组织更愿意采取一种期限更短、双方承诺更少的契约。这种具有竞争性与不确定性的契约，使员工更需要为个人的职业规划负责，以便能更好地掌控自身的发展。

三、未来职业的发展趋势

职业的产生与发展是人类文明的标志，但职业并不是人类社会一经形成就出现的，而是社会分工的结果。职业随社会需求而生，随社会变迁而变化。一些旧的职业会逐渐消亡，比如老一辈人所熟悉的卖货郎、抄写员等职业，如今几乎销声匿迹。在社会需求的推动下，种种新兴职业应运而生。为顺应这种发展趋势，人力资源和社会保障部自 2004 年 8 月建立了新职业信息发布制度，定期发布新职业的信息，并适时对新职业制定出国家职业标准。但是也仍然难以及时对当前社会新兴的职业和工作加以全面概括。

最近网络上流传着一篇文章,题目是《未来即将消失的职业,千万不要觉得这很遥远》。文章盘点了记者、银行柜员等九个职业,“未来可能濒临消失”。

【延伸阅读】

未来即将消失的职业,千万不要觉得这很遥远

1. 记者。也许有一天,90%的记者都会失业!这不是危言耸听,美国的Narrative Science公司,结合大数据和人工智能,利用软件开发的模板、框架和算法,瞬间撰写出上百万篇报道,《福布斯》杂志都已经成为他们的客户。除此之外,互联网的出现让纸媒生存空间不断被压缩。继《万象》、《环球财经》、《他生活》、《好运 MONEY+》宣布即将停刊,媒体大佬何力、刘洲伟最近也离开传统媒体。

2. 银行柜员。商业周刊中文网称,未来10年,中国大陆80%的现金使用会消失,人们逐渐开始选择网银或移动支付。未来20年,绝大多数中小银行如果不把前台业务外包,将难以生存——无论这个预言如何,传统金融业和科技行业正在进行一场生死时速。银行柜员要小心了。金融领域将发生一场彻底的互联网革命,这是谁也阻挡不了的趋势。

3. 司机。如今看到谷歌的无人驾驶汽车在硅谷101高速公路上穿梭,或是自己停靠到旧金山大街上,都已经不足为奇。而奥迪、丰田和奔驰等汽车厂商,都计划开发自己的无人驾驶汽车。因为汽车已经不需要人来驾驶,司机这一职业会消失。包括驾校老师、停车执法者等等职业也都随之消失。

4. 装配车间工人。全球最大代工企业富士康百万“机器人大军”计划公布后引起外界瞩目。专家称一线工人短期内被挤占不可避免,一批生产工人将下岗成为共识。目前富士康的机器人手臂还只是进行简单的操作,但是未来,随着机器人成本的下降和普及,装配车间的工作将不需要真人插手了。未来富士康不用再发愁劳工问题了。

5. 有线电视安装人员。借助一个电视盒子,就可以让每一台普通电视升级为智能云电视机,同时实现与家庭其他无线终端(手机、Pad、电脑)的交互。只要身处带宽足够的WIFI环境,就可以在电视上免费观看在线视频内容。有线电视这回事最终会消失,甚至电视台的构建都会被打乱。相关产业链上的人都要当心,有线电视安装人员只是一个小小的代表。

6. 加油站管理和工作人员。加油这回事可能会消失,因为石油在枯竭。

未来，新能源充电站也许会遍布。不过，充电站也会实现自动化，不需要人来服务。而且，连驾驶都已经实现无人化了，当然也不需要人来负责加油充电等动作了。

7. 经纪人、中介商。实际上中介商这一职业的悄然隐退已是正在发生的事情，信息高速公路的无限发达必将“夺去”别一群人的饭碗——经纪人。原因很简单，他们将不会比别的普通人知道得更多。已经有苗头出现了，譬如已经有越来越多的人选择在网上自选保险。未来人们可能会需要更多专业的规划师，而不是经纪人。

8. 职业模特儿。未来，没有谁再会为自己的个子矮而愁眉不展，高技术含量的增高手术能给一个人延长原身高。这个医学项目目前已经在进行了。还有便是新兴美容业的发展。“超微科技”的运用使整容业更趋完美，已经有人在研发用电脑“勘测丈量”脸部细节，度身制作完美五官“零件”，以求“一劳永逸、完整美丽”效果的新技术。从这个意义上讲，漂亮的脸蛋与高挑的身材人人都可以拥有，职业模特儿失去存在的意义，时装秀真正地从T型台走向每个人身边的大街。

9. 各种工业样品、小商品制造者。3D打印将颠覆制造业。商品将不再通过制造和物流的环节来到达用户的手中，用户将购买从杯子到房子等所有产品的设计，然后就地3D打印出来，这种方式最大的革新之处在于成本将比供应链产品便宜，而且有些东西不需要专门的人来制造了，你只需要有一个程序就行。所以，各种工业样品根本不需要专人制造了，打印出来看看对不对就可以了。

且不论具体“濒临消失”的职业是不是就有文中列举的九个职业，职业世界的变化会越来越快，却一定是我们必须面对的现实。总体上说，当代职业发展将出现以下几种趋势：

1. 职业的种类大量增加。

随着社会发展以及科技发展的加快，职业种类增加的速度也逐渐加快，当代新兴行业不断涌现，新的职业也大量出现。技术创新已成为经济发展的决定性因素，在发达国家，生产技术每年淘汰率高达20%，一项新技术平均寿命只有5年。因此，技术创新带来的职业变化速度在加快。

2. 职业活动的内容不断弃旧从新。

同样的职业,时代不同,其技术方法、工作手段有着天壤之别。职业演变提高了对从业者素质、技能的要求。

3. 第三产业职业数量增加。

随着科学技术水平的提高、产业结构的调整,第三产业在国民经济发展中所起的作用越来越大,如金融、商务、传播、物流、卫生、教育、旅游等。第三产业的就业人数不断增加,这是现代社会发展的大趋势。

4. 职业将向智能化、高科技化、专业化方向发展。

目前,得到世界各国公认并列入21世纪重点开发的领域有:信息技术、生物技术、航天技术、新材料技术、新能源技术和海洋技术等。在加快高新技术发展的政策的实施过程中,与此有关的职业将得到较快发展,职业的专业化和复合化程度也将越来越高。

5. 职业的流动性增强。

世界的不断发展不可避免地打破了"从一而终"的传统职业观念,职业流动的频率加快,范围越来越广,人们通过职业流动能更好地发挥出自己的专业才能。

知识拓展

一、21世纪中国社会的主导职业

我国的人事管理机构根据全国各类专业协会的有关统计资料,对我国未来的急需人才进行了分析和预测。结果认为,我国21世纪的主导职业包括会计、计算机、软件开发、环保、中医与保健医药、咨询服务、保险、法律、老年医学、服务、公关与服务、市场营销、生命科学、咨询与社会工作、旅游管理与服务、人力资源管理等16种职业。这16种职业的基本情况及相关专业如下:

1. 会计类职业。随着社会经济发展和财务管理规范化,社会上的各种企事业单位对会计的需求也大大提高,会计将成为一个热门专业,社会地位和收入较高。该行业的从业者应具有助理会计师、会计师和高级会计师等不同职称或专业资格认证,一般需要具有会计专业、财经专业、统计学专业等专业学历。

2. 计算机技术类。随着计算机技术的发展和广泛应用,计算机硬件与软件的开发、应用和维护成为社会各行业工作的重要组成部分。因此，各行业对计算机技术方面的专业人才的需求也越来越大，待遇也比较优厚。这些行业需要的专业人才包括计算机硬件工程师、程序员、网络管理员、系统维护专家及数据库管理人员等，这些专业人员一般需要获得计算机、信息技术、电子技术或相关专业的学历。

3. 计算机软件开发类。计算机技术的普及促进了计算机软件业的飞速发展，软件开发成为计算机行业的重要开发领域，软件设计专家成为热门人才。主要从事操作系统、开发工具、应用软件等计算机软件的开发工作，要求具有计算机软件专业或相关专业的学历或学位，并具有一定的软件开发经验。这项职业在未来相当长的时间里，将成为高技术和高待遇的职业。

4. 环境保护类。随着环境污染的加重和国家与公众环保意识的增强，社会对环境保护类专业的人才需求将呈直线上升趋势。环境保护具体包括环境监测、环境质量评价、环境治理(环境工程)和环境卫生等方面的工作，需要环境科学、地理学、生物学、环境化学、环境工程学等方面的专业人才。

5. 中医与健康医学类。改革开放以来，我国的人均收入和生活水平有了大幅度的提高，人们对自己的生活状态和健康状况也越来越关注，健康医学应运而生，医用保健品市场也越来越大，中医学和健康医学成为一个受大众关注的领域。由于西医对一些疑难病症的疗效不大，而中医在辨证治疗和整体治疗方面具有独到之处，而且与当今的生物制药领域有密切关系，因此，社会对中医师和健康医学人才的需求量将逐渐增加。通常这方面的从业者需要获得生物医学或中医学专业的学历。

6. 咨询服务类。当今社会是一个信息膨胀的社会，信息获取已经成为科学技术发展和商业运作的关键环节。社会分工的精细化和专门化促进了信息咨询和相关咨询行业的发展，并成为社会发展和进步的一个主导职业。目前社会上的咨询行业有企业咨询、心理咨询、信息咨询(包括各种信息服务咨询)、教育咨询等等。从事咨询业需要具有教育学、心理学、管理学、信息科学、经济学等方面的学历。

7. 保险类。社会经济结构的变化给人们的工作和生活增添了很多不确定的因素，这就需要有完善的社会保障体系。社会保障体系不断完善促进了保险业的发展。社会对保险业务员、管理人员、精算师和索赔估价员的需求不断提高，待遇也高于一般水平。一般从事保险业的人员需要具有保险专业、金融专业、经济类专业、管理类专业的学历。

8. 法律类。随着社会的发展和进步，法律法规不断健全和完善，国家颁布的各种法律、法规将越来越多、越来越详细，一般的老百姓对众多的法律条文不可能了解得很清楚，从事司法工作的政府机构（如法院、检察院）也需要高素质、高学历的法律人才。同时，为了更好地开展法律咨询以及处理各种刑事和民事案件，社会对律师的需求量将越来越大，律师行业将成为一个高智力、高社会地位和高收入的职业。从事律师职业需要具有法律或其他任何专业领域的学历或学位，并获得国家的律师资格证书。

9. 老年医学类。人口老龄化是全世界和我国面临的一个严峻现实，随之而来的就是老年人的医疗、社会保障、心理健康等一系列社会问题，如何解决这样一个庞大群体上述方面的需求成为一个重要的、亟待解决的问题。其中老年医疗和保健是最突出的一个问题，对此方面人才的社会需求也将大大提高。从业人员需有医学、老年医学、健康保健和护理等方面的专业背景。

10. 家庭护理和服务类。社会生活和工作节奏的加快使家庭成员的压力加大，照顾病人、老人和孩子成为年轻和中年父母的沉重负担，对家庭护理人员的需求量因此大大提高。相关的热门人才为幼儿教师和家庭服务人员，这类人员通常不需要很高的学历，但是，对于这个行业的管理者则需要具备社会服务、管理学等方面的学历。

11. 专业公关类。公关和企业形象设计对一个公司或企业的发展是至关重要的，公关行业因此成为极有发展前景的职业。该职业的从业者一般需要获得公共关系学、社会服务类专业、经济贸易类专业、管理类专业的学位，并具有相关的工作经验。

12. 市场营销类。市场营销对企业产品销售公关是非常重要的一个环节，在当今和未来社会发展中，产品的独立承销商和销售网络的建立将成为企业运作的主要形式。这些承销商和销售网络同时负责为公司进行广告宣传和相应的技术或销售服务。证券及金融业、通讯、医疗器械、计算机与网络设备、一般的商业机构（如商场）等以经营商品或某一产品的企业均需要市场营销方面的人才。从业人员一般需要具有市场营销学、管理学、经济类专业的学历。

13. 生物化学和生物技术类。生物化学和生物技术是近些年科学研究的一个热门领域，该领域在生物制药、保健品开发、治疗疑难病症的药品的研制、人工蛋白质的合成等方面有巨大的发展潜力。目前的新药主要是生物化学家与生物技术专家开发出来的。该领域的从业者一般需要具有生物化学、生物技术、生物医学、分子生物学等专业的学位。

14. 心理学类。我国已经将心理学列为21世纪重点发展的十几个学科之一。自1997年起，国家教育部在北京师范大学、浙江大学、华东师范大学等重点院校就建立了心理学理科基础研究人才培养基地。此后，国家在心理学领域的投入力度逐年加大，心理科学也逐渐成为一个受国家和社会关注的专业，在社会各行业中的需求量也不断提高。如从事市场研究、人力资源开发、心理咨询与心理治疗、学习障碍的矫正、教育、心理学研究、人机交互作用的研究等均需要大量的心理学人才。从事心理学方面的职业需要获得心理学专业或应用心理学专业的学位。

15. 旅游类。随着收入和生活质量的提高，人们对户外娱乐、休闲和旅游活动的投入，包括经济和时间上的逐渐增加，促使旅游业迅速发展。随之，对旅游代理公司的需求也将大幅度增加，同时将带动相关产业的迅速发展，如航空公司、出租车公司、客轮公司、商业、宾馆和餐饮业等。旅游业的发展将促进社会经济的全面发展，旅游业也将成为国家重点开发的产业之一。该职业的从业者一般需要具有旅游管理或管理学、地理学或相关专业的学历。

16. 人力资源类。未来社会的竞争是人才的竞争，谁拥有人才谁就将在激烈的竞争中拥有立足之地。在近几年的发展中，无论是政府机构还是企业，都建立了人事机构或人力资源部，其主要职能是招聘和培训员工，使人尽其才，最大限度地开发人力资源的潜力，创造最大的经济效益和社会效益。人力资源管理也因此备受企事业单位的重视，并成为政府机构和企业的重要职能机构。在未来社会发展中，对人力资源专家的需求将不断增大。从事这方面职业需要具有人力资源管理、心理学、管理学等方面的学历。

二、《审美资本主义》推荐序

品味意味着未来吗？

王杰

去年4月，第二届“中英马克思主义美学双边论坛”在著名的工业革命的发源地英国曼彻斯特举行，会议的主题是“马克思主义与人道主义”。当曼彻斯特大学的戴维·奥德尔森把会议的海报发给我时，我被它的核心形象强烈地吸引了:在海报中央是一个反戴鸭舌帽拉开弓步做奋力投掷状的青年人,但他的右手握着的既不是手榴弹也不是石块,而是一束美丽的鲜花!到英国开会时我才知道这个形象是当代英国艺术家Banksy的一幅作品。我很喜欢这个形象所传达出来的审美意味,我甚至认为,这个形象也可以看作是当代美学的一个象征:用美学的批判来思考和剖析消费社会!

丹尼尔·贝尔在他的《资本主义文化矛盾》一书中早就指出,审美动因是资本主义社会最基本的动因之一。在资本主义发展的很长一个历史阶段,经济的动因和审美的动因在社会中是互相矛盾的。《审美资本主义》告诉我们,大约在21世纪初,这种情况发生了重要的变化:审美的动因成为当代经济增长的动力!这个现象其实也是我们在日常社会中已经感受到的。大约是受浪漫主义美学影响太深的缘故,我们一直把审美和艺术看作抵抗经济中心主义和异化现象的基本依托。因此,在市场经济发展的过程中,特别在全球化的社会生活条件下美学的立场和理论基石变得混乱而模糊。在艺术和时尚相结合成为主要潮流的情况下,审美活动还有没有独立性和批判性?如果审美资本主义是资本主义社会高级阶段的特征,那么,审美活动怎样从经济因素的对立面转化为经济发展的动力的呢?这是法国时尚学院哲学教授奥利维耶·阿苏利在《审美资本主义》一书中主要讨论的问题。

审美的基础是"品味",这是想象性的和情感性的,是对物质性、机械性、现实压抑性以及现实异化的超越和否定。品味原本是工业化社会之前宫廷文化的一个重要特征。对于西方社会而言,在文艺复兴之前,品味是一种贵族性的文化能力,它指的是蔑视普遍被接受的观念和审美成规的能力。简单地说,它是世俗性的对立面。品味从本质上来说是一种"反常",努力避免平庸,其本身是不断变化的。值得特别重视的是,随着工业化和现代化的发展,"品味"与现代生活,特别是与经济生活的关系变得十分复杂而富有张力。如果只看到"品味"或者说"审美"与经济因素、与功利、与社会压抑的对抗性关系,忽视或看不到品味与工业化进程、与机械复制、与经济增长的动力存在着某种内在的联系,那么,我们不仅对很大一部分现代艺术无法理解,更不可能理解许多资本家和银行家对现代艺术的喜爱和"追捧"。本雅明在他的《发达资本主义的抒情诗人》和《机械复制时代的艺术作品》等著作中就讨论过"品味"或者"韵味"在工业化社会的这种复杂性现象。如果说本雅明的著作主要是从艺术和审美的角度讨论了"品味"和"韵味"的现代特征的话,那么,可以说奥利维耶·阿苏利的这本《审美资本主义》则着重论述了“品味”问题的经济价值和当代意义。

奥利维耶·阿苏利指出，资本主义的发展大体经历了三个阶段：早期是工业化时期，在上个世纪中叶进入后工业化时期；在后工业化时期，文化工业或者文化产业具有某种重要性；在上个世纪末至今，发展的主要趋势是审美资本主义，它的特征就是审美动因成为经济增长的主要动力。他指出：在资本主义的发展过程中，非必要的产品逐渐成为主要的消费品，“要明白资本主义的变革，则要明白一条重要的公设：消费诸如奢侈品、艺术品这样无实际用途、与需求无关的商品所带来的满足感，在理论上有着无限的发展空间”。审美资本主义的出现，一方面满足了人们在物质生活需要满足之后不断增长的情感需要和审美需要；另一方面，则为生产提供了进一步发展的动力，因为审美刺激消费，消费反过来刺激了生产。奥利维耶·阿苏利甚至认为，因为品味和审美是以想象为基础的，所以审美资本主义在理论上具有无限的前途。这一推论相当大胆，也十分有趣，我相信会引起许多中国读者的思考。

奥利维耶·阿苏利教授是从事品牌和消费文化研究的著名学者，他从不同于一般美学家和哲学家的角度论述了“审美资本主义”这样一种重要的社会现象。应该承认，这种现象已经成为我们生活的一部分，但是我们对这现象的了解却十分不够，特别是美学界和文化研究领域，因此，这本书的翻译出版就具有了十分重要的价值和意义。

在中国，关于品味和审美特殊性的认识和研究要早于西方。早在先秦时代，《乐记》就讨论了“味”与不同的音乐记忆之间的关系。在魏晋时期钟嵘写出《诗品》，用“品味”作为尺度来分析和评价诗和诗人。在唐代，司空图写过《二十四诗品》，将不同的诗人作了品味上和审美上的区分。虽然我们关于“品味”的研究和认识有一个漫长的历史，但是在中国，一直没有哲学家和经济学家从审美以及品味的角度，认识和讨论“品味”与社会生产、与社会消费，以及与社会发展的关系。值得特别注意的是，西方现代性的发展，或者说资本主义生产方式的发展，从一开始就是与品味、与审美、与欲望的表达密切相关。西方哲学家和经济学家们从一开始就十分关注审美（品味）与资本主义生产方式的复杂关系，努力寻找解决现代性困境的出路，从亚当·斯密到卢梭、马克思、本雅明，到丹尼尔·贝尔，到写《审美资本主义》的奥利维耶·阿苏利都是如此。相比较而言，中国现代美学家王国维和蔡元培一直到现在的许多美学研究者，对资本、经济、生产、消费、品牌、时尚这些概念一直进行顽强的抵抗和批判。现在看来，这种抵抗在学术策略上是存在着某种欠缺的！

审美资本主义是一种事实，在西方社会如此，在中国社会也是如此。我们只有正视它、认识它，才有可能思考它和批判它，不然都是空谈。在《审美资本主义》最后一节中作者写道：

在经历了守旧思想和反对工业化灾难的思想考验之后，任何审美解放的努力都会引起关于感受性的起源和力量的人类学问题。作为社会生活与文明进步的特征，审美表现绝不仅仅是引导人性从原始需求发展到审美欲望的精炼表达的进化过程的逻辑历史结果。审美诱惑力可能出现在任何社会的起源阶段，尤其它可能是这个社会繁荣昌盛的必要条件。……审美正常状态的意义、作用和价值取自这样一个事实：在常态之外存在着不符合常态所服务的需求的事物。品味是一种论战的能力。品味成为社会和经济常态的战场，品味并未以一种毫无危险的附带的方式涉足愉悦消遣的领域，它甚至触及了创造社会的可能性。审美资本主义说明了一种经济的变革，这种经济在本质上不是有用的商品流通和购得的问题，而是一个服从审美判断的吸引力和排斥力的审美空间。

在我们常常为“时尚”而困惑的现实中，在全球化的时代，在我们积极创建一种不同于“工业文明”的“生态文明”的社会生活中，我们是不是应该认真思考一下品味问题，思考审美判断的意义呢？我以为，研究和思考审美资本主义这个事实，不仅是有趣的，让我们学会更愉悦地生活，而且也是必要的，它可以让我们去触摸并且思考未来。

【(法)奥利维耶·阿苏利：《审美资本主义：品味的工业化》，黄琰译，华东师范大学出版社 2013 版】

拓展练习

一、霍兰德职业倾向测验量表与职业索引

霍兰德职业倾向测验量表将帮助您发现并确定自己的职业兴趣和能力特长，从而为我们作出求职择业或专业选择决策提供帮助。

本测验共七个部分，每部分测验都没有时间限制，但请您尽快按要求完成。

第一部分　您心目中的理想职业(略)

第二部分　您所感兴趣的活动

下面列举了若干种活动，请就这些活动判断你的好恶。喜欢的，计 1 分，不喜欢的不计分。

R:实际型活动	A:艺术型活动
1. 装配修理电器或玩具 2. 修理自行车 3. 用木头做东西 4. 开汽车或摩托车 5. 用机器做东西 6. 参加木工技术学习班 7. 参加制图描图学习班 8. 驾驶卡车或拖拉机 9. 参加机械和电气学习班 10. 装配修理机器	1. 素描/制图或绘画 2. 参加话剧/戏剧 3. 设计家具/布置室内 4. 练习乐器/参加乐队 5. 欣赏音乐或戏剧 6. 看小说/读剧本 7. 从事摄影创作 8. 写诗或吟诗 9. 进艺术(美术/音乐)培训班 10. 练习书法
I:研究型活动	S:社会型活动
1. 读科技图书或杂志 2. 在实验室工作 3. 改良水果品种，培育新的水果 4. 调查了解土和金属等物质的成分 5. 研究自己选择的特殊问题 6. 解算术或数学游戏 7. 物理课 8. 化学课 9. 几何课 10. 生物课	1. 参加单位组织的正式活动 2. 参加某个社会团体或俱乐部活动 3. 帮助别人解决困难 4. 照顾儿童 5. 出席晚会、联欢会、茶话会 6. 和大家一起出去郊游 7. 想获得关于心理方面的知识 8. 参加讲座会或辩论会 9. 观看或参加体育比赛和运动会 10. 结交新朋友
E:企业型活动	C:常规型活动
1. 鼓动他人 2. 卖东西 3. 谈论政治 4. 制订计划、参加会议 5. 以自己的意志影响别人的行为 6. 在社会团体中担任职务 7. 检查与评价别人的工作 8. 结交名流 9. 指导有某种目标的团体 10. 参与政治活动	1. 整理好桌面与房间 2. 抄写文件和信件 3. 为领导写报告或公务信函 4. 检查个人收支情况 5. 打字培训班 6. 参加算盘、文秘等实务培训 7. 参加商业会计培训班 8. 参加情报处理培训班 9. 整理信件、报告、记录等 10. 写商业贸易信

第三部分　您所擅长获胜的活动

下面列举若干种活动，请选择你能做或大概能做的事，有一项计 1 分，不能做的事情不选，不计分。

R:实际型活动		A:艺术型能力	
1.	能使用电锯、电钻和锉刀等木工工具	1.	能演奏乐器
2.	知道万用电表的使用方法	2.	能参加二部或四部合唱
3.	能够修理自行车或其他机械	3.	独唱或独奏
4.	能够使用电钻订、磨床或缝纫机	4.	扮演剧中角色
5.	能给家具和木制品刷漆	5.	能创作简单的乐曲
6.	能看建筑设计图	6.	会跳舞
7.	能够修理简单的电气用品	7.	能绘画、素描或书法
8.	能修理家具	8.	能雕刻、剪纸或泥塑
9.	能修理收录机	9.	能设计板报、服装或家具
10.	能简单地修理水管	10.	写一手好文章
I:研究型能力		**S:社会型能力**	
1.	懂得真空管或晶体管的作用	1.	有向各种人说明解释的能力
2.	能够列举三种蛋白质多的食品	2.	常参加社会福利活动
3.	理解铀的裂变	3.	能和大家一起友好相处地工作
4.	能用计算尺、计算器、对数表	4.	善于与年长者相处
5.	会使用显微镜	5.	会邀请人、招待人
6.	能找到三个星座	6.	能简单易懂地教育儿童
7.	能独立进行调查研究	7.	能安排会议等活动顺序
8.	能解释简单的化学	8.	善于体察人心和帮助他人
9.	能理解人造卫星为什么不落地	9.	帮助护理病人和伤员
10.	经常参加学术会议	10.	安排社团组织的各种事务
E:企业型能力		**C:常规型能力**	
1.	担任过学生干部并且干得不错	1.	会熟练地打印中文
2.	工作上能指导和监督他人	2.	会用外文打字机或复印机
3.	做事充满活力和热情	3.	能快速记笔记和抄写文章
4.	有效利用自身的做法调动他人	4.	善于整理保管文件和资料
5.	销售能力强	5.	善于从事事务性的工作
6.	曾作为俱乐部或社团的负责人	6.	会用算盘
7.	向领导提出建议或反映意见	7.	能在短时间内分类和处理大量文件
8.	有开创事业的能力	8.	能使用计算机
9.	知道怎样做能成为一个优秀的领导者	9.	能搜集数据
10.	健谈善辩	10.	善于为自己或集体做财务预算表

第四部分　你所喜欢的职业

下面列举了多种职业，请认真地看，请选择你有兴趣的工作，有一项计 1 分，不太喜欢或不关心的工作不选，不计分。

R:实际型职业	S:社会型职业
1. 飞机机械师 2. 野生动物专家 3. 汽车维修工 4. 木匠 5. 测量工程师 6. 无线电报务员 7. 园艺师 8. 长途公共汽车司机 9. 电工 10. 火车司机	1. 街道、工会或妇联干部 2. 小学、中学教师 3. 精神病医生 4. 婚姻介绍所工作人员 5. 体育教练 6. 福利机构负责人 7. 心理咨询员 8. 共青团干部 9. 导游 10. 国家机关工作人员
I:研究型职业	**E:企业型职业**
1. 气象学或天文学者 2. 生物学者 3. 医学实验室的技术人员 4. 人类学者 5. 动物学者 6. 化学者 7. 教学者 8. 科学杂志的编辑或作家 9. 地质学者 10. 物理学者	1. 厂长 2. 电视片编制人 3. 公司经理 4. 销售员 5. 不动产推销员 6. 广告部长 7. 体育活动主办者 8. 销售部长 9. 个体工商业者 10. 企业管理咨询人员
A:艺术型职业	**C:常规型职业**
1. 乐队指挥 2. 演奏家 3. 作家 4. 摄影家 5. 记者 6. 画家、书法家 7. 歌唱家 8. 作曲家 9. 电影电视演员 10. 电视节目主持人	1. 会计师 2. 银行出纳员 3. 税收管理员 4. 计算机操作员 5. 簿记人员 6. 成本核算员 7. 文书档案管理员 8. 打字员 9. 法庭书记员 10. 人员普查登记员

第五部分 您的能力类型简评

下面两张表是您在 6 个职业能力方面的自我评定表。您可先与同龄人比较出自己在每一方面的能力，然后斟酌后对自己的能力作评估。请在表中适当的数字上画圈，数值越大表明您的能力越强。

注意，请勿画同样的数字，因为人的每项能力不会完全一样的。

表 A

R 型	I 型	A 型	S 型	E 型	C 型
机械操作能力	科学研究能力	艺术创作能力	解释表达能力	商业洽谈能力	事务执行能力
7	7	7	7	7	7
6	6	6	6	6	6
5	5	5	5	5	5
4	4	4	4	4	4
3	3	3	3	3	3
2	2	2	2	2	2
1	1	1	1	1	1

表 B

R 型	I 型	A 型	S 型	E 型	C 型
体育技能	数学技能	音乐技能	交际技能	领导技能	办公技能
7	7	7	7	7	7
6	6	6	6	6	6
5	5	5	5	5	5
4	4	4	4	4	4
3	3	3	3	3	3
2	2	2	2	2	2
1	1	1	1	1	1

第六部分　汇总统计

测试内容		R型 实际型	I型 研究型	A型 艺术型	S型 社会型	E型 企业型	C型 常规型
第二部分	兴趣						
第三部分	擅长						
第四部分	喜欢						
第五部分A	能力						
第五部分B	技能						
总　分							

第七部分　您所看重的东西——职业价值观(略)

现在,将你测验得分居第1位的职业兴趣类型找出来,对照下表,就可以判断一下自己适合的职业类型。

R(实际型):木匠、农民、操作X光的技师、工程师、飞机机械师、鱼类和野生动物专家、自动化技师、机械工(车工、钳工等)、电工、无线电报务员、火车司机、长途公共汽车司机、机械制图员、修理机器、电器师。

I(研究型):气象学者、生物学者、天文学家、药剂师、动物学者、化学家、科学报刊编辑、地质学者、植物学者、物理学者、数学家、实验员、科研人员、科技作者。

A(艺术型):室内装饰专家、图书管理专家、摄影师、音乐教师、作家、演员、记者、诗人、作曲家、编剧、雕刻家、漫画家。

S(社会型):社会学者、导游、福利机构工作者、咨询人员、社会工作者、社会科学教师、学校领导、精神病工作者、公共保健护士。

E(企业型):推销员、进货员、商品批发员、旅馆经理、饭店经理、广告宣传员、调度员、律师、政治家、零售商。

C(常规型):记账员、会计、银行出纳、法庭速记员、成本估算员、税务员、核算员、打字员、办公室职员、统计员、计算机操作员、秘书。

实际上,个体本身往往是多种兴趣类型的综合体,单一类型显著突出的情况不多,因此评价个体的兴趣类型也时常以其在六大类型中得分居前三位的类型组合而成,组合时根据分数高低依次排列字母,构成其3个代号的兴趣组型。下面介绍与你3个代号的职业兴趣组型一致的职业表，对照的方法如下：

首先根据你的职业兴趣代号，在下表中找出相应的职业，例如你的职业兴趣代号是RIA，那么牙科技术人员、陶工等是适合你兴趣的职业。然后寻找与你职业兴趣代号相近的职业，如你的职业兴趣代号是RIA，那么，其他由这三个字母组合成的编号（如IRA、IAR、ARI等）对应的职业，也较适合你的兴趣。

RIA：牙科技术员、陶工、建筑设计员、模型工、细木工、制作链条人员。

RIS：厨师、林务员、跳水员、潜水员、染色员、电器修理、眼镜制作、电工、纺织机器装配工、服务员、装玻璃工人、发电厂工人、焊接工。

RIE：建筑和桥梁工程、环境工程、航空工程、公路工程、电力工程、信号工程、电话工程、一般机械工程、自动工程、矿业工程、海洋工程、交通工程技术人员、制图员、家政经济人员、计量员、农民、农场工人、农业机械操作、清洁工、无线电修理、汽车修理、手表修理、管工、线路装配工、工具仓库管理员。

RIC：船上工作人员、接待员、杂志保管员、牙医助手、制帽工、磨坊工、石匠、机器制造、机车（火车头）制造、农业机器装配、汽车装配工、缝纫机装配工、钟表装配和检验、电动器具装配、鞋匠、锁匠、货物检验员、电梯机修工、托儿所所长、钢琴调音员、装配工、印刷工、建筑钢铁工作、卡车司机。

RAI：手工雕刻、玻璃雕刻、制作模型人员、家具木工、制作皮革品、手工绣花、手工钩针纺织、排字工作、印刷工作、图画雕刻、装订工。

RSE：消防员、交通巡警、警察、门卫、理发师、房间清洁工、屠夫、锻工、开凿工人、管道安装工、出租汽车驾驶员、货物搬运工、送报员、勘探员、娱乐场所的服务员、起卸机操作工、灭害虫者、电梯操作工、厨房助手。

RSI：纺织工、编织工、农业学校教师、某些职业课程教师（诸如艺术、商业、技术、工艺课程）、雨衣上胶工。

REC：抄水表员、保姆、实验室动物饲养员、动物管理员。

REI：轮船船长、航海领航员、大副、试管实验员。

RES：旅馆服务员、家畜饲养员、渔民、渔网修补工、水手长、收割机操作工、搬运行李工人、公园服务员、救生员、登山导游、火车工程技术员、建筑工作、铺轨工人。

RCI：测量员、勘测员、仪表操作者、农业工程技术、化学工程技师、民用工程技师、石油工程技师、资料室管理员、探矿工、煅烧工、烧窑工、矿工、保养工、磨床工、取样工、样品检验员、纺纱工、炮手、漂洗工、电焊工、锯木工、刨床工、制帽工、手工缝纫工、油漆工、染色工、按摩工、木匠、农民建筑工作、电影放映员、勘测员助手。

RCS:公共汽车驾驶员、一等水手、游泳池服务员、裁缝、建筑工作、石匠、烟囱修建工、混凝土工、电话修理工、爆炸手、邮递员、矿工、裱糊工人、纺纱工。

RCE:打井工、吊车驾驶员、农场工人、邮件分类员、铲车司机、拖拉机司机。

IAS:普通经济学家、农场经济学家、财政经济学家、国际贸易经济学家、实验心理学家、工程心理学家、心理学家、哲学家、内科医生、数学家。

IAR:人类学家、天文学家、化学家、物理学家、医学病理、动物标本剥制者、化石修复者、艺术品管理者。

ISE:营养学家、饮食顾问、火灾检查员、邮政服务检查员。

ISC:侦察员、电视播音室修理员、电视修理服务员、验尸室人员、编目录者、医学实验室技师、调查研究者。

ISR:水生生物学者,昆虫学者、微生物学家、配镜师、矫正视力者、细菌学家、牙科医生、骨科医生。

ISA:实验心理学家、普通心理学家、发展心理学家、教育心理学家、社会心理学家、临床心理学家、目标学家、皮肤病学家、精神病学家、妇产科医师、眼科医生、五官科医生、医学实验室技术专家、民航医务人员、护士。

IES:细菌学家、生理学家、化学专家、地质专家、地理物理学专家、纺织技术专家、医院药剂师、工业药剂师、药房营业员。

IEC:档案保管员、保险统计员。

ICR:质量检验技术员、地质学技师、工程师、法官、图书馆技术辅导员、计算机操作员、医院听诊员、家禽检查员。

IRA:地理学家、地质学家、声学物理学家、矿物学家、古生物学家、石油学家、地震学家、声学物理学家、原子和分子物理学家、电学和磁学物理学家、气象学家、设计审核员、人口统计学家、数学统计学家、外科医生、城市规划家、气象员。

IRS:流体物理学家、物理海洋学家、等离子体物理学家、农业科学家、动物学家、食品科学家、园艺学家、植物学家、细菌学家、解剖学家、动物病理学家、作物病理学家、药物学家、生物化学家、生物物理学家、细胞生物学家、临床化学家、遗传学家、分子生物学家、质量控制工程师、地理学家、兽医、放射性治疗技师。

IRE:化验员、化学工程师、纺织工程师、食品技师、渔业技术专家、材料和测试工程师、电气工程师、土木工程师、航空工程师、行政官员、冶金专家、原子核工程师、陶瓷工程师、地质工程师、电力工程师、口腔科医生、牙科医生。

IRC:飞机领航员、飞行员、物理实验室技师、文献检查员、农业技术专家、动植物技术专家、生物技师、油管检查员、工商业规划者、矿藏安全检查员、纺织品检验员、照相机修理者、工程技术员、编计算程序者、工具设计者、仪器维修工。

CRI:簿记员、会计、记时员、铸造机操作工、打字员、按键操作工、复印机操作工。

CRS:仓库保管员、档案管理员、缝纫工、讲述员、收款人。

CRE:标价员、实验室工作者、广告管理员、自动打字机操作员、电动机装配工、缝纫机操作工。

CIS:记账员、顾客服务员、报刊发行员、土地测量员、保险公司职员、会计师、估价员、邮政检查员、外贸检查员。

CIE:打字员、统计员、支票记录员、订货员、校对员、办公室工作人员。

CIR:校对员、工程职员、海底电报员、检修计划员。

CSE:接待员、通讯员、电话接线员、卖票员、旅馆服务员、私人职员、商学教师、旅游办事员。

CSR:运货代理商、铁路职员、交通检查员、办公室通信员、簿记员、出纳员、银行财务职员。

CSA:秘书、图书管理员、办公室办事员。

CER:邮递员、数据处理员、办公室办事员。

CEI:推销员、经济分析家。

CES:银行会计、记账员、法人秘书、速记员、法院报告人。

ECI:银行行长、审计员、信用管理员、地产管理员、商业管理员。

ECS:信用办事员、保险人员、各类进货员、海关服务经理、售货员,购买员、会计。

ERI:建筑物管理员、工业工程师、农场管理员、护士长、农业经营管理人员。

ERS:仓库管理员、房屋管理员、货栈监督管理员。

ERC:邮政局长、渔船船长、机械操作领班、木工领班、瓦工领班、驾驶员领班。

EIR:科学、技术和有关周期出版物的管理员。

EIC:专利代理人、鉴定人、运输服务检查员、安全检查员、废品收购人员。

EIS:警官、侦察员、交通检验员、安全咨询员、合同管理者、商人。

EAS:法官、律师、公证人。

EAR:展览室管理员、舞台管理员、播音员、驯兽员。

ESC:理发师、裁判员、政府行政管理员、财政管理员、工程管理员、职业病防治、售货员、商业经理、办公室主任、人事负责人、调度员。

ESR:家具售货员、书店售货员、公共汽车驾驶员、日用品售货员、护士长、自然科学和工程的行政领导。

ESI:博物馆管理员、图书馆管理员、古迹管理员、饮食业经理、地区安全服务管理员、技术服务咨询者、超级市场管理员、零售商店店员、批发商、出租汽车服务站调度。

ESA:博物馆馆长、报刊管理员、音乐器材售货员、广告商售画营业员、导游、(轮船或班机上的)事务长、飞机上的服务员、船员、法官、律师。

ASE:戏剧导演、舞蹈教师、广告撰稿人、报刊、专栏作者、记者、演员、英语翻译。

ASI:音乐教师、乐器教师、美术教师、管弦乐指挥,合唱队指挥、歌星、演奏家、哲学家、作家、广告经理、时装模特。

AER:新闻摄影师、电视摄影师、艺术指导、录音指导、丑角演员、魔术师、木偶戏演员、骑士、跳水员。

AEI:音乐指挥、舞台指导、电影导演。

AES:流行歌手、舞蹈演员、电影导演、广播节目主持人、舞蹈教师、口技表演者、喜剧演员、模特。

AIS:画家、剧作家、编辑、评论家、时装艺术大师、新闻摄影师、男演员、文学作者。

AIE:花匠、皮衣设计师、工业产品设计师、剪影艺术家、复制雕刻品大师。

AIR:建筑师、画家、摄影师、绘图员、环境美化工、雕刻家、包装设计师、陶器设计师、绣花工、漫画工。

SEC:社会活动家、退伍军人服务官员、工商会事务代表、教育咨询者、宿舍管理员、旅馆经理、饮食服务管理员。

SER：体育教练、游泳指导。

SEI：大学校长、学院院长、医院行政管理员、历史学家、家政经济学家、职业学校教师、资料员。

SEA：娱乐活动管理员、国外服务办事员、社会服务助理、一般咨询者、宗教教育工作者。

SCE：部长助理、福利机构职员、生产协调人、环境卫生管理人员、戏院经理、餐馆经理、售票员。

SRI：外科医师助手、医院服务员。

SRE：体育教师、职业病治疗者、体育教练、专业运动员、房管员、儿童家庭教师、警察、引座员、传达员、保姆。

SRC：护理员、护理助理、医院勤杂工、理发师、学校儿童服务人员。

SIA：社会学家、心理咨询者、学校心理学家、政治科学家、大学或学院的系主任、大学或学院的教育学教师、大学农业教师、大学工程和建筑课程的教师、大学法律教师、大学数学、医学、物理、社会科学和生命科学的教师、研究生助教、成人教育教师。

SIE：营养学家、饮食学家、海关检查员、安全检查员、税务稽查员、校长。

SIC：描图员、兽医助手、诊所助理、体检检查员、监督缓刑犯的工作者、娱乐指导者、咨询人员、社会科学教师。

SIR：理疗员、救护队工作人员、手足病医生、职业病治疗助手。

二、画出我的家族职业树

找一张大白纸，在上面填入你的家族成员或亲戚的信息（称呼—姓名—

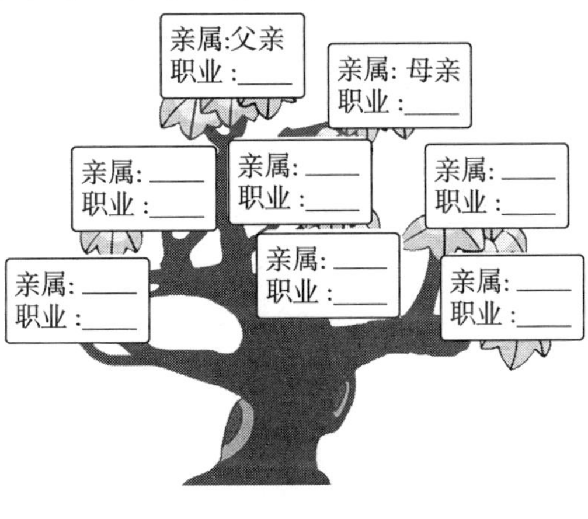

职业)，三代以内即可。

1. 我家族中最多人从事的职业是：______________________________

   我想要从事这种职业吗？为什么？__________________________

2. 爸爸如何形容他以往和目前的职业？爸爸平时会提到哪些职业？他怎么说的？____

   爸爸的想法对我的影响是：____________________________________

3. 妈妈如何形容她以往和目前的职业？妈妈平时会提到哪些职业？她怎么说的？____

   妈妈的想法对我的影响是：____________________________________

4. 家族中还有谁对职业的想法对我影响深刻？他们怎么说？_________

5. 家族中对彼此职业感到满意或羡慕的是什么？例如："堂哥在医院当医生，不仅收入高，社会地位又高"____________________________

   家族彼此羡慕的职业是：______________________________________

   对他们的想法我觉得：_______________________________________

6. 我觉得家人对我未来选择职业的影响是：________________________

7. 家人对各职业的评价往往表现了他们的好恶，例如："千万不要当艺术家，可能连三餐都吃不饱"；"当医生好，不仅收入高，社会地位又高"等，我的家人最常提到有关职业的事是：________________________

   对我的影响是：____

8. 哪些职业是我绝不考虑的：_____________________________________

9. 哪些职业是我在考虑的：_______________________________________

10. 选择职业时，我还考虑哪些条件：________________________________

第五章

大学生职业生涯决策

决定命运的，不是你面临的机会，而是你做出的选择。

——舒仪

选择职业是人生大事，因为职业决定了一个人的未来……选择职业，就是选择将来的自己。

——罗素

一个选择，决定一条通路；一个通路，决定一方土地；一方土地，开始一种生活；一种生活，形成一个命运。

——毕淑敏

一个美国小伙子立志做一名优秀的商人。中学毕业后考入麻省理工学院，他没有去读贸易专业，而是选择了工科中最普通最基础的专业——机械专业。大学毕业后，这个小伙子没有马上投入商海，而是考入芝加哥大学，攻读为期三年的经济学硕士学位。最出人意料的是，获得硕士学位后，他还是没有从事商业活动，而是考了公务员。在政府部门工作了五年后，他辞职下海经商。又过了两年，他开办了自己的商贸公司。20 年后，他的公司资产从最初的 20 万美元发展到 2 亿美元。这个小伙子就是美国知名企业家比尔·拉福。

在接受《中国青年报》记者采访时，他谈到他的成功应感激他的父亲的指导，他们共同制定了一个重要的生涯规划，在人生发展的几个关键点上，都做出了正确的选择，正是这些重要的决策，最终使他功成名就。

比尔·拉福的职业生涯发展路径是从工科学习开始的，最终达成了做一名优秀商人的职业目标。工科学习→工学学士→经济学学习→经济学硕士→政府部门工作→锻炼处世能力，建立广泛的人际关系→大公司工作→熟悉商务环境→开公司→事业成功。在中学时代，比尔·拉福就立志经商。他的父亲是洛克菲勒集团的一名高级职员，他发现儿子有商业天赋，机敏果断，敢于创新，但经历的磨难太少，没有经验，更缺乏必要的知识。于是，父子俩进行了一次长谈，并描绘出职业生涯的蓝图。因此升学时他没有像其他人一样直接去读贸易专业，而是选择了工科中最基础最普通的机械制造专业。做商贸必须具备一定的专业知识。在商品贸易中，工业品占绝大多数，不了解产品的性能、生产制造情况，就很难保证在贸易中得到收益。工科学习不仅能培养知识技能，而且能帮助建立一套严谨求实的思维体系。清楚的推理分析能力，脚踏实地的工作态度，正是经商所需要的。比尔·拉福在麻省理工学院的四年，除了本专业，还广泛接触了其他课程，如化工、建筑、电子等，这些知识在他后来的商业活动中发挥了举足轻重的作用。大学毕业后，比尔·拉福没有立即进入商海，而是考进芝加哥大学，开始了为期三年的经济学硕士课程。比尔·拉福掌握了经济学的基本知识，搞清了影响商业活动的众多因素，还认真学习了有关法律和微观经济活动的管理知识。几年下来，他对会计、财务管理也较为精通，在知识上已完全具备了经商的素质。但是，比尔·拉福拿到经济学硕士学位后考取了公务员，在政府部门工作了五年。经商必须有很强的人际交往能力，要想在商业上获得成功，必须深谙处世规则，善于与人交往，建立诚信合作关系。这种开拓人际关系的能力只有在社会工作中才能得到提高。在环境的压迫下，比尔·拉福养成了强烈的自我保护意识，由稚嫩的热血青年成长为一名老成、处事不惊的公务员，并结识了各界人士，建立起关系网络，为后来的发展提供大量的信息和便利条件。五年的政府工作结束之后，比尔·拉福完全具备了成功商人所需的各种素质，于是辞职下海，去了通用公司。在国际著名的通用公司进行锻炼，比尔·拉福不仅为实践所学的理论找到了一个强大平台，而且学习到了丰富的管理经验，完成了原始的资本积累。这也是大学生创业应该借鉴的地方，除了激情还应该考虑到更多的现实问题。两年后，他已熟练掌握了商情与商务技巧，便婉言谢绝了通用公司的高薪挽留，开办了拉福商贸公司，开始了梦寐以求的商人生涯，实现多年前的计划。拉福公司的成长速度出奇的快，二十年后，拉福公司的资产从最初的 20 万美元发展为 2 亿美元，而比尔·拉福本人也成为一个奇迹。

【没有坚定目标的职业发展，一定只能是空中楼阁。比尔·拉福的职业生涯设计和抉择脉络清晰，步骤合理，充分考虑了个人兴趣、个人素质，并着重职业技能的培养，这种生涯设计和抉择在他坚持不懈的努力下，终于变为现实。也许他的这套生涯发展方案并不完全适合我们，却带给我们一个重要的启迪，只要你有信心、恒心加上科学的规划，只要你有坚定的目标加上正确的选择，案例的主角也许就是努力的你。】

第一节　职业生涯的决策

决策和判断，是人类最有趣也是最复杂的活动，这样的活动无处不在，无时不在。小到早上几点起床、晚餐吃什么，大到从事什么职业、寻找什么样的配偶等。存在主义大师萨特(Jean-Paul Sartre)曾说过“我们的决定，决定了我们”，这与美国职业生涯理论家米勒·泰德曼(Anne Milletr-Tiedeman)的“一个人是其所有决定的综合”不谋而合，我们做出决定，也承担着自己的决定带来的荣辱苦乐。

虽说人生是一连串选择和决策的过程，但真正对我们人生可以产生深远影响的重大决定总是那么几个，而职业生涯决策无疑是重大决策中的一个。因此，民间俗语中有“男怕入错行，女怕嫁错郎”的说法，而心理学家哈克特(Hackett)的表述更加直白，“几乎不存在什么决策比选择一个职业或工作对人们的生活具有更重大而深刻的影响”。

一、职业生涯决策及其特征

在当今社会，人们对职业所代表的社会价值有着高度的认同，职业不仅是个人谋生的手段，也是个人实现自我价值的途径。职业影响甚至决定了个人的生活方式、人际交往、所从事的主要活动，进而决定了个人的生活质量。特别是在信息一体化、经济全球化的今天，人才可以自由流动，人们在选择职业时也有了更多的自主权，越来越多的个体在其一生中会转换一次甚至多次工作。可以说，职业生涯决策是贯穿个人一生的连续过程。

那么究竟什么是职业生涯决策？职业生涯决策有哪些特征？人们是如何做出职业生涯决策的？

职业生涯决策，其最直接的定义，就是指人们对职业目标和职业发展路径的一种选择或抉择。有人形象地说，职业生涯决策就是人们在人生岔路口上选择一条通往目的地的道路。这是从抉择、决定、拍板定案角度对“职业生涯决策”概念的传统认识。这种认识应该说是狭义的，尽管它抓住了决策的最直接、最本质的含义，即需要作出选择，而不能模棱两可。但广义地说，决策者对职业的确定并不是在某一瞬间作出明确、果断的决定，而是要经过提出问题、搜集资料、确定目标、拟订方案、分析评价、最后作出选择决定等一系列活动的环节。而在方案选择确定之后，还要检查、评估和监督它的执行情况，以便发现偏差，及时加以纠正。因此，职业生涯决策是指一个全过程，而不仅仅是最终选定某个方案的那一步骤。职业生涯决策远比抉择、决定的范围广泛。如此将其概念从“狭义”拓宽至“广义”，有利于决策者全面地改进和提高决策的质量。换句话说，职业生涯决策的质量高低、有效性如何，取决于决策全过程中每一步骤的质量，而不只是做出决定步骤的质量。

乔普森(Tepson D.)等人特别强调职业决策在个人职业成熟与发展整个

过程中的重要作用，认为职业发展过程就是职业决策或解决问题的过程。他们认为，由于职业生涯决策过程涉及决策者复杂的内部过程，在以往的经济学决策论中的效用价值标准虽然可以作为主要依据，但不足以对职业生涯决策过程作出完整的解释。个人的职业决策不等同于经济活动的决策，个人对职业的价值期望，如经济收入、兴趣偏好、发展自我、社会地位等，这与经济决策中的效用是不同的；另外，决策者个人的价值态度、经验、认知方式等都是影响决策行为的重要因素。只有深入研究这些因素，才能阐明和认识职业生涯决策过程。

乔普森等认为，职业决策行为是个人以有意识的态度、行为、思考来选择学校或职业并符合社会期望的一种反应。该行为的发生涉及决策者、决策的情境(社会期望)及有关决策者个人内在与外在的资源三方面，而决策的过程还常常具有以下特征：

(1) 每一种决策情境都有两种以上的选择可能，决策者必须选择其一。

(2) 每一种可能都带有若干后果，后果包括两方面：未来的可能性以及对决策者的价值。

(3) 每一次决策经常在不确定的情况下进行，因此都带有冒险性，但是否愿意冒险又与个人的心理特征有关。

二、职业生涯决策的类型

人们在进行职业生涯决策时会面临不同的情景，主要表现为在了解自身和职业的程度上有所不同，所追求的职业价值观存在差异，以及需要选择的职业目标的多寡不同等几个方面。下面将按照这些维度对职业生涯决策进行分类，并逐一作介绍。

1. 按照决策者对自己和职业的了解程度，可以将决策者分为四种类型，即犹豫型、直觉型、顺从型和逻辑型(详见下表)。

职业决策类型分析表

<table>
<tr><td colspan="2" rowspan="2"></td><td colspan="2">职业自我</td></tr>
<tr><td>未知</td><td>知</td></tr>
<tr><td rowspan="2">职业世界</td><td>未知</td><td>犹豫型</td><td>直觉型</td></tr>
<tr><td>知</td><td>顺从型</td><td>逻辑型</td></tr>
</table>

(1) 犹豫型是对自己不了解，对职业也不清楚，因此在进行职业决策时，会觉得什么都好又什么都不理想。

(2) 直觉型对职业自我认识比较清楚，但对职业环境比较陌生，仅仅依靠对自己的了解做出决定，有如盲人摸象。

(3) 顺从型对自己的特点不是十分了解，尽管对职业世界比较了解，但容易受到亲朋好友的影响，风吹草动，毫无主见。

(4) 逻辑型对自己的特征一清二楚，对职业世界的情况也洞若观火，因此能够按照程序分析各种利弊得失，做出最恰当的决定。

对自我和职业的了解是我们进行决策的前提，国内著名学者罗双平认为，职业生涯决策的过程就是决策者在“知己”、“知彼”的基础上进行的一种抉择，“知己”就是自我认知，“知彼”就是掌握相关职业信息。因此，四种类型中逻辑型是最为理想的类型，但在现实生活中，由于受制于诸多因素的影响，大学生在职业选择时往往会遭遇各种困境，“知己”、“知彼”都不是十分容易的事情。

2. 按照在决策时所追求的职业价值观差异，可以将职业决策分为四种类型，即期望型、安全型、逃避型和综合型。

(1) 期望型是选择自己最希望得到的要素，将自己最看重的要素放在首要位置。比如自己看重权力、领导他人，就将此作为决策的主要依据。至于是否稳定、是否有成就、自主性强不强等，则较少考虑。

(2) 安全型是注重选择安全、保障、比较容易成功的、不容易被辞退的职业。比如教师、公务员等。至于薪酬待遇的高低，考虑相对较少。

(3) 逃避型是指不明确自己最喜欢的，但否定自己最不喜欢的要素，尽管这样逃避了一些风险，但并非意味着就避免了风险，因为有些没有被否定的职业，相互之间的差异也比较大。

(4) 综合型的决策者，会考虑多个方面的要素，而不只是突出其中的某个要素，如价值观或能力、性格等。

上述四种类型的决策所面临的风险因素是不同的，相对来说，期望型持有一种“不入虎穴，焉得虎子”的敢冒风险的态度，而安全型和逃避型则采取“君子不立于危墙之下”的避免风险的做法，虽然综合型能够考虑到方方面面，但由于决策过程的影响因素很多，考虑越周全，决策的难度也越大。

3. 按照职业决策过程中所选定的决策目标的多寡不同，可以分为单目标决策和多目标决策。

（1）单目标决策，顾名思义，就是指决策者针对单一目标职业进行选择的情境。这种类型的职业决策相对比较简单，只需在“选”与“不选”两者上做出判断即可。

（2）多目标决策，是一种同时要对两个或多个不同的目标职业作出选择的情境。相对来说，多目标选择较为困难。决策者需要综合各种因素，如职业的薪酬待遇、工作环境、工作压力、晋升空间、家庭意见等，通过权衡得失，做出选择。

三、职业生涯决策的过程和方法

（一）职业生涯决策的基本过程

一般情况下，一个完整的职业决策包括许多环节，要进行多次比较分析，但这些环节和分析都围绕两个过程开展，即定义目标和选择目标。因此，大学生的职业决策简单地说，就是在对自身条件和客观条件正确分析的基础上，定义目标和选择目标的过程。下面通过图示简要地介绍一下大学生职业决策的基本过程。

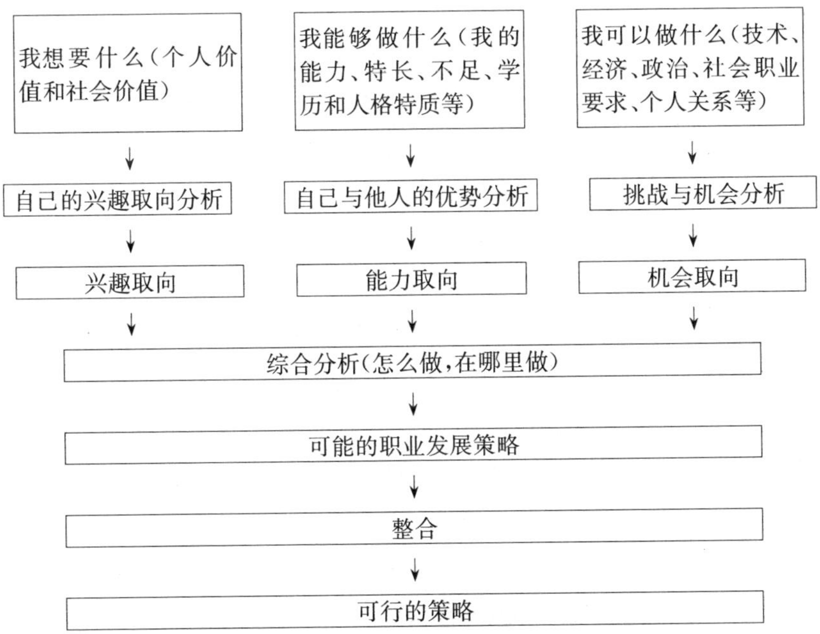

职业决策的基本过程

在上图职业决策过程的三个问题中，我们可以发现，“我想要什么”和“我能够做什么”主要由个人的价值观和人格特征决定，这跟个人的生活积累、气质类型等有密切的关系，由学生成长环境和遗传因素决定；“我可以做什么”主要由环境需求、个人的社会背景和个人对自我认知等方面的因素决定。应该说，职业决策的过程是一个循环的、动态发展的过程，兴趣取向、能力取向和机会取向三者的发展呈现相互促进的正相关关系。

对一名大学生而言，成功的职业决策，要达到四吻合，即性格和职业的吻合、兴趣和职业的吻合、能力和职业的吻合、气质和职业的吻合；同时要能为社会和家庭所用，能对社会和家庭的发展起到良好的促进作用。因此，完美的职业决策能使所选择的职业带来愉悦的内心体验，能达到工作成效、社会成效和个人幸福感、家庭幸福感的完美统一。

(二) 职业生涯决策的方法

按照职业生涯决策过程，我们应该怎样进行决策呢？目前职业咨询机构和心理学专家采用的方法有很多种，如 SWOT 分析法、CASVE 循环法、平衡单法等。SWOT 分析法将在本章第三节重点介绍，下面主要介绍职业生涯决策的 CASVE 循环法和平衡单法。

1. *CASVE 循环法*。

CASVE 循环法是以认知信息加工理论作为基础的。认知信息加工理论(cognitive information processing)由皮特森(Peterson)等提出，该理论吸收了认知行为干预、决策制订策略及其他来源的观点，提出了认知信息加工金字塔和 CASVE 循环这两个核心观点。

信息加工金字塔的底部是知识领域，包括自我知识与职业知识两个部分，认知信息加工理论将这部分内容看作生涯决策的信息基础；信息加工金字塔的顶部是执行加工领域，这是思考生涯问题的解决和决策制订的过程；认知信息加工理论将金字塔的中间部分，称为决策技能领域，被看作是生涯决策与发展的关键一环。该理论提出 CASVE 循环来表述个体如何做出决策，认为生涯决策是下面 5 个要素之间的往返循环过程：

(1) 沟通(Communication)，即了解关于职业理想与现实之间存在差距的信息。这些信息可能通过内部或外部沟通传达给我们。内部沟通包括情绪信号，例如不满、厌烦、焦虑和失望，还有身体信号，如昏昏欲睡、头痛、胃部疾病等。外部沟通包括父母对你的职业规划的询问，同事、朋友对你的职业评价，或者是杂志上关于你的专业正在逐渐过时的文章。

（2）分析（Analysis），即利用以上获得的信息，思考、研究职业理想与现实之间的差距。生涯问题解决者应尽可能了解造成这些差距的原因，同时还应需要弄清楚，要解决这些差距需要了解自己的哪些方面，了解环境的哪些方面，需要做些什么才能弥补差距。在这一阶段还需要把各种因素和相关知识联系起来。例如，把自我知识和职业选择联系起来；把家庭和个人生活的需要融入到职业选择中。

（3）综合（Synthesis），即综合和加工上一阶段提供的信息，从而制定消除差距的行动方案。其核心任务是，确定“我可以做什么”来解决问题。这是一个扩大并缩小选择清单的过程。首先，尽可能多地找到消除差距的方法，发散地思考每一种办法，甚至采用“头脑风暴”进行创造性思维。然后，缩小有效方法的数量，通常缩减到 3—5 个选项，因为这是我们头脑中最有效的记忆和工作容量就是这个数目。

（4）评估（Value），即找出最优选择并做出决定。第一步是评估每一种选择对自己和他人的影响。例如，如果选择了服兵役，这一选择将会给自己、伴侣、父母、孩子等重要他人带来什么影响？每一种选择都要从对自己和对他人的代价和益处两方面进行评价，并综合物质上和精神上的因素。第二步是对综合阶段得出的选项进行排序。把可以最好地消除差距的选项排在第一位，次好的排在第二位，依此类推。

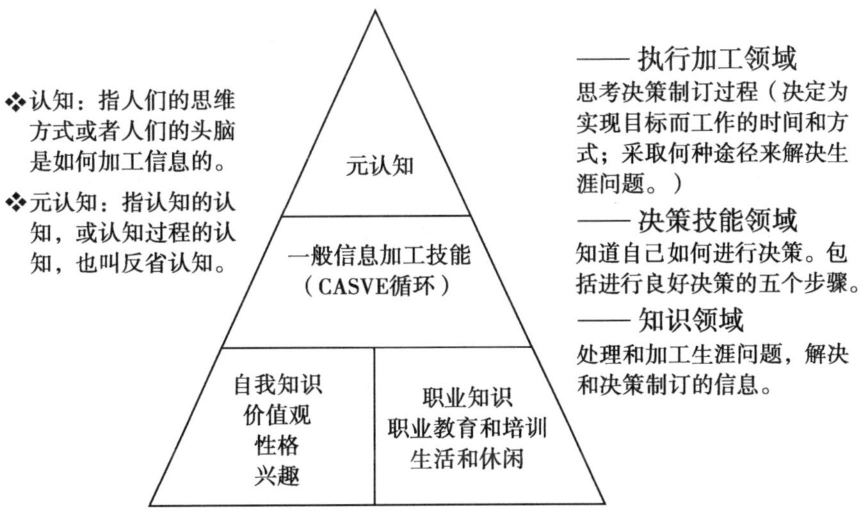

信息加工金字塔

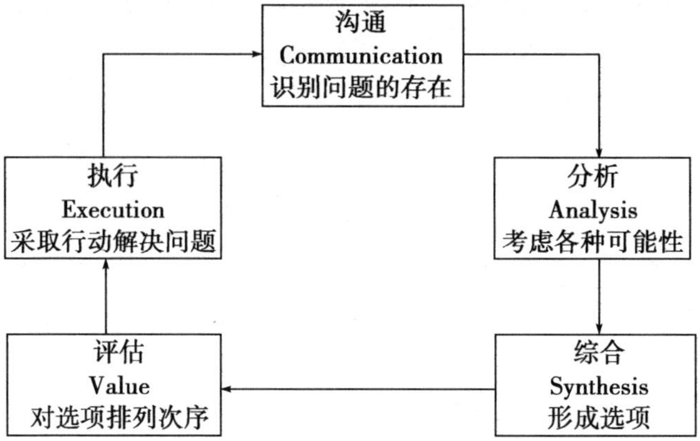

信息加工技能的 CASVE 循环

(5) 执行(Execution),即将思考转换为行动。很多人都觉得在执行阶段制订行动计划是令人兴奋的和有价值的,因为他们终于可以开始采取积极的行动去解决问题了。

CASVE 循环是一个不断重复的过程,在执行阶段之后,生涯决策者又回到沟通阶段,以确定已经选取的选择是不是最好的,是否能最有效地消除理想与现实间的差距。这种方法用系统的方式进行思考,为个人解决职业决策问题提供了一个有用的工具,使决策者变得更加有效。

2. 职业决策平衡单法。

"决策平衡单"(decision-making balance sheet)经常被应用于问题解决模式和职业咨询中,用以协助咨询者有系统地分析每一个可能的选项,判断分别执行各选项的利弊得失,然后依据其在利弊得失上的加权计分排定各个选项的优先顺序,以执行最优先或偏好的选项。职业决策平衡单的格式如下:

职业决策平衡单

<table>
<tr><td colspan="2">选择项目</td><td>职业一:________</td><td>职业二:________</td><td>职业三:________</td></tr>
<tr><td colspan="2">加权分数
考虑因素</td><td>+−</td><td>+−</td><td>+−</td></tr>
<tr><td rowspan="5">自我物质方面的得失
(如收入、升迁、工作难度……)</td><td>1.</td><td></td><td></td><td></td></tr>
<tr><td>2.</td><td></td><td></td><td></td></tr>
<tr><td>3.</td><td></td><td></td><td></td></tr>
<tr><td>4.</td><td></td><td></td><td></td></tr>
<tr><td>5.</td><td></td><td></td><td></td></tr>
</table>

续表

选择项目		职业一：_____	职业二：_____	职业三：_____
加权分数 考虑因素		+−	+−	+−
他人物质方面的得失（如家庭经济……）	1.			
	2.			
	3.			
	4.			
	5.			
自我精神方面的得失（如成就感、生活改变、社会声望……）	1.			
	2.			
	3.			
	4.			
	5.			
他人精神方面的得失（如对父母、朋友、子女……的影响）	1.			
	2.			
	3.			
	4.			
	5.			
合计				
总计				

职业决策平衡单法的核心内容是对多个考虑因素进行得失平衡分析。通常需要考虑的重要得失项目包括：

（1）自我物质方面的得失（utilitarian gains and losses for self），包括：A. 经济收入；B. 工作的困难度；C. 工作的兴趣程度；D. 选择工作任务的自由度；E. 升迁机会；F. 工作的稳定、安全；G. 从事休闲时间；H. 其他。

（2）他人物质方面的得失（utilitarian gains and losses for others），包括：A. 家庭经济收入；B. 家庭社会地位；C. 与家人相处的时间；D. 家庭的环境类型；E. 可协助组织或团体；F. 其他。

（3）自我精神方面的得失（self-approval or disapproval），包括：A. 因贡献社会而获得自我肯定感；B. 工作任务合乎伦理道德的程度；C. 工作涉及自我安慰的程度；D. 工作的创意发挥和原创性；E. 工作能提供符合个人道德标准的生活方式的程度;F. 达成长远生活目标的机会;G. 其他。

(4) 他人精神方面的得失(approval or disapproval from others),包括:A. 父母;B. 朋友;C. 配偶;D. 同事;E. 社区邻里;F. 其他。

在职业咨询中,职业决策平衡单法实施的程序是:

(1) 列出可能的职业选项。咨询者首先需在生涯决策平衡单中列出有待深入比较、分析的潜在职业选项三至五个。

(2) 判断各个职业选项的利弊得失。生涯决策平衡单中提供咨询者思考的重要得失,集中于四个方面,分别是:自我物质方面的得失、他人物质方面的得失、自我精神方面的得失、他人精神方面的得失。依据重要的得失方面,逐一检视各个职业选项,并以"+5"至"-5"的十一点量表(+5,+4,+3,+2,+1,0,-1,-2,-3,-4,-5)来衡量各个职业选项。

(3) 各项考虑因素的加权计分。在各个方面的利弊得失之间,个人会因个体所处不同情境而有不同的考量。因此,在详细列出各项得失内容之后,还须进行加权计分。即对重要的得失考虑内容可乘以一至五倍来计分,最看重的乘5倍,依次递减,不看重的乘1倍。

(4) 计算出各个职业选项的得分。咨询者须逐一计算各个职业选项在"得"(正分)与"失"(负分)的加权计分与累加结果,并计算各个职业选项的总分。

(5) 排定各个职业选项的优先顺序。最后,依据各职业选项在总分上的高低,排定优先次序。职业选项的优先次序即可作为咨询者职业生涯决策的依据。

【案例】

小敏的生涯决策平衡单

基本情况:小敏,女,石家庄某大学的教育技术学专业三年级学生,性格外向,开朗活泼,喜欢与人交往,口头表达能力很强,是学院学生会干部,组织能力强。还有一年就要毕业了,她为自己设定了三个职业发展方向:中学信息技术教师、市场销售总监、考取计算机专业硕士研究生。以下是她的具体想法:

1. 中学信息技术教师。

小敏认为这个职业是她的本专业,有很大的专业优势,工作也比较稳定,但目前社会需求量并不大。

2. 市场销售总监。

小敏认为这个职业符合自己的性格、兴趣，同时她也曾利用暑期和课余时间兼职做过销售。她认为自己的专业可以帮助自己更好地完成销售工作，希望用10年时间实现这个目标。

3. 考取计算机专业硕士研究生。

小敏的父母都是高校的老师，他们认为高校教师工作稳定、收入高，希望小敏能够继续深造，以后到大学任计算机专业教师。但小敏不喜欢计算机专业的教学工作，且考研也有一定的难度。

下面是小敏利用生涯决策平衡单作出的职业决策的结果：

选择项目		重要性的权数(1—5倍)	中学教师		销售总监		考研	
考虑因素 \ 加权分数			+	—	+	—	+	—
自我物质方面的得失	1. 符合自己的理想生活方式	5		1	5			2
	2. 适合自己的处境	4	5		5		3	
	3. 有较高的社会地位	3	3			2	5	
	4. 工作比较稳定	5	5			4	5	
	5.							
他人物质方面的得失	1. 优厚的经济报酬	4	3		4		5	
	2. 足够的社会资源	5	4		4		5	
	3.							
	4.							
	5.							
自我精神方面的得失	1. 适合自己的能力	4	4		5		4	
	2. 适合自己的兴趣	5	3		5			4
	3. 适合自己的价值观	5	3		4		3	
	4. 适合自己的个性	4	4		5		3	
	5. 未来发展空间	5		2	4		5	
	6. 就业机会	4	2		4		5	
	7.							

续表

选择项目 加权分数 考虑因素		重要性的权数（1—5倍）	中学教师		销售总监		考研	
			＋	－	＋	－	＋	－
他人精神方面的得失	1. 符合家人的期望	2	3		2		5	
	2. 与家人相处的时间	3	3		2		5	
	3.							
	4.							
	5.							
加权后合计			171	15	212	26	210	30
加权后得失差数			156		186		180	

小敏通过生涯决策平衡单的决策之后，她的决策方案的得分分别是：市场销售总监＞考研＞中学信息技术教师，综合平衡之后，市场销售总监较符合小敏的职业生涯目标。在进行职业选择时，小敏最看重的职业是，该职业是否符合自己的兴趣、是否有发展空间，从事该职业后能否满足自己的理想生活等几个方面。

第二节　职业定位

有三个人要被关进监狱三年，监狱长答应满足他们一人一个要求。美国人爱抽雪茄，要了三箱雪茄。法国人最浪漫，要一个美丽的女子相伴。而犹太人说，他要一部与外界沟通的电话。

三年过后，第一个冲出来的是美国人，嘴里鼻孔里塞满了雪茄，大喊道："给我火，给我火！"原来他忘了要火了。接着出来的是法国人，只见他手里抱着一个小孩子，美丽女子手里牵着一个小孩子，肚子里还怀着第三个。最后出来的是犹太人，他紧紧握住监狱长的手说："这三年来我每天与外界联系，我的生意不但没有停顿，反而增长了200%，为了表示感谢，我送你一辆劳斯莱斯！"

【这个故事告诉我们，选定什么样的发展方向决定了什么样的生活。今天的生活是由三年前我们选定的方向所决定的，而今天我们选择的方向又将决

定我们三年后的生活。】

一、职业定位的内涵、分类及意义

(一) 职业定位的内涵

职业定位，就是明确一个人在职业上的发展方向，是人在整个生涯发展历程中的战略性问题。具体而言，职业定位是自我与现实不断碰撞、调节，最终尽可能使自我与职业达到匹配状态的一个过程。它一般包括职业定向、职业定岗两个方面。所谓职业定向，是指个体根据职业发展趋势、社会需要和个人心理素质特点来确定职业的方向与目标，包括职业的专业定向和社会层次定向。职业定岗，是继职业定向之后产生的一种对具体工作内容的选择。职业定向，从长远上看是找准一个人的职业类别，就阶段性而言是明确所处阶段的对应的行业和职能，即在职场中自己应该处于什么样的位置。可见，通过职业定位，找到每个人的独特竞争优势，确定最适合自己发展的独特职业领域，从而实现与他人的差异化发展。因而可以说，它是职业规划及职业发展的第一步，也是最基础、最重要的一步，是职业规划的核心问题。

(二) 职业定位的分类

职业定位大致可以分为五类：

1. 技术型。

持有这种职业定位思想的人出于自身个性与爱好的考虑，往往并不愿意从事管理工作，而是希望在自己擅长的专业技术领域发展。在从前不培养专业经理的时候，经常将技术拔尖的员工提拔到领导岗位，但他们本人往往并不喜欢这样，更希望能继续研究自己的专业。

2. 管理型。

这类人有强烈的愿望做管理人员并努力达到高层领导岗位。因此，他们将职业目标定为有相当大职责的管理岗位。成为高层管理人员需要的能力主要包括三方面：

(1) 分析能力，即在信息不充分或情况不确定时，判断、分析、解决问题的能力；

(2) 人际能力，即影响、监督、领导、应对与控制各级人员的能力；

(3) 情绪控制力，即在面对危急事件时，不沮丧、不气馁，并且有能力承担重大的责任，而不被其拖垮。

3. 创造型。

这类人往往会建立完全属于自己的东西，或是以自己名字命名的产品或工艺，或是自己的公司，或是能反映个人价值的私人财产。他们认为只有这些实实在在的事物才能体现自己的才干和成功。

4. 自由独立型。

首先，这些人喜欢独来独往，不愿像在大公司里那样彼此依赖，很多有这种职业定位的人同时也有相当高的技术型职业定位。但是他们不同于那些简单技术型人才，他们不愿意在组织中发展，而是宁愿做一名咨询人员，或是独立从业，或是与他人合伙创业。其次，自由独立型的人才往往会成为自由撰稿人，或是开一家小店。

5. 安全型。

有相当一部分人最关心的是职业的长期稳定性和安全性。他们为了安定的工作、稳定的收入、优越的福利与养老制度等付出努力。目前我国绝大多数人的职业定位都属于这种类型。很多情况下，这是由社会发展水平决定的，而并非本人的意愿。相信随着社会的进步，人们将不再被迫选择这一类型。

(三) 职业定位的意义

一个人职业定位准确对其职业生涯有着诸多益处：

其一，有利于大学生在就业中取得主动。毕业生若不能正确地进行职业定位，就好像游移的目标，让人看不清其真实的想法，在就业过程中用人单位就不能正确了解你，更不敢委以重任。进行职业定位可以帮助毕业生在择业中有的放矢，树立信心，抢得先机，取得主动。当别人还在为应聘的职业摇摆不定时，你的胸有成竹就会赢得用人单位的理解和欣赏，从而增加了就业的成功率，减少因一时的冲动而造成的违约。

其二，有利于个人职业信念的坚定。有的人在选择工作时，是用待遇和地域的好坏等作为择业准则，哪里钱多去哪里，什么时尚干什么，以致最终放弃了自己所学的专业、自己的长项，结果在工作中处处被动和分心，最后只得违约，对自己和用人单位都带来不必要的损失。给自己准确的职业定位，你就会理性地面对外界的诱惑，抵抗外界的干扰，不为一时的得失而心动，就不会轻易跟风随潮甚至放弃自己合适的或本已干得不错的职业。职业定位可以帮助我们坚定职业信念，结合自己的特长，做自己适合做的事，这是取得事业成功的保证。

其三，有利于个人资源效益最大化。很多人多年来涉足很多领域，学习很多知识，但博而不专，虽然表面看起来什么都懂，其实内部很虚弱，每一项都没有很强的竞争力。人们常说，“学MBA吧，大家都在学”，“出国吧，再不出国就来不及了”，“读硕士和博士吧，年龄大了就读不动了”。现实已经说明，MBA、出国、硕士生博士生不代表持续的发展，投资很多，收益很少，过于分散精力会让你失去原有的优势。定位准确，你就会善用自己的资源，集中精力地发展，而不是“多元化发展”，这是职业发展的一个规律。一个人的兴趣爱好、人生积淀、知识积累等自我资源总有一定倾向性，若能将自己的职业定位与之匹配，职场中就可以尽情发挥自我优势，创造自己最大的人生价值。

其四，有利于持久地发展自己。准确的职业定位，能够选择自己适合和喜欢的职业岗位，有效克服职业倦怠，全身心地投入工作，使自身获得长足发展。很多毕业生走上工作岗位后，觉得事业不顺利，怨这怨那，频繁地跳槽，其实不是因为自身能力不够，而是选择了并不适合自己的工作，很多人就业前并没有认真地思考一下“我是谁”、“我适合做什么”，也因为不清楚自己要什么，而无法体会如愿以偿的感觉。很多人把时间用于追逐自己并不真正适合的工作上，但是随着竞争的加剧会感觉后劲不足，从而失去了自信。进行科学准确地定位，可以为事业的长足发展提供动力。

二、职业定位的原则

(一) 职业定位的影响因素

1. 个人需求。

根据马斯洛(Abraham Maslow)的需求层次理论，人们的需求按照从低到高的顺序依次分为：生理需求、安全需求、爱和归属(亦称社交需求)、尊重需求、自我实现需求。需求不同，决定着人们的职业追求和职业定位不同。

2. 职业价值观。

职业价值观决定了人们对某一职业高低贵贱和成败得失的价值判断，是人生目标和处世哲学在职业定位方面的具体体现。

3. 职业期望。

职业期望也称职业意向，是人们希望从事某种职业的态度倾向，也就是个人对从事某一职业希望得到的回报和报赏。职业期望是个人职业价值观的直接反映。

4. 受教育状况。

首先，不同的教育程度决定着人们职业发展的不同能量；其次，人们接受教育的专业种类，是职业发展最基本的立足点和出发点；再次，所在的院校不同，接受的教育思想不同，都会影响人们的职业定位与职业发展。

5. 家庭环境。

家庭的环境氛围和家庭成员的言传身教，经过长期的潜移默化会使人形成一定的价值观念和行为模式；人们还会从家庭自觉或不自觉地学习和掌握一定的职业知识与职业技能，进而影响人们的职业理想与职业定位。

6. 社会环境。

分为两个层次：一是宏观因素。包括政治形势、经济体制、社会文化、职业价值观等，它决定着人们职业选择与转换的自主权与相关决策。二是微观因素。包括本人所在的学校、单位、社区、家族关系、人际关系等，它决定着人们职业选择和转换的具体情境。

因受以上因素的影响，很多人在定位时深感困难，主要难在三个方面：

(1) 不了解自己。有些人从没有认真地思考和了解自己，一味地用社会的热点来给自己定位。有些人过去似乎了解自己，但当环境发生变化时，就可能迷失了自己，如高中升入到大学时，从校园到社会就业时，从一个单位跳槽到另一个单位时，从国外到国内就业时，等等。当环境发生变化时，个人的位置也变了，很难给自己定位。

(2) 心理因素在作怪。我们常常看到择业中的从众现象或逆反现象；很多人过于自负或过于自卑，由于个人所在地区、所受的文化熏陶和家庭教育方式以及个人经历的不同，在职业定位时会不同程度地受到心理因素的影响，在各种矛盾中徘徊。

(3) 干扰因素太多。比如高考报志愿时，可能会受到家长的制约；毕业求职时会受到就业政策的制约等；还有一些不公平的现象、突发因素的干扰等，常常使你如入迷雾之中，找不准位置，也看不清方向。

尽管我们不了解社会，不了解职业，受到各种因素的影响，很难确定自己的位置，不过，只要我们按照以下原则去思考，就会让问题变得清楚一些。

(二) 职业定位的原则

职业定位是自我定位和社会定位两者的统一。自我定位就是确定我是谁，我是什么性格类型的人、我天生擅长什么、不擅长什么。社会定位就是我在社会的角色定位，我在社会大分工中应该处于什么位置、扮演什么角色、我应该从事什么职业。正如我们分析某某演员角色扮演很成功的原因，是因为演员的性格特质与角色很相似，跟本色出演一样。职业成功的秘诀就是做本色演员，这是职业定位的最高原则。

1. 择己所爱原则。

职业定位首先要想到自己喜欢哪种职业，或者对哪种职业比较感兴趣。正如本书第三章所论，兴趣是最好的职业导师，一般来说，只有从事自己喜爱的、感兴趣的工作，工作本身才能给你一种满足感，你的职业生涯才会变得妙趣横生。因此，择己所爱是做好未来职业定位的首要原则。

2. 择己所长原则。

在人才市场的就业竞争中，大学生必须善于从与竞争者的比较中来认清自己的长处和短处，即竞争的优势和劣势。然后在此基础上按照“择己所长、扬长避短”的原则进行具体的职业定位。不过，为了真正能择己所长，大学生应特别注意要尽可能学以致用，发挥自己的专业特长，把未来的职业定位在与自己所学有较密切联系的行业领域。

3. 择市所需原则。

任何职业的兴起、发展、衰落及消亡均是由社会需要的变化引起的。因此，在进行职业定位时，大学生不仅要了解当前的社会职业需求状况，还要善于预测职业随社会需要而变化的未来走向，以便自己的职业定位富有一定的远见。否则，一味死盯在眼前热门的职业上，可能导致长远的选择失误。例如，在过去，财务人员是一个很吃香的职业，可是现在人才市场上，一个财务岗位，往往会有几十个人来应聘，竞争异常激烈。可以预计，目前特别热门的许多职业也有可能随着社会需求的变化而成为明日黄花。

4. 开放性原则。

开放性原则实际上是强调个体在职业定位时，要消除一种不好的倾向，即狭窄性，考虑问题的思路比较狭窄。这是相当一部分大学生在制定职业发展目标、方向时遇到的问题，他们往往闭门造车，不善于开放思维。首先是缺乏艰苦创业意识，不愿意到基层，不愿意做小事，“心比天高”，好高骛远；其次是缺乏动态的发展理念，定位于眼皮底下，鼠目寸光，对自身职业生活的未来心中无数，使自身的职业定位成了脚下的“西瓜皮”。因此，大学生在思量自身职业定位的时候，一定要有大格局，要有在艰苦创业中奋发成才的勇气与胸怀。

三、职业定位的方法

(一) 基于个人特质的定位方法

在第二和第三章中，我们分析了职业价值观、兴趣、性格和气质等对职业选择的影响，为我们明确职业定位提供了依据。

职业价值观在职业选择中，具有定向的作用。

人的兴趣可从不同的视角进行多种分类，霍兰德的兴趣类型理论、库德的职业爱好分类，都有助于我们从自身实际出发，获得职业定位的启发。不同类别的职业兴趣关联着不同的适应性职业。

一般来讲，准确的职业定位还要考虑所选择的职业是否与自己的气质倾向相符合，否则会导致职业与气质的冲突，甚至会失去工作的乐趣。因此，基于古希腊医生希波克拉特（Hippocrates）四种气质类型假说，我们可以按照自己的气质类型来规划自己的职业范围。应当指出的是，大学生除了多血质、胆汁质、黏液质和抑郁质这四种类型外，还有一些人则属于混合型气质类型，如多血—胆汁质型，抑郁—黏液质型等，而且调查结果表明，我国大学生属于复合气质型的人多于单一气质型的人。大学生可以根据气质类型测量表来测定自己的气质，然后根据气质与职业的适应关系，扬长避短，做出正确的定位抉择。

另外，MBTI 性格理论所揭示的性格类型区分，对我们正确作出职业定位也具有重要参考价值。严格地说，性格并无好坏之别，但不同的人的不同性格，确实适合从事不同的职业。这是我们在思考、分析和明确自己职业定位时，必须认真对待的。

【咨询案例】

就业还是考研？

小英，女，21岁，大四学生，师范专业。自我评价：学习能力强，工作勤奋，爱看书；好旅游，但因家境不好，很少实现。一直以来是老师心中的“好学生”，较少遇到挫折，故自觉脆弱而敏感。进入大四后，有时想毕业后马上工作，可有时又想考研，思来想去，摇摆不定，一直很烦躁。

之所以毕业后想马上工作，是因为小英认为自己很喜欢教育工作，通过工作，不仅可将自己四年所学及时发挥出来，而且还能在教学实践中得到锻炼，丰富经验，为今后发展打下良好的基础。何况，马上工作，还可以减轻父母亲的压力，毕竟再让60多岁的父母为自己操劳，于心不忍。另外，小英英语基础不好，对考研也没有信心，这也是想马上工作的原因之一。

但是小英有时也想考研，理由也较充分，如现在的本科文凭很普遍，若想事业有成，本科文凭可能还不够；若能到外地读研，不仅专业有长进，还可以开阔视野，接受新的信息和观念；研究生毕业后，工作地点的选择可能会更广泛，等等。

看着同学们有的考公务员，有的考研，有的为就业奔波，而自己却犹豫不决，心生焦虑，为此来咨询，希望得到帮助。

分析：

在职业发展过程中，当事人难以做出抉择的原因主要是他们对自己的职业兴趣、价值观、技能等“职业自我”的认知模糊，对职业信息和环境等缺乏了解。

在这个案例中，小英对自己职业兴趣的认识是到位的，认为自己属于乐于助人和影响人的社会型，热爱教书育人的工作；对职业技能和自身优势的认识也是相对客观的。通过分析不难发现，小英的问题在于她对自我价值观认识不清，对职业信息和环境了解不够，导致她难以做抉择。

咨询中，通过职业价值观的评估练习，小英逐渐发现，在选定从事教育工作的职业发展方向之后，对工作地点的追求排在其他所有工作价值观的首位，她特别希望能到杭州或上海工作与生活。同时小英也开始意识到，自己之所以想考研，其原动力也是想有个高学历和高学位方便自己在大城市找工作。

之所以又下不了考研的决心，并拿英语基础不好做借口（尽管自己的学习能力很强），其实是因为自己并不能确定，本科文凭是否一定进不了大城市，故而犹豫不决。

通过分析评估，小英豁然开朗，情绪也高涨了许多，并在咨询师的引导下，开始积极寻找了解职业环境和获取职业信息的办法和途径。在离开咨询室时，小英非常坚定地说："老师，若因本科文凭满足不了我的工作期望，我一定会准备考研的。"

从上面的案例中，我们不难发现，职业兴趣和价值观是职业定位的重要依据。

（二）基于不同发展阶段的定位方法

职业定位，并非一个静态结果，而是一个动态过程，需要我们结合自己职业生涯的不同阶段对自己的职业定位及时作出修正调整。

1. 职业定位应尽早开始。

职业定位尽早开始，应该从大学甚至中学就开始。这个阶段的职业定位主要是结合初步的职业规划寻找自己感兴趣的职业方向。选择自己感兴趣的专业，多方面地涉猎，积极地参加社会活动，锻炼和培养健全的人格，是至关重要的事。有些高校从大学一年级开始设置职业辅导课，请著名企业的管理者到学校进行职业的辅导与咨询，以帮助学生顺利过渡为社会中的一员。

2. 在职业发展初期要勇于实践。

职业发展初期，是职业定位的初步阶段，然而多数人容易陷入迷失状态，患得患失，无法对自己进行合理的职业定位。这个阶段的职业定位关键在于勇于实践，应该脚踏实地，认真磨炼，在实践中一点一滴积累，从而对自己的职业定位有一个初步概念。在这期间，培养主动学习、乐于奉献的意识非常重要。努力与不同的人积极合作，互相帮助，每天把自己的心得以小贴士的形式记录下来，作为经验积累和自我激励的手段。

3. 在职业发展中期应该有镀金意识。

职业发展中期，应当对自己的职业定位有了比较深入的认知。这个阶段的职业定位不应该再有频繁的变动，而应该在稳定发展的基础上，好好学习，充实自己，给自己镀金。市场的开放可能会在各方面左右人的思维，在职场上的资深人士普遍认为，了解一份工作通常需要 1—2 年的时间，达到熟练运作的程度需要 3—5 年的时间。一般来讲，企业更看重相对稳定发展的职业人士。

4. 在职业发展后期需要积极充电。

职业发展的中后期，属于职业准确定位的阶段。处于这个阶段的职场人士，不乏精力旺盛、积极进取、保持职业风范、具备人格魅力的高层管理者，但也有些人较为困惑和尴尬。这个阶段的职业定位建议是：要有危机意识，主动寻找自己与时代的差距，及时充电跟进，还要广开视听，多为年轻人铺路；同时客观平和地面对现实，了解和正视自己的局限，准确地定位自己的下一步人生。

第三节　确立职业目标与规划

《塔木德》中说："一位百发百中的神箭手，如果他漫无目标地乱射，也不能射中一只野兔。"成功的犹太人非常重视明确奋斗目标的重要性，人生只有具有明确的职业生涯目标才能取得卓越的成就。设立明确的职业方向和目标，正是我们进行职业生涯决策与规划的意义所在。

一、职业生涯目标的设定

对职业目标做出抉择，是全部职业探索的最终指向，是整个职业决策的核心。

(一) 职业生涯目标设定的方法

职业目标的设定是有条件的，只有通过对自己和外部环境各因素进行全面、充分的分析，才有可能获得可靠的选择依据。

作为独立个体而存在的人，一般来说都有自己的优势，也有自己的劣势；同时，每个人在人生发展过程中都存在着机会，也存在着威胁。优势和劣势从属于个人自身，机会和威胁来自外部环境，因此，从这几个方面分析、思考自己，可以使自己的目标设定和目标选择更具有理性和可行性。这里主要介绍一种最常用的综合型分析方法——SWOT分析法。

SWOT分析法就是对自己个人的优势、劣势、机会和威胁进行分析，对各种机会进行评估，选出最佳方案的一种分析评估方法。SWOT是四个英语单词的缩写，即优势（Strength）、劣势（Weakness）、机会（Opportunity）和威胁（Threat）。一般来说，SWOT分析法中所指的优势和劣势从属于个人自身，而机会和威胁则来自外部环境（包括组织环境和社会环境），如下表所示：

SWOT分析表

优　　势	机　　会
1. 曾经做过什么 2. 学习了什么 3. 最成功的是什么 …… 利用优势和机会的组合	1. 对社会大环境的认识与分析 2. 所选企业的外部环境分析 3. 人际关系分析 …… 改进劣势和机会的组合
劣　　势	**威　　胁**
1. 性格弱点 2. 经验或经历中所欠缺的方面 …… 消除劣势和威胁的组合	1. 企业要重组或竞争对手 2. 新同事实力增强 3. 领导层发生变化 …… 监视优势和威胁的组合

1. 优势分析——优于竞争对手的方面。

（1）你曾经做过什么。即你已有的人生经历和体验，如在学校期间担任的职务，曾经参与或组织的实践活动，获得过的奖励等。这些可以从侧面反映出一个人的素质状况。在自我分析时，要善于利用过去的经验选择、推断未来的工作方向与机会。

（2）你学习了什么。在学校期间，你从学习的专业课程中获得什么？接受过什么培训？自学过什么？有什么独到的想法和专长？专业也许在未来的工作中并不起多大作用，但在一定程度上决定你的职业方向。

（3）最成功的是什么。你可能做过很多事情，但最成功的是什么？为何成功？是偶然还是必然？通过分析，可以发现自我性格优越的一面，譬如坚强、果断，以此作为个人深层次挖掘的动力之源和魅力闪光点，这也是职业规划的有力支撑。

2. 劣势分析——落后于竞争对手的方面。

（1）性格弱点，如不善交际、感情用事等。一个独立性强的人会很难与他人默契合作，而一个优柔寡断的人很难担当企业管理者的重任。卡耐基曾说过："人性的弱点并不可怕，关键要有正确的认识，认真对待，尽量寻找弥补、克服的办法，使自我趋于完善。"

(2) 经验或经历中所欠缺的方面。也许你曾多次失败，就是找不到成功的捷径；需要你做某项工作，而之前从未接触过，这都说明经历的欠缺。欠缺并不可怕，怕的是自己还没有认识到，而一味地不懂装懂。

3. 机会分析——有利于职业选择和职业发展的一些机会。

(1) 对社会大环境的认识与分析：当前社会政治、经济、科技、文化发展趋势有利于所选职业发展吗？具体在哪方面有利？

(2) 对自己所选企业的外部环境分析：企业在本行业中的地位与发展趋势如何？面对的市场怎样？有无职位空缺？需要具备哪些条件？

(3) 人际关系分析：哪些人可能对自己的职业发展起到帮助？作用如何？会持续多久？如何与他们保持联系？

4. 威胁分析——存在潜在危险的方面。

企业要重组？正走向衰落？新来的上司对自己有敌意？新同事或竞争对手实力增强？领导层发生变化？

这样步步追问，一幅清晰的职业生涯机会前景图就呈现在你的面前。需要注意的是，运用 SWOT 分析法进行职业生涯机会评估时要尽可能全面考虑，权衡各种发展机会，然后从中选出最优的发展机会。

(二) 职业生涯目标设定的有效要领

SMART 原则是目标管理理论的一项"黄金准则"，好的目标应该符合 SMART 原则，这是我们在职业生涯目标设定时必须掌握的要领。SMART 是 5 个英文单词第一个字母的缩写。

1. 目标必须是明确的(Specific)。

所谓明确，就是要用具体的语言清楚地说明要达成的行为标准。明确的目标几乎是所有成功团队的一致特点。很多团队不成功的重要原因之一就因为目标定得模棱两可，或没有将目标有效地传达给相关成员。作为个体的生涯目标，也是一样，只有具体、清晰的目标才有助于明确方向。

2. 目标必须是可以衡量的(Measurable)。

衡量性就是指目标应该有一组明确的数据，作为衡量是否达成目标的依据。如果制定的目标没有办法衡量，就无法判断这个目标是否实现，比如“我需要的是一份新工作……更多的钱……一个新专业”。没有量化的职业发展目标，无论如何都很难估算出需要投入的努力，也很难检测目标完成的好坏。

如一个想改变自己英语学习落后状况的大一学生，他给自己制定了这样的学习目标：“我一定要在英语四级考中取得好成绩。”这个目标就比较含糊、不够具体，何谓好成绩？什么时候实现呢？不具体、无法量化的目标是不好测评的。建议改为“我要在大学二年级第一学期的英语四级中取得610分的好成绩”，这个“610”就很具体，简单而直接。这种量化不需要过多的语言描述，也不需过多解释，完成与否能很容易判断出来。有时，为了能准确描述一个职业发展目标，还需要用一系列数字并结合具体的文字来加以描述。如一个计算机软件开发专业的大学生的职业发展目标是要成为软件业的领军人才，年收入要超过100万元。其阶段性的目标是：毕业5年后，成为一名专业化的工程师；毕业10年后，成为一个高级人才；毕业15年后，具有一定的影响力，成为领军人才。

我们设立目标时要思考如何使目标和计划变得更具体，否则在没有形成具体的目标前就安排行动计划是很困难的。

3. 目标必须是可以实现的(Attainable)。

制定职业发展目标时要有一定的实现难度，而这个难度将是通过努力能克服的，这不但会激发自己努力向前，还会促使自己挑战面临的困难，实现自己的目标。但如果定的目标难度太高，以致经过努力都没有办法完成，最终会因为看不到实现的希望而选择放弃。

假设一位26岁的美国小伙子，刚从常青藤大学毕业，获得政治学硕士学位，在周围人的眼里是一位非常优秀的才子。他3年内的目标是成为一名美国参议员，高学历、良好的家庭背景、优越的社会关系、相貌出众、口才超群、有头脑等条件会使他在现代社会中拥有很高的选民支持率。但是他这个职业发展目标是不可能实现的，因为美国竞选参议员的条件之一是候选人的年龄至少30岁。又如“我将在今年9月前进入研究生院，并在一年内拿到硕士学位”，仔细调查后发现，硕士项目需要两年才能完成，那这个目标就是不现实的。所以，大学生需要设立合理且可以实现的职业发展目标，同时又不破坏自己勇于尝试的热情。

4. 目标必须是实际的(Realistic)。

目标的实际性是指在现实条件下可行、可操作,有实际意义。可能有两类不切实际的情形,一类是由于高估了自己的能力,低估了达成目标所需要的条件,以至于确定了一个高于实际能力的目标;另一类是花了大量的时间、资源,最后确定的目标根本没有多大实际意义。

5. 目标必须具有时限性(Timed)。

目标的时限性是指目标是有时间限制的,应该有明确的截止期限。没有时间期限的职业发展目标,即使量化的很具体也难以实现,因为职业发展目标什么时候完成仍是模糊的。没有截止时间,很难估计要投入多少精力去实现目标。

因此,在设定的目标前最好加上合理的时间范围。比如,“我会在今年 9 月进入研究生院,3 年内力争毕业”,“今年年底前我会找到一份新工作”,“明年 6 月时我将获得本科毕业证书”。这些都是具体的、时间明确的目标。如果确定的目标需要较长的时间,而你也有充足的时间去努力,为了保持始终如一的状态,不妨为目标设定一个或几个“子期限”。这样你的潜能很有可能会由于设定的“子期限”而激发出来。比如:这个学期要完成职业发展目标 65%的工作量,而剩下 35%的工作任务可在下个学期完成。

(三) 职业目标设定中的抱负与妥协

职业目标设定是大学生职业发展决策中面临的最重要的现实问题之一。在大学生职业目标设定的实践中,戈特弗雷德森(L. S. Gottfredson)的职业发展理论具有借鉴意义。

生活是充满妥协的。戈特弗雷德森的职业发展理论主要是有关职业抱负的内容及其发展的理论。该理论从职业类型、社会地位和性别类型三个维度对职业抱负的发展进行了论述,并提出了职业抱负的发展阶段论和决策过程中的妥协论。戈特弗雷德森指出,职业发展决策是社会自我与心理自我的表达。当选择一个职业路径时,个体运用性别类型、职业社会声望、职业领域这样的社会标准要多于运用兴趣、人格这样的个性特征。也有研究认为个体追求的首先是社会认同,其次才是个人认同。在做出职业决策之前,职业抱负的发展是一个不断缩小的过程,人们逐渐淘汰和放弃那些不能接受的选择,建立一个自己认为可以接受的社会空间。从某种意义上说,职业决策就是“放弃最爱，接受可行”的职业自我概念发展过程。

在现实的职业发展决策中，人们虽然面对诸多的职业，但往往难于得到自己理想中的最好的职业(包括方向和岗位)。有时即使遇到“好职业”的岗位空缺，自己却不具备职业必需的能力，或者在求职竞争中败给他人，这也使得自己的职业发展不能实现。

职业目标的设定与实现，是个人意向、能力和社会意向与岗位的统一。“人”是复杂的，不同的人有不同的择业目标，社会上的职业岗位也对劳动者进行选拔。在这里，选择是双向的。个人与用人单位既作为选择对方的主体，个人的条件与用人单位的空缺岗位又是被对方选择的客体。在这种双向选择过程中，个人的能力、意向只有与社会的意向、岗位结合在一起，即双方的统一，个人才能真正实现职业选择目标。

因此，大学生职业目标的设定，大学生职业方向与岗位的选择，包括个人的主动选择和被选择两个方面，实际上是一种个人意向的现实化过程。但是，这个过程往往是比较困难的。因此，人们的职业选择和发展往往是降低自己的职业意向水平，以适应社会客观职业岗位状况的过程。社会学把这一现实化过程，称为个人职业理想与社会职业现实之间的“调和”或“调适”过程。这个过程中，抱负与妥协是共生并行的。

进一步分析，这种现实化包含两方面的内容：

(1) 个人向客观现实妥协的过程。当个人的选择意向与实际情况不尽相符、存在矛盾的时候(这种不符是普遍的，甚至可以说是对所有人都存在)，人的职业选择就是打破幻想、承认实际、降低要求的过程，也就是向客观现实妥协的过程。

(2) 个人对“我与职业”关系的调适过程。向现实妥协，对抱着浪漫情调和幻想色彩的青年大学生来说，可能是不情愿的、不甘心的，甚至是痛苦的。但这又是非常必要的，因为这使人能够客观地认识自我，认识个人在社会中的真实地位、状况与际遇，在自我反思后真正解决“我与职业”关系，从而科学、实际与合理地完成职业选择的“调适”过程。

【小贴士】

选择最合适的职业目标

在现实生活中总有这么一些人，他们认真分析自我了，也考察环境机会了，同时，也确立了自己的目标，但就是达不到，不是半途而废，就是无所适从。究其原因，还是目标选择的问题。

对于大学生来说，规划职业生涯的热情比较高，但缺乏实践经验，阅历也不丰富，因此，在确立职业生涯目标时必须注意以下几个方面：

1. 不要太贪心。有的人自我感觉良好，心高气盛，别人定一个目标，他定三个、五个、八个……结果一个目标都达不到。人的精力是有限的，目标太多太杂，难免会顾此失彼，到头来竹篮打水一场空。

2. 目标要具体明确。有人制定的职业生涯目标是做一名教师，这个目标就太宽泛、太空洞了。教师有多种，如小学教师、中学教师、大学教师，自己要做哪一种？目标宽泛，日后行动就容易陷入盲目，不能有意识地收集相关领域的信息，无法有效地提高自我。职业生涯规划的目标应定得窄一点、具体一点，才好具体操作。

3. 高低适度。有的人为自己设定的目标太高，怎么努力也够不着，结果一事无成。也有的人设定的目标太低，不用努力就达到了，自己也觉得没意思，结果老是原地踏步。目标确立应脚踏实地，既不能眼光太低，也不宜好高骛远。

4. 兼顾平衡。人生是丰富多彩的，因此，在人生发展过程中会有多种多样的目标，职业生涯目标要与生活目标结合考虑，兼顾平衡。

5. 个人目标与社会目标一致。虽然个人目标是自己的事，是自己的目标，但人是社会的人，人不可能脱离社会而独立存在，个人目标的实现并不是仅靠自己的力量就能实现。因此，确立职业生涯发展目标一定要与社会发展目标相一致，这样才能顺利地实现目标。

二、选择职业生涯路线

设定了职业生涯目标之后，还需要确定一条达到目标的职业生涯路线。所谓职业生涯路线，对于大学生来说是指向专业技术方向发展，或向行政管理方向发展或者自主创业方向发展。不同的职业生涯发展路线对从业者的素质要求不同，最终的发展目标也不同。所以，我们认为，职业生涯规划首先应该确定职业方向。方向错了，就会南辕北辙，距离目标会越来越远。对于大学生来说，在生涯发展路线抉择过程中，可以针对以下三个问题询问自己：

我想往哪一路线发展?

我适合往哪一路线发展?

我可以往哪一路线发展?

职业生涯路线像一个职业阶梯,我们可以由低阶至高阶步步上升,例如,大学教师的职业生涯发展路线通常是助教—讲师—副教授—教授;而在企业中,财务人员的职业生涯发展路线可以是会计—主管会计师—财务部经理—公司财务总监。

每个人的基础素质不同,适合的职业生涯发展路线也就不一样,有的人适合搞科研,能够在专业领域取得突破;有的人适合做管理,可以成为一名优秀的管理人员。一般来说,大学生有几种职业生涯发展路线可供选择,即专业技术型发展路线、行政管理型发展路线和自主创业型发展路线。

(一) 专业技术型发展路线

专业技术型发展路线是指工程技术、工程管理、技术经济等智能性专业方向。它们的共同特点是:都要求有一定的专门技术性知识和能力,并具备较好的分析能力,而这些能力必须经过长期的学习与实践锻炼才能具备。

如果对专业技术内容及活动本身感兴趣,并追求这方面的提高和成就,喜欢独立思考,而不喜欢从事管理活动,那么专业技术型发展道路就是最好的选择。相应的发展阶梯是技术职称的晋升及技术性成就的认可、奖励等级的提高及物质待遇的改善。

(二) 行政管理型发展路线

如果喜欢与人打交道,处理人际关系问题时总是得心应手,并且由衷地热爱管理,考虑问题比较理智,善于从宏观角度考虑问题,并善于影响、控制他人,追求权力,那么行政管理型发展道路就是最恰当的选择,应该把管理这个职业当作自己的目标。相应的发展阶梯一般从基层职能部门开始,然后向中级部门、高级部门逐步提升,管理的权限越来越大,承担的责任也越来越大。行政管理型发展路线对个人素质、人际关系技巧的要求比较高。一般来说,既有思维能力又善于处理人际关系的人,能够成为任职部门的主管干部,甚至做到高层职位;而那些虽然善于处理人际关系,但思维分析能力欠缺或感情耐受力较差的人,只能停留在低层领导岗位。

(三) 自主创业型发展路线

大学生就业竞争的加剧,使一部分学生选择了自主创业的道路。同时,近年来我们国家也大力倡导大学生自主创业。因此,选择自主创业型发展路线的学生会越来越多。自主创业自有快乐,但创业途中的艰难也不是常人所能想象的。要想创业成功,客观上,要有良好的机遇和适宜的土壤;主观上,创业人不仅要有强烈的创造与成就愿望,而且心理素质要高,能够承担风险,善于发现开拓新领域、新产品、新思维。

总之,大学生选择自己的职业生涯发展路线,一定要结合实际,综合考虑自己的个性、价值观、兴趣、能力和社会环境,最终权衡确定。

【小贴士】

职业发展的成功方程式

$S=(E.E+C+S)^{(n)}.D$,其中 S 代表成功(Success),E. E 代表教育(Education)和经验(Experience),C 代表创造性思维(Creative thinking),S 代表推销自己的能力(Selling Personality),(n)代表机遇(Opportunity),D 代表职业方向或路径(Direction Drive)。从方程式可以看出,机遇可以使 E. E+C+S 成几何级增长;即使没有机遇,代表机遇的指数为零,则 S=D,说明职业路线若合理,一样可以成功;但若职业路线为零,则 S 也为零,说明不可能成功。

三、制订行动规划

在确定了生涯目标和职业发展路线之后,就需要制订行动规划作保证。没有付诸行动,就永远不能达成目标,更谈不上事业的成功。这里的行动,是指落实目标的具体措施,主要应包括以下几个内容:① 达到该目标的途径。② 达到该目标所需的能力、训练及教育。③ 达到该目标的积极力量。④ 克服达到该目标可能遇到的阻力。此外,制订行动规划还要考虑为平衡职业目标和其他目标(如生活目标、家庭目标)而做出的种种努力。如果忽略了后者的努力,职业目标的实现也会遇到许多耗费精力的障碍。职业生涯目标的实施过程,实际上是将大目标分解成一些子目标,按子目标的落实思路和策略制定具体的日程表，再分析实现的步骤、程序、检查办法等。通过实现小的目标，最后实现长远目标。

(一) 职业生涯目标的分解

【小故事】

故事的主人公是休斯敦太空总署航天飞机实验室的一名工作人员，他同时在总署旁边的休斯敦大学主修电脑。纵然忙于学校与工作之间，几乎占据了他一天24小时的全部时间，但只要有多余的一分钟，他总是会把所有的精力放在他的音乐创作上。

写歌词不是他的专长，所以在这段日子里，他到处寻找一位善写歌词的搭档，与他一起创作歌曲。终于，他结识了一位朋友，她叫凡内芮。就是她在他的事业起步时，给了他最大的鼓励。

年仅19岁的凡内芮在得州的诗词比赛中，不知得过多少奖牌。她写的作品总是让他爱不释手，当时他们共同创作了许多很好的作品，一直到今天，他仍然认为那些作品充满了特色与创意。

一个星期六的早上，凡内芮又热情地邀请他到她家的牧场烧烤。她的家族是得州有名的石油大亨，拥有庞大的牧场。她的家族虽然极为富有，但她的穿着、所开的车，与她虔诚待人的态度，更让他加倍佩服她。凡内芮知道他对音乐的执着，然而面对那遥远的音乐界及陌生的美国唱片市场，他们一点渠道都没有，他们真不知道下一步该如何走。突然间，她冒出一句话："想想你5年后在做什么。"

他愣了一下。

她转过身来，手指着他说："嘿，告诉我，你心目中'最希望'5年后的你在做什么，你那个时候的生活是一个什么样子?"他还没来得及回答，她又抢着说："别急，你先仔细想想，完全想好了，确定后再说出来。"他沉思了几分钟，开始告诉她："第一，5年后，我希望能有一张唱片在市场上，而这张唱片很受欢迎，可以得到很多人的肯定。第二，我住在一个有很多很多音乐的地方，能天天与一些世界一流的乐师一起工作。"

凡内芮说："你确定了吗?"

他慢腾腾地回答："是的。"

凡内芮接着说："好，既然你确定了，我们就把这个目标倒算回来。如果第

5年，你有一张唱片在市场上，那么你的第4年一定是要跟一家唱片公司签上合约。”

“那么你的第3年一定是要有一个完整的作品，可以拿给很多很多的唱片公司听，对不对？”

“那么你的第2年，一定要有很棒的作品开始录音了。”

“那么你的第1年，就一定要把你所有要准备录音的作品全部编曲，排练就位准备好。”

“那么你的第6个月，就是要把那些没有完成的作品修饰好，然后让你自己可以逐一筛选。”

“那么你的第1个月，就是要把目前这几首曲子完工。”

“那么你的第一个礼拜，就是要先列出一张清单，列出哪些曲子需要修改，哪些需要完工。”

“好了，我们现在不就知道你下个星期一要做什么了吗？”凡内芮笑笑说。

“喔，对了。你还说你5年后，要生活在一个有很多音乐的地方，然后与许多一流的乐师一起忙着工作，对吗？”她急忙补充说，“如果，你的第5年已经在与这些人一起工作，那么你的第4年按道理应该有自己的一个工作室或录音室。那么你的第3年，可以是先跟这些圈子里的人一起工作。那么你的第2年，应该不是住在得州，而是住在纽约或者是洛杉矶了。”

次年，他就辞掉了令许多人羡慕的航天飞机实验室的工作，离开了休斯敦，搬到了洛杉矶。

说也奇怪，不敢说是恰好第5年，但大约可以说是第6年。1983年，他的唱片在亚洲开始畅销起来，他一天24小时几乎全都忙着在与一些顶尖的音乐高手日出日落地一起工作。

在人生发展过程中，实现一个远大宏伟的目标很少能够一气呵成，必须分解成若干易于达到的阶段性目标。目标分解的目的是让我们清楚，第一步做什么，下一步做什么。职业目标分解是根据观念、知识、能力差距，将职业生涯规划中的远大目标分解为有时间规定的长、中、短期分目标，直至将目标分解为某确定日期可以采取的具体步骤。目标分解是将目标清晰化、具体化的过程，是将目标量化成可操作的实施方案的有效手段。所以，目标分解是实现职业生涯目标非常重要的方法。

目标分解的方法主要有两种:按性质分解和按时间分解。按性质分解,可以将目标分为外职业生涯目标和内职业生涯目标;按时间分解,可以将目标分为最终目标、长期目标、中期目标、短期目标。

1. 按性质分解。

职业生涯可以分为外职业生涯和内职业生涯。外职业生涯是指在职业生涯过程中所经历的职业角色(职位)及获取的物质财富的总和,它是依赖于内职业生涯的发展而增长的。内职业生涯是指在职业生涯发展中通过提升自身素质与职业技能而获取的个人综合能力、社会地位及荣誉的总和,它是别人无法替代和窃取的人生财富。

因此,职业生涯目标按性质分解,可以分解为外职业生涯目标和内职业生涯目标。外职业生涯目标侧重于职业过程的外在标记,主要包括工作内容、职务目标、工作环境目标、经济收入目标、工作地点等。内职业生涯目标侧重于在职业生涯过程中的知识、经验的积累,观念、能力的提高和内心感受。

一般来说,外职业生涯的这些因素多数是别人给予的,大学生如果只是追求外职业生涯的内容,就会经常陷入不安,甚至担惊受怕。而内职业生涯的内容即知识、经验、能力、观念、心理素质、内心感受等,这些因素需要努力才能获得,属于内在的稳定的东西,一旦拥有,别人就无法拿走。从内职业生涯与外职业生涯的性质分析,内职业生涯才是真正的人力资本所在,内职业生涯的发展是外职业生濡发展的前提,提高内业生涯而取得的工作成绩,会转化为外职业生涯,内职业生涯发展会带动外职业生涯的发展。内职业生涯在人的职业生涯成功乃至人生成功中具有关键性的作用。因而在职业生涯的各个阶段,我们都应高度重视内职业生涯的发展。尤其是在职业生涯早期和中前期,特别是对于尚未毕业的大学生,或者是刚刚参加工作的大学毕业生,我们一定要把对内职业生涯各因素的追求看得比外职业生涯更重要一些。内职业生涯的目标应该是大学生重点关注的内容。

【小故事】

齐瓦勃出生在美国乡村,只受过很少的学校教育。15 岁那年,家中一贫如洗的他到一个山村做了马夫,然而雄心勃勃的齐瓦勃无时无刻不在寻找着发展的机遇。3 年后,齐瓦勃终于来到钢铁大王卡耐基所属的建筑工地打工,并抱定了要做最优秀的员工的决心。当其他人抱怨工作辛苦、薪水低而怠工的时候，齐瓦勃却默默地积累着工作经验，并自学建筑知识。一天晚上，同伴们在闲聊，唯独他躲在角落里看书。那天恰巧公司经理到工地检查工作，他看了齐瓦勃手中的书，又翻开了他的笔记本，什么也没说就走了。第二天，公司经理把齐瓦勃叫到他的办公室，问："你学那些东西干什么?"齐瓦勃说："我想我们公司并不缺打工者，缺的是既有工作经验又有专业知识的技术人员和管理者，对吗?"经理点了点头。不久，齐瓦勃就被升任为技师。有打工者讽刺挖苦齐瓦勃，他回答说："我以前为老板打工，并不单纯为了赚钱，我是为自己的梦想打工，为自己的远大前途打工。我们只能在业绩中提升自己。我要使自己工作所产生的价值，远远超过所得的薪水，只有这样我才能得到重视，才能获得机遇!"抱着这样的信念，齐瓦勃一步一步升到了总工程师的位置。25岁，齐瓦勃做了这家建筑公司的总经理。后来，齐瓦勃终于建立了大型的伯利恒钢铁公司，并创下了非凡的业绩，真正完成了从一个打工者到创业者的飞跃。

齐瓦勃的外职业生涯发展不是偶然的，它是在知识、观念、经验和能力等内职业生涯因素内容不断更新、水平不断提高的基础上发展的。所以在职业生涯发展道路上，重要的不是你现在所处的位置，而是你迈出下一步的方向。

2. 按时间分解。

职业生涯目标按时间维度划分，在最终目标之外，还可分为长期目标、中期目标和短期目标。这些与时间相关的目标往往是相对的，一些目标对于某些人是长期目标，对于其他人则可能是中期目标。

(1) 长期目标一般是指五年以上的目标。基于自身的能力、发展潜力和社会经济发展的趋势，勾画出自己的职业生涯高峰，这就是职业发展的长期目标。它具有"未来预期"、"宏观综合"、"人生理想"、"发展方向"、"引导短期"和"自身可变"的性质。

大学生在制定长期的职业生涯目标时，需要采用长远的眼光来看待问题，需要努力地思考以下问题：① 我现在在哪? ② 我现阶段的优势和劣势是什么? ③ 在(假设)五年的时间里，我想要处于一个怎样的位置? ④ 我如何达到那个位置? ⑤ 我怎样提高自己的综合能力?

这种战略性的思考将会给你一个应该遵循的方向(或一系列方向)，或者会给你一个目标(或一系列目标)。

(2) 中期目标一般为三至五年内的目标。中期目标是为长期目标服务的，我们可以将长期职业生涯目标分解成不同时间段的中期职业生涯目标。它相对长期目标要具体一些，如取得学士学位、攻读硕士学位、参加一些旨在提高技术水平的培训并获得等级证书等。

(3) 短期目标通常是一至三年内的目标。短期目标是中期目标和长期目标的具体化、现实化和可操作化，是最清楚的目标。短期目标作为达到长期目标的初始步骤，通过攻克一个个短期目标，逐步逼近中期目标，最终达到长期目标。

各个不同时期目标的基本特征

目标类型	长期目标（指5年以上的目标）	中期目标（一般为3—5年内的目标）	短期目标（通常是1—3年内的目标）
特征	和社会发展需求相结合； 非常符合自己的价值观，为自己的选择感到骄傲； 有实现的可能，并有挑战性； 能用明确语言定性说明； 在一定时间范围内实现即可； 对实现目标充满渴望； 立志改造环境； 长期眼光； 目标始终如一，长期坚持不懈； 创造美好未来。	基本符合自己的价值观，充满信心，且愿意公之于众； 目标切合实际并有所创新； 能用明确的语言定量说明； 有比较明确的时间，且可做适当调整； 对目标实现的可能性做过评估； 可以利用环境； 全局眼光； 与长期目标一致； 改变有可能改变的事情。	目标可能是自己选择的，也可能是被动接受的； 未必由自己的价值观决定，但是可以接受； 目标切合实际； 具备可操作性； 明确具体的完成时间； 对实现目标有把握； 需要适应环境； 现实眼光； 朝向长期目标，以“迂”为直； 接受已经发生的事实。

(二) 职业生涯目标的组合

总目标分解后，为了更有效地处理不同子目标间的相互关系，对具有因果关系与互补性的目标，要积极地进行组合。目标组合是处理不同目标相互关系的有效方法。如果只看到目标之间的排斥性，就只能在不同目标之间做出排他性选择；如果能看到目标之间的因果关系与互补性，就会积极进行不同目标的组合。

1. 时间上的组合。

职业生涯目标在时间上的组合可分为并进和连续两种情况。

(1) 并进。目标并进是指同时着手实现两个以上的工作目标。有时候，外部环境给予我们的机会很多，让我们面临多个选择，于是会出现两个或多个不同方向的职业生涯目标。只要处理得好，在一定时期内，是可以做到鱼与熊掌兼得的，当然，前提条件是自己必须具有足够的精力和能力来应付。对于大学生来说，我们仍然倡导一段时间内只设定一个大目标。

(2) 连续。目标连续指用时间坐标做链接，将目标前后连接，即实现一个再进行下一个。一般而言，较短期目标是实现较长期目标的支持条件。目标的期限性是相对的，随着时间的推移，长期目标成为中期目标；中期目标成为短期目标；短期目标成为近期目标。只有完成好每一个近期目标，才能实现最终目标。

职业生涯的阶段目标与职业生涯的最终目标相关联，若将职业生涯的阶段目标转变成最终目标，只需将各个阶段目标连接起来，加上一个时间表，再加上一目标达成结果的评估方式。

2. 功能上的组合。

职业生涯目标在功能上可以产生因果关系、互补作用。

(1) 因果关系。有些目标之间有非常明显的因果关系，比如能力目标实现(原因)，将有利于职务目标的实现(结果)；职务目标的实现(原因)，会带来经济收入目标的实现(结果)。通常情况下，内职业生涯目标是原因，外职业生涯目标是结果。例如，经济目标设定在5年以后年薪达到70万元。要想使这一目标变成现实，有两种可能：一种是职务有很大的提高，一种是业绩非常优秀，就是使职务提升，或者使业绩提高。要想职务提升或者业绩提高，必要条件是能力提升。如果要想得到能力提升这个结果，必须更新知识、树立新的观念，然后去实践。如果知识、观念更新了，实践能力提高了，职务提升了，业绩突出了，那么一个人得到更多的报酬是顺理成章的事。

(2) 互补作用。一个管理人员希望在成为一个优秀的部门经理的同时得到MBA证书，这两个目标之间存在着直接的互补作用：实际管理工作为MBA的学习提供实践的经验体会，而MBA学习又为实际的管理工作提供理论和方法指导。同样，高校教师往往同时肩负教学和科研两项任务，教学为进行科研工作提供了理论基础和方法指导，科研又促进了教学内容的丰富更新和质量提高。

3. 全方位组合。

全方位的组合指个人事务、职业生涯和家庭的均衡发展，相互促进。我们说事业成功，学业有成，不等于家庭一定成功。千万不要以为事业成功后，家庭生活一定也会成功。反之，一个人管不好一个家，不代表不能管好一个企业，不代表不能管好一支队伍。这是两套知识体系、两套能力体系，相互之间不能替代，但可以相互促进。

目标组合可以超出职业生涯范围和全部人生活动联系起来。在建立职业生涯目标时，应考虑自己在个人发展、家庭生活和职业生涯发展中的各种愿望。事业不是生活的全部，任何一个人都不能离开家庭和休闲娱乐，完美的职业生涯规划不应把生活中的其他内容排斥在外。目标组合可以超越狭隘的职业生涯范围，将全部的人生活动联系协调起来。

（三）规划的制订和实施

1. 规划与实施。

目标的分解和组合只是一种方法，具体的行动方案还要结合自己的实际情况认真规划。完整的职业生涯规划，通常可以按照一定结构的《职业生涯规划设计书》来表达、展现。本章“知识拓展”中提供了一份《设计书实例》，供参照学习。现实中，许多人心中虽有一个大致的、模糊的设想，但没有成文东西，而且计划不清晰、不具体，也缺乏可操作性，影响了职业生涯发展的进程。职业生涯规划具体实施的过程，是一个与规划过程本身相逆的过程。先从具体的、短期的目标开始实施，等短期目标逐个实现了，中期目标就开始实现，而中期目标实现了，长期目标也将逐步实现。同时，一个好的规划应该是可修正的，因此要建立有效的反馈机制，根据环境的实施结果及时评估进行修正。在我们的职业生涯进程中，无论是社会、组织环境，还是我们自己，都会经常发生这样那样的变化，其中很多变化是我们事先难以预测的。这些不确定因素的存在，可能会使实际结果偏离原来的规划目标。这就要求我们时时注意内外环境的变化，不断地审视自我、调整自我，不断地修正策略和目标。进行生涯评估的根本目的就是让自己时刻保持最佳状态，在通向最终目标的生涯大道上跨越障碍，少走弯路。

2. 反馈评估。

评估可以参照各类短期、中期预定目标和实际结果比照而行。一般来说，任何形式的评估都可以归结为自我素质和行为对现实环境的适应性判断，分析自己的现状，特别是针对变化的环境，找出偏差所在，并做出修正。

首先要抓住最重要的内容。评估过程中也不必面面俱到，而是抓住一两个关键的目标和最主要的策略方案进行追踪。在职业生涯的某一阶段，一两年内，或者三五年内，总有一个最重要的目标，其他目标都是指向这个核心的。可以通过优先排序，重点评估那些可能达到这个核心目标的主要策略执行的效果。

其次要分离出最新的需求。针对变化了的内外环境，要善于发掘最新的趋势和影响。俗话说“跟上形势”，对于新的变化和需求，要思考怎样的策略才是最有效而且最有新意的。

再次是必须找到突破方向。有时候，在某一点上取得突破性的进展将使整个局面发生意想不到的改变。想一想先前规划中的策略方案，哪一条对于目标的达成应该有突破性的影响，达到了吗？为什么没达到？如何寻求新的突破？

最后还应该关注最弱点。要及时发现自己的素质与策略的“短板”，然后想办法修正。可以回过头来，看看你在实施策略前，通过SWOT分析发现的劣势点如今是否通过阶段行动的努力而有所改观。如果没有，为什么会行而无效，或者行不通？差距又在哪里？具体的差距通常可以从观念差距、知识差距、能力差距和心理素质差距等四个方面进行查找。

3. 目标的修正。

要根据评估的结果进行目标和策略方案的修正。修正的内容包括：职业的重新选择、职业生涯路线的选择、阶段性目标的修正、实施措施和行动计划的变更等。通过反馈评估和修正，应该达到下列目的：对自己的强项充满自信（我知道我的强项是什么）；对自己的发展机会有一个清楚的了解（我知道自己什么地方还有待改进）；找出关键的待改进之处；为这些待改进之处制订详细的行为改变计划。总之，这是一个持续动态的过程，有效的职业生涯规划需要不断地反省、修正职业生涯目标，反省策略方案是否恰当，是否能适应环境的改变，同时可以作为下一轮决策的参考依据。

【小贴士】

360 度反馈评价

所谓 360 度反馈评价，又可称为多源评估或多评价者评估。不同于自上而下、由上级主管评定下属的传统方式，360 度反馈评价将上级主管、同事、下属、客户等其他存在密切接触的人员，与员工自我的评估结合起来，全面评价。在反馈评估过程中，要尽可能打开窗户，向其他人征求意见。这些人可以是单位的领导、同事，也可以是朋友、亲人。其中，来自直接上级、直接同事和直接下级的意见最为重要，因为他们每天与你共处，相关利益最密切，往往能够在第一时间发现你的变化，捕捉到你的失误点。因此，及时有效的沟通和全面的信息交流对个人职业生涯的发展是非常重要的。

知识拓展

一、关于职业生涯发展的二十则箴言

刘威(Knewway)，EMBA，资深战略规划与品牌营销顾问

1. 在职业生涯发展的道路上，重要的不是你现在所处的位置，而是迈出下一步的方向。

2. 职业生涯开发与管理：只要开始，永远不晚；只要进步，总有空间。

3. 职业生涯的每一次质的飞跃都是以学习新知识、建立新观念为前提条件的。

4. 在职业生涯早期，对自己锻炼最大的工作是最好的工作；在职业生涯中期，挣钱最多的工作是最好的工作；在职业生涯后期，实现人生价值最大的工作是最好的工作。

5. 在职业生涯发展的进程中，什么时候你的工作热情、努力程度不为工资待遇不高、不为上级评价不公而减少，从那时起你就开始为自己打工了。

6. 千万不要把你的主要精力放在帮助你的上级改正缺点和错误上，用同样的时间和精力，你能从他身上学到的优点，一定多于能帮他改正的缺点。

7. 确定你的职业锚之日，就是你的职业转变为你的事业之时。

8. 在职业生涯发展的道路上没有空白点；每一种环境、每一项工作都是一种锻炼，每一个困难、每一次失败都是一次机会。

9. 在职业生涯发展的道路上，只要不放弃目标，每一次挫折、每一次失败都是有价值的。

10. 在职业生涯初期，我们可能做的是自己不喜欢而且不想从事一生的工作。要分清：喜欢不喜欢这份工作是一回事，应不应该做好这份工作、是否有能力做好这份工作是另一回事。切记：职业生涯发展是从做好本职工作开始的。当你还没有能力做好一份工作时，就没有资格说不喜欢。

11. 成功的人和不成功的人就差一点点：成功的人可以无数次修改方法，但绝不轻易放弃目标；不成功的人总是修改目标，就是不修改方法。

12. 职业生涯没有目标不行，目标太多不行，目标总变也不行。对目标的处理方法是：选择、明确、分解、组合，加上时间坐标。目标分解是在现实处境与美好愿望的实现之间建立可拾级而上的阶梯，目标组合是找出不同目标之间互为因果、相互促进的内在联系。

13. 求知是自我实现的前提，求美是自我实现的过程。

14. 只有暂时没有找到解决方法的困难，没有解决不了的困难。

15. 自我实现让人兴奋，天人合一使人平静。

16. 企业不仅是挣钱谋生的场所，更是学习进步、实现人生价值的舞台。

17. 内职业生涯发展是外职业生涯发展的前提，内职业生涯带动外职业生涯的发展。

18. 外职业生涯的因素通常由别人决定、给予，也容易被别人否定、剥夺；内职业生涯的因素主要靠自己探索、获得，并且不随外职业生涯的因素改变而丧失。

19. 外职业生涯略超前时有动力，超前较多时有压力，超前太大时有毁灭力；内职业生涯略超前时很舒心，超前较多时很烦心，超前太大时会变心。

20. 正确的角色定位需要理智，及时的角色转换需要智慧。

二、职业生涯规划设计书实例

这是一份经过部分删节的职业生涯规划设计书，其原稿是浙江某学院丁同学参加全国职业生涯规划大赛(2009)获得二等奖的作品，作品题目是《我的未来，我做主》。

引言：1988 年，一个活泼可爱的小女孩出生了，但是，她不知道迎接她的将是充满挫折的生活。从小失去父亲，一直得到老师、朋友、同学及社会的帮助，渡过了各种难关。小女孩暗暗下决心：今后要像雷锋一样，做一枚助人为乐、永不生锈的“螺丝钉”。

进入学院学习后，她多次参加暑期“三下乡”社会实践活动，利用自己的专业技术去贫困地区义务维修和支教，这些经历使她深深体会到做“螺丝钉”助人为乐的快乐。

古语讲，凡事“预则立，不预则废”，一份好的职业生涯规划是成功的开始。如今，女孩面临毕业，她终于可以在自己的职业领域中实现她的梦想。于是，她为实现这个梦想拟定了一份职业生涯规划——“螺丝钉”的职业生涯规划。

规划生涯，规划未来。这个女孩自信地喊出了：我的未来，我做主！

一、自我认知

认知自我是对自我及其周围环境关系多方面、多层次的认知和评价。我将结合我的理想从以下几方面来分析我的职业自我。

(一) 我的理想

1. **家庭对我的影响。**

2. **个人经历影响。**

☞老师的关爱

☞好友的帮助

☞兼职的经历

☞学生干部的锻炼

☞专业的特长

熟练掌握了钳工、车工、铣工及数控等操作技能，学习了CAD/CAM的各种应用软件（AUTOCAD、PRO/E等），并获得了钳工中级证、AUTOCAD的一级证、计算机一级证、数控中级等证书，除此之外，我还代表学校参加了全国、省市的各类创新技能比赛，获得了不少奖项。正是学校对我的培养，使我能更自信地去规划我的职业生涯。

3. **我的职业理想。**

综合以上分析，我明确自己的理想职业是：从事CAD/CAM软件销售与技术服务。

(二) 自我评价及他人评价

1. 360 度评估。

2. 360 度评估概况。

☞优点

个性外向、活泼大方，生活自立、自强、乐观、懂事乖巧；具有团结友爱、勤俭节约、吃苦耐劳、乐于助人的传统美德；有较强的领导能力、沟通交流能力、创新能力和适应能力；自信、有激情、有行动力，是值得信赖的领导型、事业型“女强人”。

☞缺点

个性倔强；有时会松懈，有惰性；做事不够果断；喜欢争强好胜，逞强；过于追求完美，太理想化；世面不广，知识面不足。

3. 自我评价。

4. 自我评价概况。

我是一个性格外向、乐观、自信、多才多艺、爱好广泛、能力突出、有传统美德的女孩子，有较强的事业心，具备了有待开发的创业潜能，但是我也是一个外强内弱、敏感的女人。

(三) 工具测评

1. 职业兴趣的测评

2. 职业性格测评

3. 职业锚的测评

(四) 测评分析与自我分析的结合

➢我的个性特征：

我是一个外向、活泼开朗的人，为人热情、大方、乐观、自信，喜欢挑战是我最大的个性亮点。

➢我的职业兴趣：

我喜欢与专业有关联性的工作，所以我的职业兴趣就倾向于技术部门的领导型、管理型的职务。

➢我的职业能力：

有扎实的专业基础，具备一定的专业技能；兼职与学校的实习奠定了我工作的基础，有一定的社会阅历与工作经验，使我具备了从事专业领域中领导干部的职业能力。

➢我的职业价值观：

家庭环境、社会对我的帮助，影响了我的职业价值观。我想利用我的职业技能去服务他人，为促进经济社会的和谐发展贡献自己的一份力，我愿在我的职业领域中做一枚能创造价值的“螺丝钉”。

（五）自我认知小结

经过上述的自我剖析、探索之后，我更加清楚地认识了自己，对于自身的优、劣势有了更深刻、全面的认识。

性格：外向、开朗、活泼、热情、活跃。

为人：友好、谦逊、善解人意、吃苦耐劳、乐于助人。

特长：机械设计、演讲、辩论、体育。

兴趣：销售、设计、管理。

能力：具备较强的沟通能力、心理素质好、实践能力强、担任过学生干部，具备了一定的领导能力和责任意识。

亮点：自立、自强、自信、乐观、有创新能力、勇于挑战、不轻言放弃、有行动力。

☞我的劣势

做事大大咧咧，不讲究，不够果断；

追求完美，太理想化；

太重义气，心太软；

喜欢争强好胜，喜欢逞强。

通过对上述优、劣势的分析，我明确了自身的长处与不足，有利于我在以后的生活中，不断努力，扬长避短，创造我成功的职业生涯。

二、外部环境分析

(一) 学校环境分析

1. 学校环境分析。

2. 学校环境对职业能力的提升。

3. 学校环境对职业价值观的影响。

(二) 就业环境

1. 大学生就业现状。

在严峻的就业形势下,大学生的就业受到了社会重点关注。随着高等教育的大发展,大学毕业生人数连年增长,就业压力不断增加。

虽然政府在不断增加就业机会,大学生就业问题仍然不容乐观。

☞影响大学生择业的因素

☞大学生就业趋势

2. 企业的用人原则。

3. 我的就业期望。

通过对就业环境的详细分析,我确定了自己职业生涯中的就业期望。

对单位的期望。我希望自己毕业之后进民营企业工作,能学到更多,容易受到器重,将我的才能发挥出来。

对岗位的期望。我希望从事技术服务或销售及能把我的专业技能综合为一体的工作,如 CAD/CAM 软件销售与技术服务。

对待遇的期望。我希望自己将来从事的第一份职业除了底薪之外,还设有相应的福利待遇,也有提成、年终奖等,我希望我的工资不要只是固定不变的薪金,而是具有上升空间的。

对地域的期望。相对于北京、上海、宁波等城市来说,我更喜欢在杭州工作。

对行业的期望。我是 CAD/CAM 专业的,我希望从事 CAD/CAM 软件销售与技术服务行业。因为 CAD/CAM 的技术已成为整个制造行业当前和将来技术发展的重点。

对职业备选的策略。理想与现实总会有偏差,我会通过对自己的评估调整我的职业期望。

（三）职业环境

1. **专业认知**。

当我们在选择职业时，专业对不对口往往是我们择业的重点。而我所学的专业是机械专业中的细分专业——计算机辅助设计与制造，简称 CAD/CAM。下面我将从几方面来分析：

☞ CAD/CAM 专业的性质与地位

☞ CAD/CAM 专业的培养目标

☞ CAD/CAM 专业的就业方向

☞ CAD/CAM 专业的岗位设置

☞ CAD/CAM 就业及发展前景

☞重点透析——应用软件销售与技术岗位

☞专业认知小结

通过对 CAD/CAM 专业的应用软件销售与技术服务这个岗位的分析，我认为自己各方面都比较适合这个岗位，并且在软件销售上我已有了 3 个月的实习经历，具备了一定的工作经验。我确定选择这个岗位是没有错的，相信我可以在这个领域做得很好。

2. **地域环境分析**。

☞不同地区的发展情况

☞重点剖析——杭州

地域分析小结。

3. **行业环境**。

① 机械 CAD/CAM 软件的销售与技术服务行业。

② 行业环境分析小结。

4. **企业环境分析**。

☞企业的环境分为宏观环境和微观环境

宏观环境一般包括 4 类因素，即政治、经济、技术、社会文化，简称 PEST，如下图所示。

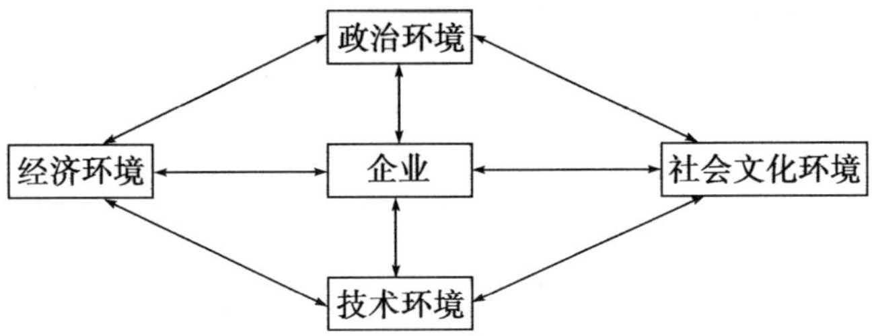

微观环境是企业生存与发展的具体环境。与宏观环境相比，微观环境因素更能够直接地给一个企业提供更为有用的信息，同时也更容易被企业所识别。微观环境因素，主要包括市场需求、竞争和资源以及直接有关的政策、法律、法令等方面，如下图所示。

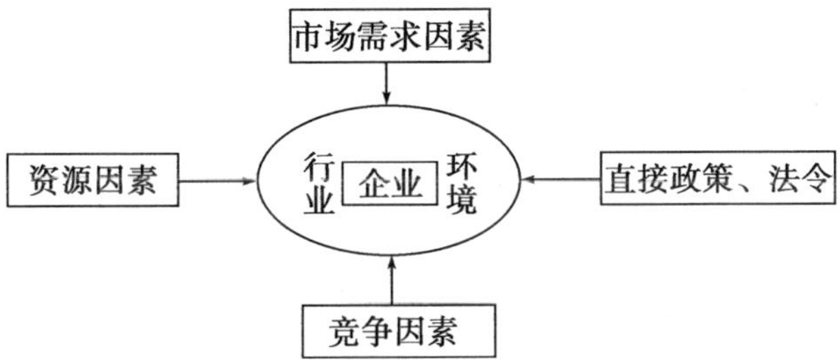

对一个企业的环境分析是非常重要的，只有这样我们才能结合自身条件选择更好的企业单位。

☞**重点透析——民营企业**

➢目标企业——杭州某公司

我认为，对于初出茅庐的我来说，选择这样的企业还是比较理想的。

➢企业环境分析小结

对于我们刚毕业的人来说，对企业的抉择也是就业的重点。企业环境是影响你发展的重要因素之一，所以我们必须对所从事的企业有一定的了解并进行有针对性地选择。因此，我决定刚毕业还是到杭州某公司发展。

三、职业目标定位

职业生涯规划，最重要的就是职业目标的定位。我针对自身的技术能力、专业水平、自我薪酬等进行综合考虑后，作了 SWOT 分析来确定我的职业定位。

(一) SWOT 分析

通过对自己的 SWOT 分析,发现自己从事软件销售与技术服务行业是非常乐观的。把在杭州的民营企业从事 CAD/CAM 软件销售与技术服务作为自己职业生涯初期目标的选择,是适合自己的。

(二) 职业定位

职业定位是职业生涯规划中的一个重要环节。我的职业目标:在 CAD/CAM 软件行业中,成为较大规模企业的总经理。

1. **近期职业目标(大学毕业)——优秀毕业生**。

2. **中期职业目标(工作后 5 年内)——公司的技术服务部经理**。

3. **长期职业目标(工作后 10 年)——成为 CAD/CAM 软件行业较大规模企业的总经理**。

我的中期职业目标实现了之后,我就拥有了资本,如社会阅历、技术服务部经理的经验等。具备了这些宝贵的自身财富之后,当然我的职业目标又提升了一层。找准机遇,选择一家更大规模的公司去发挥我的才能,带领团队实现在该行业全国 Top10 的目标。

4. **总的职业发展路径**。

四、职业生涯设计

职业生涯目标定位之后,就进入了职业生涯设计——职业的实施阶段。通过具体制订的行动计划来实现每个阶段的目标,我对自己职业生涯中的准备期、适应期、发展期、高潮期、稳定期 5 个时期做了时间与目标的规划,详细分析了毕业前期计划、毕业之后 1—5 年的计划以及毕业 10 年之后的发展方向。

(一) 职业生涯规划中的 5 个时期

准备期

适应期

发展期

高潮期

稳定期

(二) 制订行动计划

我的行动计划分为短期计划(毕业前)、中期计划(工作之后的1—5年)和长期计划(工作之后的10年)。

1. **短期计划**。

2. **中期计划**。

第1年,第2年,第3—5年

3. **长期计划——工作后10年**。

我的远期职业目标是成为一家较大规模的民营企业的总经理,让自己有更大的发展空间。

第6—7年:观察社会、企业动态,应聘浙江省名流企业内的技术总监职位,在更大空间内发展自己,带领团队创造高利润。

第8—10年:发挥自己社会阅历丰富、沟通能力强、做过多个基层岗位、熟悉业务、管理能力突出的优势,有对CAD软件行业发展的经营战略,成为一家较大规模的民营企业的总经理。

(三) 动态反馈调整

职业生涯规划不是一成不变的,它是个人对自己各方面的分析,综合考虑自己的理想职业。但是社会终究是现实的,我们的理想职业可能会因为环境、社会、人、事、物的一些影响而无法实现。针对这样的情况,我们必须在制订职业生涯规划时考虑动态反馈调整。

1. **评估我的职业目标**。

目的:使自己能快速认清自我,通过评估,进行分析,制订更适合自己的行动计划与职业目标;半年一次。

要素:可行性、一致性、灵活性、时事性、持续性。

内容:① 是否能适应工作环境;② 是否成了优秀员工;③ 是否成为技术服务部经理;④ 是否成功进入软件销售与技术服务行业的民营企业;⑤ 是否在民营企业里发展得好;⑥ 是否成为软件行业民营企业的总经理。

2. **调整我的职业目标**。

通过评估我任职的情况，对自己规划的职业目标、职业路径与行动计划进行调整。可能会选择更适合自己或者更有发展前景的工作来锻炼和培养自己，在通过调整之后，我也会对自己当前的情况作一个详细分析，找到自己更适合的职业，做一份更完整的职业规划来进行我的二次职业奋斗。

3. **修正职业目标**。

对自己本身来说，我的职业目标应该不会有很大的改变。因为现在的我即将走上职场，所以现在做的职业生涯规划是最适合自己，也是最具有幸福度和满意度的。通过对自我的剖析、环境的剖析等，我有了职业目标定位并制订了相应的行动计划，制定出一份目前为止最适合我自己的职业生涯规划书。但是，我也会在我实行计划并达到目标的过程中通过评估和反馈来适当修正自己。

4. **制订备选职业方案**。

假如我不能胜任目标岗位，我该怎么办？

假如我没进该行业规模较大的企业，我该怎么办？

理想与现实是有落差的，当我们发现自己经历的与自己想象的不一样时，我们该怎么办？这就需要我们制订备选的职业方案。

我的备选职业方案：

方案一：做 CAD/CAM 软件销售精英，成为公司的领导干部。

方案二：公司的管理类工作。

方案三：创业是最积极的就业。

五、结束语

一份适合自己的职业生涯规划，可以引领你实现完美的人生。

历经 3 个多月，我终于为自己拟订了一份适合自己的职业生涯规划，从 3 个月前对自己的未来还很迷茫，到现在已经可以明确说出我要过怎样的职业生活、我要达到怎样的职业目标，这对即将毕业的我来说是一件幸福的事情。

制订职业生涯规划的过程使我作了全方位的自我剖析，清楚了自己喜欢并且适合怎样的岗位；对外部环境、目标地域、目标行业企业、职业设计等有了清晰的了解，并制订出了自己今后详细的行动计划。为自己定下事业大计，筹划好未来，实现自己的“螺丝钉”梦想。

拓展练习

我的大学规划书

根据自己的实际情况和真实想法填写下表，并在每个学年都做一份同样的规划书，等到毕业的时候，再对比分析，看看自己有哪些改变和收获。这就是你大学生涯的写照和求职简历的最好素材。

<table>
<tr><td colspan="3">姓名</td><td></td><td>性别</td><td></td><td>专业</td><td></td></tr>
<tr><td colspan="3">我的兴趣爱好和特长</td><td colspan="5"></td></tr>
<tr><td colspan="3">我最想成为的人</td><td colspan="5"></td></tr>
<tr><td colspan="3">我的人生理想</td><td colspan="5"></td></tr>
<tr><td colspan="3">我的职业理想</td><td colspan="5"></td></tr>
<tr><td rowspan="8">第一学年</td><td rowspan="3">职业资本积累</td><td>学业目标</td><td colspan="5"></td></tr>
<tr><td>素质和能力目标</td><td colspan="5"></td></tr>
<tr><td>我想参加的社团或活动</td><td colspan="5"></td></tr>
<tr><td rowspan="5">自我人格完善</td><td>个人特殊能力发展</td><td colspan="5"></td></tr>
<tr><td>养成一个好习惯</td><td colspan="5"></td></tr>
<tr><td>克服一个毛病</td><td colspan="5"></td></tr>
<tr><td>本学期自勉的话</td><td colspan="5"></td></tr>
<tr><td>其他个人目标</td><td colspan="5"></td></tr>
</table>

第六章

大学生职业生涯准备

在绝大多数情况下，个人在社会中所处的地位更多的不是由智商决定，而是由其他一些因素决定。

——哈佛大学教授 加德纳

没有燃烧，就不会有灰烬；而灰烬，是生命必不可少的养料。

——中国当代作家 迟子建

习惯真是一种顽强而巨大的力量，它可以主宰人生。因此，人自幼就应该通过完美的教育，去建立一种好的习惯。

——弗朗西斯·培根

一个猎人，带上猎枪、弹药、袋子以及和他意气相投的、忠实的狗朋友，到森林中去猎取飞禽走兽。

猎人去打猎，枪筒里却未装上火药。有人劝他在家里就把弹药装好，他还是带着空枪就走，不以为然地说："不需要！我非常熟悉这条道，连只麻雀也看不到。要达到目的地需要整整 1 个小时，路上装 100 次弹药都来得及。"

可结果呢？命运女神仿佛故意跟他开玩笑。他刚刚离开出发地，就看见一群野鸭在湖面上嬉戏。如果事先装好弹药，他一梭子弹就能打中六七只，这些野味足够他吃一星期。尽管此刻他赶紧装弹药，但是野鸭已经有了警惕，还没等到他装好，野鸭就大叫一声，振翅起飞，高高地在森林上空排成一队，马上就消失得无影无踪。

猎人继续在森林里转悠，结果一无所获，甚至连一只麻雀都没有碰见。而且不幸的是，天突然下起了大雨。就这样，全身都被淋湿的猎人只好空着双手回到了家里。

【机会只会青睐有准备的人。同学们，当你开启属于自己的职场生涯时，你愿意做一个有准备的猎人，还是一个没准备的猎人呢?】

第一节　大学生的职业生涯实践

职业生涯规划的过程，也是一个生涯实践的过程。在人一生的发展过程中，大学生活不过三四年时间，但大学生活实践是人生职业生涯规划的开端和基础，人生的理想将在这里形成，人生的道路将在这里起步，美好的生活将从这里开拓，因此大学生应该珍惜大学时光，有效管理自己的大学生活，用实践和行动塑造属于自己的未来。

一、大学生活实践是大学生职业生涯规划的基础

大学阶段对应着人生的青年中期。青年中期的时间跨度是 18—30 岁。在生命的全程中，青年中期的特殊任务是明确方向。个人的世界观、个性、才能、职业、婚姻等一系列重大问题的答案都会在这一时期明朗化。可以说人生中的许多重大抉择都在这一时期作出，所以这一时期被称为人生的“定向阶段”。

(一) 大学生活是人的生命成长中最为关键的阶段

进入大学，大学生们在人生中第一次放下高考的重担，开始追逐自己的理想、兴趣；第一次离开家庭的呵护，独立参与团体和社会生活；第一次不再单纯地学习或背诵书本上的理论知识，而是有机会在学习理论的同时亲身实践；第一次不再由父母安排生活和学习中的一切，而是自由处理生活和学习中遇到的各类问题，支配所有属于自己的时间。

大学阶段可能是人一生中最后一次能够系统地接受教育，可能是最后一次能够全心建立自己的知识基础，可能是最后一次可以将大段时间用于学习，可能是最后一段拥有较高的可塑性、可以不断修正自我的成长历程，可能是最后一次能在相对宽容的环境中学习为人处世之道。

这些“第一次”和“最后一次”，都将成为大学生未来人生道路的基石和重要转折点。从整体上看，大学生身心两方面都日臻成熟。其身体发展已达到成熟状态，是人生中体态最优美、精力最旺盛的时期，往往不知疲倦，而且从内心习惯了自己身体的变化并为自己充满活力的青春而骄傲，因而比较重视自己的仪表美。大学生在心理上的成熟在多方面显现，其逻辑思维与辩证思维能力、对事物的分析与综合能力、创造能力及解决问题的能力都有可能达到高级水平。

(二) 大学职业生涯活动的核心内容

大学生在大学阶段的全部实践活动，都是职业生涯的一个重要组成部分。在这个特殊的阶段中，大学生职业生涯活动的核心内容包括探索、准备、实践三个主题。

1. 职业生涯的探索。

按舒伯的职业生涯发展理论，大学生正处于职业生涯的探索阶段。在这个阶段，大学生的自我意识逐步健全，他们不仅能比较细致、深刻地认识外部物质世界及其运动变化规律的本质，而且有可能清晰地认识人类与世界的关系，作为主体的自己在世界中的地位以及与世界的关系。同时，大学生还开始对社会及人生意义有了认识与思考，不仅构建起自己的人生理想，而且还试图寻找通向理想的现实道路。认识职业自我，探索职业世界，确立职业理想与目标，关心毕业后的就业方向，已经成为大学生的思考热点、焦点。

2. 职业生涯的准备。

大学阶段是个体进入社会职业前的最后一个人生阶段，也是个体生命出生以来到进入社会前与社会关系最为直接的时期。在大学阶段，学生们要以大学生活的实践内容为基础，为毕业后的生涯之旅做好准备。从这个意义上说，整个大学生活阶段，都是未来生涯的准备期。大学的三年、四年，为的是未来的三十年、四十年！

3. 职业生涯的实践。

在对职业生涯进行全面探索之后，大学生对自身职业生涯的基本目标和职业发展的路线已经有了一个初步的认识，生涯实践活动的画卷就正式展开了。专业知识与技能的掌握，社会实践的积极参与，业余生活的设计与安排，都成了职业生涯的前奏。从职业生涯规划的角度看，大学生的主要任务是学习，所以应特别重视专业学习、通识能力学习、学习能力提升的规划，把学业规划摆在第一位；大学生处于世界观形成期、习惯养成期、梦想构建期、人脉建立期，因此以良好习惯养成、思维方式训练、梦想构筑、专业人脉建立等为主要内容的成长规划，也应该成为大学生生涯规划的重点方向；大学生对社会缺乏了解，因此还应该多参加实习见习、义工志愿者活动、职业体验及生涯人物访谈等，努力做好社会实践规划。

在大学阶段，我们已经开始为生涯目标制定具体措施，包括学习、工作、培训等各个方面。例如，通过什么样的途径来实现目标，计划采取什么措施提高学习效率，计划如何拿到更多的技能证书，计划采取什么措施提升各项能力和综合素质，等等。这些都逐步有了具体的计划与明确的措施。值得注意的是，这些计划要特别具体，以便于定时检查。另外，应学会将职业目标层层分解，将其分解为短期目标、中期目标和长期目标，年目标、月目标、周目标、日目标等。分解目标有利于自己根据环境变化制订和调整短期实践计划，并采取有效措施。

二、大学生活与大学生学业规划

职业生涯是一个发展的过程，具有阶段性和连续性。大学生活实践是大学生职业生涯规划的重要基础，大学生活的经历和收获直接影响未来的职业选择与职业发展。同时，大学生活实践本身，也是职业生涯的重要内容，出彩的大学生活是人生彩虹的重要组成部分，在人生过程中具有重要意义。因此，大学生的首要任务是应该按照自己对职业生活的预期，合理设计并有效管理自己的大学生活。

(一) 大学生生活方式的特点

生活方式是指生活的方法与形式。抽象地说，是时间、空间和人类群体及其活动的复合。大学生作为一个特殊的社会群体，有其特定的生活方式。大学生的生活方式具有丰富的内涵，它以民族精神为背景，体现时代的风貌。从某种意义上看，大学生生活方式不仅反映着传统文化的精髓，而且也展示着未来社会的发展趋势。

我国大学生的生活方式具有如下特点：

1. 优越、健康的成长成才环境。

高等学校集中了一大批专家、学者、精英，有丰富的图书资料、先进的实验设备，还有来自五湖四海的同学少年，同气相求、同声相应，同学们在大学校园里可以系统地学习专业知识，健康地成长成才。

2. 群居式的生活环境。

大学生通常几人同居一个寝室，在这么一个年轻人集中生活的单元里，对于刚刚独立起居的大学生而言，既有一种轻松感，也有一种局促感；对独立生活的向往与顾忌，给大学生带来成长的机会与挑战。

3. 严格的群体规范。

大学生活除了社会的规范之外，还要受到《大学生守则》等各种规章制度的约束。由于大学生尚不是独立、完全的社会人，正处于学习阶段，而且过的又是集体生活，所以，规范的严格约束特别需要。

4. 丰富多彩的精神生活。

大学校园文体活动积极健康，社团活动红红火火，大学生的精神消费层次较高，精神生活丰富多彩；大学生的闲暇活动一般都是志趣相投者的共同行动，而且所从事的活动也是“动”多“静”少，充分体现了其集体性和动态性。

5. 和谐的人际关系。

大学同学之间相互学习、相互帮助、相互促进，不存在实质上的矛盾、利益冲突，无论同学间的经济条件有多大差异，大家共同进步的机会是平等的。老师学生之间，你尊我爱，教学相长。

6. 物质消费的依附性。

大学生在经济上还没有独立，经济来源除了来自政府和学校的补贴外，一般都来自家庭的供给。因此，大学生的物质消费具有高度的依附性。

大学生生活方式的特点是明显的，也是在不断发展变化的。把握大学生活的特点，有利于大学生有效管理自己的大学生活，更加自主地掌控与规划自己的未来。

（二）大学生活的主要任务与学业规划

前面我们已经说到，大学生活的任务是多层面的。大学任务异常艰巨，要管理好大学生活是不容易的。“我也想管住自己，但总是……”几乎所有的大学生都有如此的感慨！有论者提出，大学生在大学里的任务，一要学会学习，二要学会做事，三要学会做人，四要学会发展。学会学习、做事、做人与发展，从职业生涯的意义上看，就是要求我们必须在学习专业知识、加强社会实践、培养良好素质等诸方面齐头并进，同时在学业、成长、实践三个方向上规划与发展。

1. 大学生学业规划的内涵。

大学生学业的概念，从狭义理解，就是指专业知识学习和通识能力、学习能力的提升；从广义理解，大学生的学业是指大学生在高等教育阶段所进行的以学为主的一切活动。我们讲大学生的职业生涯实践应该从学业规划、成长规划和社会实践规划三个方面着手。这里的学业，是狭义的。

什么是学业规划？一般说来，学业规划是指为了提高学习者的人生职业（事业）发展效率，而对与之相关的学业进行的筹划和安排。具体来讲，是指在求学者完成文化启蒙阶段的学习以后，也就是在决定其职业发展方向的源头上(一般为初中毕业),通过对求学者的自身特点(性格特点、能力特点)、未来和正确认识,确定其人生阶段性事业(职业)目标,进而确定学业路线(专业和学校),然后结合求学者的实际情况(经济条件、工作生活现状、家庭情况等)制订学业发展计划,并通过日常具体的学业管理,以确保用最小的求学成本(时间、精力、资金等)获得阶段性职业目标所必需的素质和能力的过程。学业规划包括求学决策和学业管理两大要素。大学生的学业规划也有狭义、广义之分。狭义的学业规划,与成长规划和社会实践规划并称,取大学生学业的狭义内涵。广义的学业规划包括了大学生职业生涯实践的全部内容,涵盖了狭义的学业规划,还包括了成长规划和社会实践规划。大学生的学业规划,重点是学业管理。

2. 学业规划与职业规划的区别。

学业规划与职业规划同属于个人发展规划。个人发展规划从其发展阶段来分,可以分为两类,一类是初中毕业后的学生以最有效率的方式获得实现自身人才价值的职业或事业平台的个人发展规划,这被称为学业规划。主要是指规划主体为了高效地获得职业或事业平台而对学业(主要是初中后学业)所进行的筹划和安排。它的目的就是迅速高效地获得适合于自身发展的职业或事业平台,所以更强调所学与所长、所爱的统一,最大限度地提高自身的职业竞争能力,为顺利就业奠定基础。它所规划的人生发展阶段主要为初中毕业后至进入社会找到职业或事业的平台时期。另一类则是在获得职业或事业平台的基础上,以最有效率的方式实现自身人才价值最大化的个人发展规划,也就是对自己职业或事业发展路线的筹划与安排,这就是职业规划。它所规划的人生发展阶段是找到适合于自身发展的职业或事业平台到退休为止。学业规划的目的是在实现人才性价比最大化的前提下完成就业,而职业规划的目的则是为了最大限度地实现自身的人才价值。显然,在这两类不同的个人发展规划中,学业规划是职业规划的基础,职业规划是学业规划的升华。如果从个人经营的角度出发,则学业规划为个人的人才经营战略规划,而职业规划则只是销售策略。因此学业规划对人生的发展更具有全局性和长远性的战略意义,而职业规划则只能算作战术性策略。

对于大学生而言,我们可以把学业规划看作是职业规划的一个阶段或者一个部分,是职业生涯规划在大学阶段的实践,是职业生涯规划在大学阶段的阶段性体现。

3. 大学生学业规划的实施。

无论是职业规划还是学业规划,成功的法宝只有两个字:行动!俗话说:心动不如行动,能有机会的时候就要立即行动。歌德有一句名言:“仅有知识是不够的,我们必须应用;仅有愿望也是不够的,我们必须行动。”职业生涯目标能否实现,很大程度上取决于能否立即行动,因为只有行动才有成功的可能性。

大学生活是有其自身规律的,应明确大学各阶段的不同特点,根据大学三、四年不同阶段的不同目标和任务,采取切实有效的措施,一步一个脚印地去实施。

大学一年级为试探期,作为大学生学业的基础阶段,也称养成教育阶段。在这个阶段,刚刚进入大学校门的大学新生,重点是要适应大学生活,并准确地作出自我定位;初步了解职业,特别需要了解自己未来想从事的职业或自己所学专业对口的职业需要哪些能力和证书;为自己建立一份职业生涯规划档案,随时记录自己的特点、兴趣、职业能力倾向等内容;提高人际沟通能力,多与同学、师长进行交流。

大学二年级和三年级为定向期,作为大学生学业的发展阶段,也称成才教育阶段。在这个阶段,大学生自觉充实自己,通过各种渠道如社团活动、创业活动、学生会活动、班级活动等锻炼自己的各种能力;通过社会兼职、工学结合、社会实践等活动提高自己的知识与技能。同时在各种活动中提高自己的责任感、抗挫折能力等。在这个阶段,大学生逐渐明确自己的目标与方向,将来无论是深造、就业,还是创业,并开始为实现目标做好相关的准备工作。

大学四年级为冲刺期,作为大学生学业的最后阶段,是大学生走向社会开始新生活的全面准备阶段,也是学业生涯向职业生涯顺利过渡阶段,也称之前教育阶段。这一阶段的主要学业任务是要认真完成大学最后阶段的毕业实习和毕业设计(论文)等学习任务。从生涯规划角度看,首先要检验自己已确立的职业目标是否明确,然后为自己的职业目标作最后的冲刺。想继续深造的同学要做好两手准备,在准备考试的同时尽量抽出时间找工作;要就业的同学则应把目标锁定在提高求职技能、搜集招聘信息上;要创业的同学则要了解大学生创业的相关政策,尽早明确创业的项目、筹集资金和组建团队。

三、做时间的主人

时间具有“供给毫无弹性”、“无法蓄积”、“无法取代”、“无法失而复得”等特性，所以时间是最为宝贵的资源。时间就是生命，生命只有一次，人生没有彩排。同学们要做未来生活的主人，就必须做时间的主人。大学生活的一个特点是时间的自由支配性大大增强，因此我们要特别重视管理好自己的时间，这样，你才会拥有未来！

(一) 认识时间管理

什么是时间管理呢？在日常生活中始终如一、有的放矢地使用行之有效的方法，组织管理好自己生活的方方面面，最有意义、最大限度地利用自己所拥有的时间，这就是时间管理。

大学生的时间管理不仅仅是对学业的管理，也包含着业余时间的管理；不仅仅是对校园生活的管理，同时也包括对家庭生活、业余时间、业余爱好的管理。也就是说，时间管理应该是包含着生活中所有时间的合理利用和支配。

(二) 时间、效率和效能

时间管理有三大观念，第一是时间观念，第二是效率观念，第三是效能观念。对这三大观念的理解和把握，是时间管理的关键。

1. 时间观念：1 小时与 3 年的关系。

建立时间观念很重要，有了时间观念，才能利用琐碎的时间，把点点滴滴的时间珍惜利用起来。在人们的理解中，3 年是一个很大的时间单位，而 1 小时则是一个常被忽略的时间单位，实际上，如果每天能节约出 1 个小时，则在人生 70 年的岁月中，就可以节约出 3 年的时间，时间观念的重要性由此可见一斑。

2. 效率观念：速度能使石头漂起来。

所谓效率观念，就是要有速度。石头之所以能漂浮在水面上，如《孙子兵法》所言，“疾也”，也就是速度很快的原因。

3. 效能观念：目标和结果与人生奋斗方向相吻合。

我们习惯以效率衡量事物，而鲜论效能。人们常常夸奖一个人做事很有效率，却很少夸这个人非常有效能。

效率代表“快”，效能代表“多、快、好、省”，即数量多、速度快、结果好、品质高、成本节约，也就是说，我们讲效能，仅仅讲速度快还不够，还要方向正确、结果良好、效果明显、成本又低，同时效能的概念始终不偏离终极目标和结果。在时间管理中，时间的效能和人生的奋斗方向以及终极目标要相吻合。

(三) 时间管理的五种方法

为了让大学生们管理好自己有限的大学时间，下面特别介绍五种时间管理的理念与方法。

1. 时间管理的“四象限法”。

时间管理的“四象限法”，是美国管理学家科维(Stephen R. Covey)提出的一个时间管理的理论，把工作按照重要和紧急两个不同的维度进行了划分，可以分为四个“象限”(如下图)。

	轻	重
急	C	A
缓	D	B

象限时间管理法示意图

在由重要程度和紧急程度所构成的象限中，处理A、B、C、D四类事件的顺序依次是：

➨首先处理位于A象限的事情，也就是对既重要且紧急的事件首先处理；

➨其次应处理位于B象限的事情，也就是对重要但不紧急的事件进行处理；

➨接下来处理C象限的事情，也就是对不重要但很紧急的事件进行处理；

➨最后再处理D象限的事情，也就是不重要也不紧急的事件。

通过管理专家的研究，A类突发事件一般都是因为B类事件的处理存在问题导致的，也就是说，当对重要但不紧急的事件未做妥善处理时，这些事件会随着时间的推移而不断增加紧急成分，最终，B类重要但不紧急的事件都会转换为A类重要且紧急的突发事件。

而影响B类事件完成的因素则是由于C类事件遮住了我们的眼睛，使得我们忽略了B类事件，却花了很多精力去处理C类事件了，结果B类事件会慢慢变成 A 类事件。

在日常的学习活动中，B 类事件转化为 A 类事件的情况经常发生，当这些转化发生之后，我们只能马上停下手边的任何工作，全力以赴地处理这些 A 类事件，处理完后才回到原来的工作上，于是这种管理不善的情况就不停地在我们的时间表上循环出现。

为此，我们会花 50%左右的时间处理琐碎的杂事，也就是 C 类紧急但不重要的事情；又会花 50%左右的时间处理 A 类紧急的突发事件，于是，我们在 C 类事件和 A 类事件之间来回奔波，成了时间管理的救火队员，而 B 类事件则被扔在一边，虽然 B 类事件非常重要、很有价值，但被遗忘或无暇顾及。

综上所述，我们之所以有那么多的 A 类突发事件，是因为 B 类重要不紧急的工作做得不够，所以从时间分配的角度看，对紧急与重要的突发事件需要安排 20%—25%的时间，且一定要控制在 25%以下，对重要不紧急的工作需要安排 65%—80%的时间。也就是要把绝大部分工作时间花在重要但不紧急的工作上，把重要不紧急的工作变成紧急又重要的工作去做，对紧急不重要的工作花 15%的时间处理，不紧急也不重要的工作则可以扔掉。（如下图）

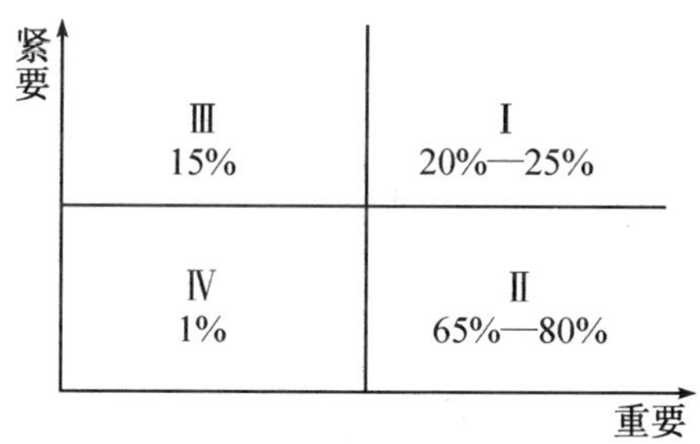

管理工作时间分配示意图

2. 时间管理的效率法：6 点优先工作制。

该方法是效率大师艾维利在向美国一家钢铁公司提供咨询时提出的，它使这家公司用了 5 年的时间，从濒临破产的企业一跃成为当时全美最大的私营钢铁企业，艾维利因此获得了 2.5 万美元咨询费，故管理界将该方法称为“价值 2.5 万美元的时间管理方法”。这一方法要求花 10 分钟时间把每天所要做的事情按重要性排序，分别从“1”到“6”标出 6 件最重要的事情。每天一开始，先全力以赴做好标号为“1”的事情，直到它被完成或被完全准备好，然后再全力以赴地做标号为“2”的事，依此类推……这样就可以保证每一时、每一分、每一秒都在做最重要、最有价值的工作。艾维利的效率法可以总结为以下三个步骤：

➡列出明天(下周、下月)要做的6件重要事情；

➡把这6件事情按重要程序排序；

➡上班开始先做1号，完成之后做2号，再做3号，依次类推，直至下班结束。

当我们处于时间有限、资源有限，而工作任务不可取舍的前提下，要有效地利用时间，就必须有所取舍，应选取最重要、最有价值的工作来执行。

艾维利的10分钟6件事的时间管理法，过去一般翻译成效率法，也叫艾维利效率法。从完成工作的性价比来看，它也可以称为效能法，因为艾维利的10分钟6件事的时间管理法最注重的是工作任务的重要性程度和价值，而不是紧急性程度。

3. 时间管理的“一周运筹法”。

时间管理是从计划开始的，好的时间运筹方法，需要对过去的工作进行科学合理的记录，发现时间浪费在何处，然后找到改进的措施，修正原有的时间管理方案，并严格按照这种安排执行，一周时间运筹法即是这种时间管理方法的代表。

在使用一周时间运筹法时，以星期时间为横坐标，标记星期一、星期二、星期三直到星期日，以小时时间为纵坐标，标记早晨、中午、上午、下午、晚上以及备注和总结，然后在接下来的一周里，进行认真记录，并对每天的时间利用进行总结，当一周的记录结束后，再进行周总结。如下表所示：

一周时间运筹法

时间	星期一	星期二	星期三	星期四	星期五	星期六	星期日
上午							
中午							
下午							
晚上							
备注							
总结							

对大多数的学生而言，周计划和周检讨是最有效、最重要的时间管理手

段。因为计划不如变化快，如果对发生的变化每天都进行追踪，会发现每天的计划实施有效性都在减弱，情况变动的频繁程度导致只见到眼前的具体工作，而往往忘记了整体的方向和目标，很难做到协调和平衡。所以周计划和周检讨非常重要，可以帮助我们修正和完善计划。

4. 时间管理的“帕累托原则”。

这是由19世纪意大利经济学家帕累托(Vilfredo Pareto)提出的。其核心内容是生活中80%的结果几乎源于20%的活动。在生活中，用20%的努力，可能会达到80%的效能。因此也被称为二八原理。比如，可能是20%的客户给你带来了80%的业绩，创造了80%的利润。对于时间与成就来说，我们80%的成就，通常也是由20%的时间达成的。因此，要把注意力放在20%的关键事情上，集中精力利用有限的时间去完成起关键作用的20%的任务，能达到事半功倍的效果。(如右图所示)

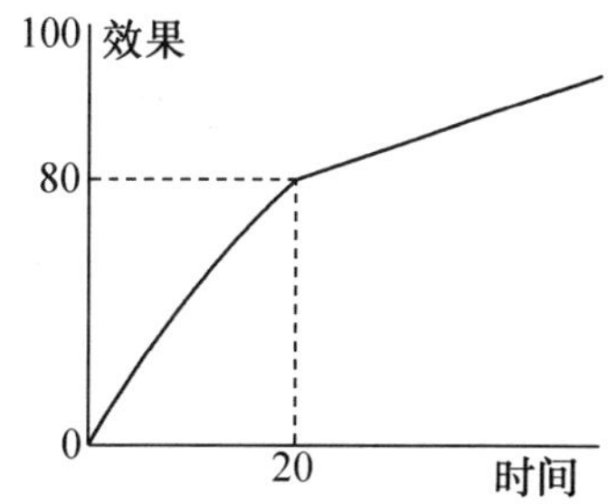

帕累托原则示意图

美国人伯纳姆认为，为了提高时间的效率和效能，做每一项工作任务之前都应该认真问以下三个问题：

◆第一个问题是“能不能取消，可不可以不做，为什么一定要做?”

◆如果工作不能取消，则需要问第二个问题：“这个工作能不能和其他的工作合并?”

◆第三个问题是“能不能用更简便的东西去代替这个工作？能不能用一个其他的任务达到相类似的效果?”

伯纳姆认为不是所有的工作任务都要做，面对工作，要“有所为，有所不为”，要能够有所取舍，没有办法取舍时要想办法合并，不能够合并时要思考有无替代的方案。

5. GTD——最新的时间管理概念。

GTD是Getting Things Done的缩写，来自戴维·艾伦(David Allen)的一本畅销书《Getting Things Done》(《尽管去做：无压工作的艺术》)。做事靠系统，而不是靠感觉。GTD的核心理念就是把我们积压在大脑中的事情全部转移出来，进行加工处理，最终成为一张结合场合的极富执行力的行动清单，让我们在某一时间只专注于眼前的事情，而不必担心是否忘记了其他的事情或者因想着其他的事情而分心。GTD有三个很大的好处:“处于没有压力的状态”、“增强信守承诺的能力”、“掌握快慢之间的节奏”。GTD的具体做法可以分成收集、整理、组织、回顾与执行5个步骤。

收集:就是将你能够想到的所有的未尽事宜(GTD中称为stuff)统统罗列出来,放入inbox中,这个inbox既可以是用来放置各种实物的实际的文件夹或者篮子,也可以是用来记录各种事项的纸张或PDA。收集的关键在于把一切赶出你的大脑,记录下所有的工作。

整理:将stuff放入inbox之后,就需要定期或不定期地进行整理,清空inbox。将这些stuff按是否可以付诸行动进行区分整理,对于不能付诸行动的内容,可以进一步分为参考资料、日后可能需要处理以及垃圾几类,而对可行动的内容再考虑是否可在两分钟内完成,如果可以则立即行动完成它,如果不行则进行对下一步行动的组织。

组织:组织是GTD中最核心的步骤,组织主要分成对参考资料的组织与对下一步行动的组织。对参考资料的组织主要就是一个文档管理系统,而对下一步行动的组织则一般可分为下一步行动清单、等待清单和未来/某天清单。等待清单主要是记录那些委派他人去做的工作;未来/某天清单则是记录延迟处理且没有具体的完成日期的未来计划,等等;而下一步行动清单则是具体的下一步工作,而且如果一个项目涉及多步骤的工作,那么需要将其细化成具体的工作。GTD对下一步清单的处理与一般的to do list最大的不同在于,它做了进一步的细化,比如按照地点(电脑旁、办公室、超市)分别记录只有在这些地方才可以执行的行动,而当你到这些地点后也就能够一目了然地知道应该做哪些工作。

回顾:回顾也是GTD中的一个重要步骤,一般需要每周进行回顾与检查,通过回顾及检查你的所有清单并进行更新,可以确保GTD系统的运作,而且在回顾的同时可能还需要进行未来一周的计划工作。

执行:按照每份清单行动。在具体行动时还需要根据所处的环境、时间的多少、精力情况以及重要性等,对清单及清单上的事项的行动作选择。

【小贴士】

石块、碎石、沙子和水的位置

一天,一位大学教授在给即将毕业的学生上最后一堂课。教授站在讲台上，指着讲桌上的铁桶和石块说："我能够传授给你们的知识都讲完了，今天我们来做个实验。"于是，教授把石块一一放进铁桶里。当铁桶里再也装不下一块石头时，教授停了下来，问："铁桶里现在是不是再也装不下东西了？""是！"学生答道。"真的吗？"教授问。随后，他从桌子底下拿出了一小桶碎石，随手抓起一把，放在已装满石块的铁桶上面，开始慢慢摇晃，然后又抓起一把，继续摇晃……过一会儿，学生们看见一小桶碎石全装进了铁桶里。"铁桶里还可以装东西吗？"教授又问。"可以吧。"根据上次经验，学生们小声回答。"没错。"教授边说，边又从桌子底下拿出一小桶细沙，倒在铁桶的上面。教授慢慢地摇晃铁桶。约半分钟后，铁桶上面的细沙就滑下去了。"现在铁桶装满了吗？""装满了。"学生们齐声回答。这一次，教授再从桌子底下拿出一罐水，将水慢慢地倒进铁桶里……最后，教授抬起头来，微笑着问大家："这个实验告诉我们什么？"一个学生马上站起来回答："即使你的日程表排得再满，你都能挤出时间做更多的事情。""有一定道理。"教授停了停，说，"它告诉我们，如果不先装石块，等装满了碎石、沙子和水，再装石块几乎就不可能了；如果先装石块，铁桶会留下意想不到的空间装碎石、沙子和水。因此，你们在以后的职业生涯中，必须分清楚什么是石块、碎石、沙子和水，并且总是先装石块。"

第二节　职业资本的优化

职业资本是指能够界定并促进个人职业发展的差异化技能，是职场成功的关键。在未来的社会中，每个大学生都希望自己成为抢手的人才，要想实现这一目标，除了要不断学习进取，还要不断优化自身的职业资本，形成差异化竞争优势。在职业发展过程中，习惯形成性格，性格决定命运，习惯最终决定个人的发展趋势；压力管理能力影响个人的身心健康及职业能力的发挥；而健商则是个人职业能力持续发展的基础和保障。

一、好习惯的养成

(一) 对习惯的理解

习惯,是人们在长期生活中逐步养成的一种相对稳定的思维和行为的倾向,是一种稳固的思维和行为定式。都说“习惯成自然”,当一种习惯渐渐稳固、成为人的个性的一部分时,它就像一个隐形人一样,自动地发挥作用,在不知不觉间控制着人的思想,指挥着人的行为,影响着人在生活中的每个细节。在社会生活中,人的行为总是被打上道德的烙印,所以人的习惯自然也就具备了高下优劣之分:它们不是造就你,就是毁掉你;它们不是有助于人,就是有损于人。

人类是一种习惯性的动物。我们生活中的绝大部分内容都来自这种思想和行为定式——习惯。正是习惯减少了思考的时间,简化了行动的步骤,使我们在做每一件日常事务时,不必事事学习、探究、尝试,而是以一种完全自动化的方式从容应对。也正是这种从容应对,才把我们从烦冗的日常事务中解放出来,使我们有时间和精力去从事一些更有创造性和挑战性的工作,让我们更有效率地工作和生活。

人是被习惯塑造出来的。一个人的个性,实际上就是自身习惯的总和。最初是人们塑造了自己的习惯,然后习惯就像获得了独立的生命一样,反客为主,反过来又塑造了人本身。所以,作为人自身的一部分,习惯具有强大的力量,尤其是那些良好的习惯,能够为人生注入强劲的动力,使生命更精彩。

(二) 成功需要好习惯

有家著名的公司招聘高级管理人才,对一群应聘者进行复试。尽管大多数应聘者都很有自信地一一回答了考官们的简单提问,可结果却未被录用,只得泱泱而去。

后来,有一位应聘者走进房间,看到洁净的地毯上扔着一个小纸团。这位应聘者不经意地弯腰捡起了纸团,准备把它扔进纸篓里。这时,主考官发话了:“您好,朋友,请看看您捡起的这个纸团吧!”这位应聘者迟疑了一下,打开纸团,只见上边写着:“热忱欢迎您到我公司任职。”

几年以后,这位捡纸团的应聘者成为了这家著名公司的总裁。

另一位应聘者同样过五关斩六将，经历了层层考试，最后脱颖而出进入面试阶段。在面试现场，主考官让她将椅子挪近一点。她当时并没有在意，在挪动椅子时发出了较大的响声，结果使她失去了这份唾手可得的工作。

事后，她深有感触地说："我当时把应聘可能需要注意的细节全都注意了，衣着整洁干净，自荐材料制作精美，回答问题也可以说是干净利落，但万万没有想到，主考官要我挪椅子竟然也是一种考试。"又是一个没想到，大风大浪都过来了，却栽倒在这"区区小事"上。

其实，两个故事蕴含着同样的道理：细节决定成败，习惯决定命运。

习惯既然有高下优劣之分，我们就应该对其一分为二地看。习惯本身是一柄双刃剑，它不能成就你，就会毁灭你。当一种不良的生活方式成为习惯的时候，就像在生命中形成一个可怕的黑洞，轻则无谓地消耗掉自己的时间和金钱，重则会吞噬青春和生命，甚至会危及家人或他人的幸福安宁。

（三）培养一个好习惯

【小贴士】

有一位禅师，带领一帮弟子来到一片草地上。他问弟子们，怎么可以除掉草地上的杂草。弟子们想了拔、铲、挖等各种办法。但禅师说，这都不是最佳办法，因为"野火烧不尽，春风吹又生"。

什么才是最好的办法呢？禅师说：明年你们就知道了。

到了第二年，弟子再次回来发现，这片草地长出了成片的粮食，再也看不见原来的杂草，弟子们这才明白最好的办法原来是在草地上种粮食。

这是禅师的智慧——用粮食根除杂草。我们在培养习惯时，是否可从禅师那里获得领悟借鉴呢？好习惯多了，坏习惯自然就少了。

习惯的养成，并非一朝一夕之事；而要想改正某种不良习惯，也常常需要一段时间。根据专家的研究发现，21 天以上的重复会形成习惯，90 天的重复会形成稳定的习惯。所以一个观念如果被别人或者是自己验证了 21 次以上，它一定会变成你的信念。

1. 习惯的形成大致分成三个阶段。

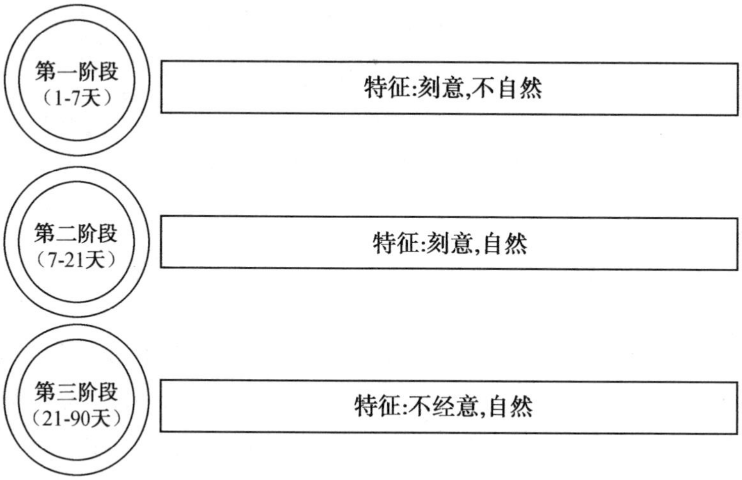

第一个阶段是头 1—7 天，这个阶段的特征是“刻意，不自然”。你需要十分刻意地提醒自己去改变，而你也会觉得有些不自然、不舒服。

第二个阶段是 7—21 天，这一阶段的特征是“刻意，自然”。你已经觉得比较自然，比较舒服了，但是一不留意，你还会恢复到从前，因此，你还需要刻意地提醒自己改变。

第三阶段是 21—90 天，这个阶段的特征是“不经意，自然”。其实这就是习惯，这一阶段被称为“习惯性的稳定期”。一旦跨入这个阶段，你就已经完成了自我改造，这个习惯已成为你生命中的有机组成部分，会自然而然地不停为你“效劳”。

2. 养成习惯有一些方法。

(1) 明确要培养的好习惯。找一个不被打扰的地方，用 20 分钟的时间列出你的“不良习惯一览表”。接着再用 20 分钟，列出“好习惯一览表”。然后认真分析一下，哪些要改，打算如何改？哪些要培养，打算如何培养？

注意：这是第一步，一定要明确。如果你的看法越坚定、清楚，你的习惯培养或改正就有越大的力量。

(2) 潜意识输入法。这是很有威力的一个方法，我们平时就可以应用。有时出差需要比平时早起，比如 6 点钟起床，而平时我们是习惯于 7 点起床，6 点未必能醒。为了能准时起床，晚上临睡时就和自己说：“明天要 6 点起床。”

然后想想 6 点起床的情境，让自己头脑得到清楚地确认。这样，我们在第二天的 6 点就能准时起床啦！

你将自己想养成的习惯，输入自己的头脑，潜意识会提醒你去做。

(3) 视觉法。将要培养的习惯化成图案记于心中。贴墙、写于笔记本首页、放于垫玻璃的桌面等，就是为了增强视觉影响。

(4) 行动法。付诸行动并重复地行动。和自己说："我做得到！""我要去做！"如果你能连续行动 21 天，你就会发现习惯已经基本培养起来了。

(5) 请人帮助法。请人监督或向亲友许诺，也会有不错的效果。

运用上述方法，你就会渐渐养成习惯。

二、压力管理

(一) 为什么需要压力管理

【小贴士】

根据深圳市急救中心的统计，从 2012 年 4 月 10 日至 20 日，11 天的时间里，120 接报 16 例中青年猝死的病例。而这其中，14 人为男性，2 人为女性，其中 8 人的年龄还不到 40 岁，年龄最小的只有 22 岁。也就是说，中青年占了一半。这与老年人是猝死高危人群的印象相去甚远。

一看到这个新闻，让人不免心里一惊。中青年，正处在人生的黄金年龄段，原本应该是身体健康状况最佳的一个群体，却遭遇猝死。在扼腕叹息的背后，我们，特别是工作压力大、作息时间不规律的人们，也都在心里打一个问号，这种恐怖的事情会不会就发生在自己身边，甚至是自己身上？

——【资料：深圳 11 天 16 猝死案例】

"井无压力不喷油，人无压力轻飘飘。"心理学家曾形象地说，压力就像一根小提琴弦，没有压力，就不会产生音乐；但是，如果琴弦绷得太紧，就会断掉。因此，人需要将压力控制在适当的水平，使压力的程度能够与生活或工作协调。如果没有压力，你就达不到完成任务所需的思维、情绪和活动水平；但是如果压力太大，也将干扰任务的顺利完成。这同样可以拿人体的血压来比拟，无论是高血压还是低血压都会对健康产生严重的危害。

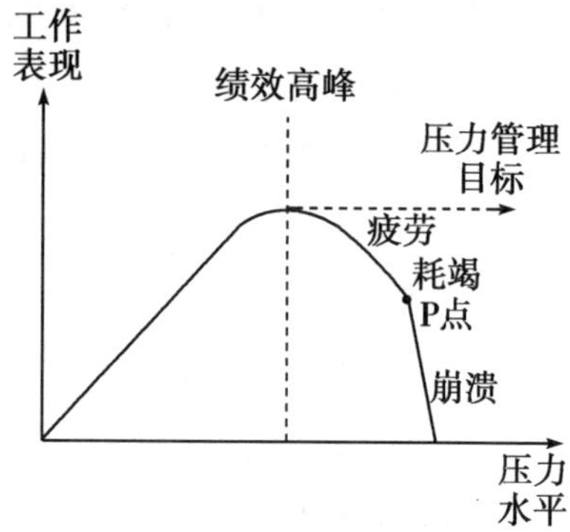

由右图所示，我们可以得出如下结论：

(1) 不同的人有不同的压力曲线(注意“以己推人”的错误)。

(2) 压力有积极压力和消极压力之分，压力管理的目的是使压力处于曲线的“最佳区域”——绩效高峰。

(3) 可以通过训练，以获得更理想的曲线，提高绩效。

可见，无论是压力太大，还是压力太小，都不合适，都需要进行压力管理。从20世纪到21世纪初，人类社会发生了空前的变化，科技飞速发展，社会高度进步，发明创造不断涌现，人类奥秘不断被探索。伴随着这高速发展的节奏，人类也在不断地改变和提升自己，以应对越来越激烈的社会竞争。在这个过程中，每个人都承受着不同程度的压力，成就越高，责任越大，压力也就越来越大。而事实往往是，人们掌握了如何让自己取得成功的知识和技能，却没有学会如何面对压力和如何有效地管理压力，因此由各种压力引起的社会问题层出不穷。

(二) 什么是压力管理

1. 认识压力及来源。

压力也称“应激”，是由出乎意料的紧张情况和对人有切身利害关系的严重生活事件所引起的情绪状态。加拿大的生理学家汉斯·塞利(Hens Selye)最早对应激进行了系统的研究。他认为，无论外界刺激如何，机体的反应都是非特异的，即各种不同的刺激所引起的反应都是类似的，这种反应称之为“一般适应综合征”(General Adaptation Syndrome)。“一般适应综合征”可分为三个阶段，即警戒反应阶段、抵抗反应阶段、衰竭反应阶段。这三个阶段可以理解为，唤起体内对于外界刺激的反应，而后全身的进行相应抵抗，最后如果消耗大量能量仍然不能抵抗则会使得身心疲惫。

压力的来源，即应激源，主要来源于三个方面：

(1) 外部物质环境。这包括自然环境中的物理、化学、生物刺激物，如高温、辐射、噪音、酸碱、毒品、细菌、病毒以及突发灾难，如地震、洪水。

(2) 个体体内环境。机体内部各种物质的产生和水、电解质以及酸碱平衡等内环境的失调，这些既可以是应激反应的一部分，也可以成为应激源。

(3) 心理社会环境。心理因素和社会因素在应激源中处于主导地位。例如,职业(学业)问题、恋爱婚姻及家庭问题、社会生活环境问题。

值得提出的是,事件本身没有应激性,“某个人的应激源可能是另一个人的蛋糕”。一个事件可能对某个人来说是一件非常严重的事,但在另一个人的眼里可能是微不足道的,甚至是好事。事物的应激性主要取决于个体对于事物的评价。

2. 大学生与压力。

大学生是一个承载着社会、家长高期望的特殊群体,成长、成才的欲望非常强烈,但心理发展尚未完全成熟、稳定。经济和社会的发展、生活环境的变化、成长过程中遇到的问题、求职择业竞争的激烈、涉及大学生切身利益的各项改革措施的实施等,使大学生成为当前我国社会的高压力群体。

大学生的压力的产生可分为内在原因和外在原因。

(1) 内在原因。这是指由于自身个体差异、心理素质不同,而对于外界事物产生的压力。比如不能自我肯定:自我价值感较低、非常在意别人的看法、敏感于别人的评语、常不喜欢自己、常认为自己被伤害、常怨天尤人、怨恨自己不如人。又比如追求完美:标准定得很高,常觉得时间不够用,选择牺牲睡眠、与家人相处、运动、休闲的时间,导致长期失眠、缺乏与家人相处的时间、终年处于紧张状态。

心理研究表明,气质类型也是压力产生的必要条件。例如有些事物,对于胆汁型的人较容易克服,而对于抑郁质的人则容易产生应激反应。另外,大学生的认知、性格、能力等诸多心理因素也可能成为影响大学生心理压力的因素。

(2) 外在原因。即大学生在实际生活中的压力来源,如日常的生活、学习、工作,意外事件,社会压力。

① 学习压力。许多同学在进入大学以前,以为大学的生活较为轻松、自由,认为学习已经不再是第一要务。但进入大学之后,发现大学俨然一副围城般的模样,不仅授课内容繁难,而且作业繁多,更有各种评奖、评优的指挥棒在鞭笞着,曾经顶着辉煌光环的同学很容易就产生学业上的压力。

② 生活适应的压力。大学展现给大学生的是一个全新的面貌,大学生所要经历的也是一种全新的生活。自我的不断觉醒,所处的社会环境、校园文化环境、生活环境、学习环境以及人际关系方面的变化冲突,将会给大学生带来

各种适应问题。具体而言，首先是适应角色的转变，就中国国情来说，也就是从应试教育的学生到即将走上社会的准备阶段的学生的转变。虽然仍然是学生，但是具体内涵已经发生了变化。然后是适应环境的转变，这里的环境主要是指客观自然环境，也就是气候、饮食、作息时间的转变。很多大学生是第一次背井离乡，生活习惯方面的诸多不统一往往产生巨大压力。最后是社会关系的转变带来的生活的变化，大学是一个复杂的小社会，诸多事务需要共同完成。以前独来独往的行为生活模式越来越难以实行，不得不和各种人打交道。而人与人的关系也更为复杂，一个人必须在不同的情境下去扮演不同的角色。

③ 人际关系的压力。大学里不得不和各种各样的人打交道，彼此关系也不一样，可能是一面之缘的同学、情深意切的恋人、活动的组织者、严肃认真的老师、宽厚无私的家长，种种关系需要不同的方式来对待，这是以前的生活从来没有的。而且，相较于儿童时期，青年时期的同伴关系也发生了变化：儿童多与父母在一起，而青年则有大量时间和同伴相处；青年的群体行动不再像儿童一样需要大人指导；青年时期与异性交往增加；青年时期的群体跟儿童时期比更复杂也更庞大。因此，人际关系的压力在无形中突然增大。而且，不仅是大学生，即使是成年人在实际工作中，人际关系的压力也是生存压力的重要部分。

④ 前途的压力。一方面从大学生自身说，大学生阶段正值各项生理功能的黄金时期，又是形成人生观和价值观的关键阶段。大学生活对于一个人今后发展的重要性自然不言而喻。因此，大学生的命运掌握在自己手中，是时刻存在的压力。另一方面，社会与家庭的期待，尤其是不切实际的期待，无形中增加了大学生的心理负担。

⑤ 经济的压力。中国农村人口占总人数的80%以上，大学生来自农村的占60%以上，而且相当一部分来自贫困地区。据有关部门统计，目前在全国普通高校中，贫困大学生差不多占在校生总数的25%，其中绝大多数来自于农村，人数近300万，经济的压力对他们来说像压在胸口的石头。而且，由于经济拮据，他们可能交友不力，分心打工而荒废部分学业。大学生往往喜欢幻想并追求理想，而他们却要面对经济上的残酷现实。

3. 压力的正面作用和负面影响。

(1) 压力的正面作用。当今时代，生活压力越来越大，人们也常常想方设法去舒缓压力或是提升抗压能力。那么，压力是不是毫无益处呢？

有一个著名的“感觉剥夺实验”是这样的：贝克斯顿(Boxton)在美国麦吉

利大学募集了许多大学生志愿者，让这些志愿者每天躺在床上睡觉，并有每天20美元的酬劳。他们可以自己决定何时退出实验。这种毫无压力的生活看起来应该是惬意的，还有钱可以拿。

而实际情况怎么样呢？大多数志愿者在实验开始后24—36小时内要求退出，没有人坚持72小时以上。在试验期间，他们由惬意的睡眠渐渐变为厌倦和不安，而后开始唱歌、吹口哨和自言自语，直至有幻觉出现。

可见，压力是普遍存在的，为维持正常的状态，人们需要一个最低水平的刺激输入。这个试验也说明了一个人在被剥夺感觉后，会产生难以忍受的痛苦，各种心理功能将受到不同程度的损伤，经过一天以上的时间才能逐渐恢复正常。

大家应该都有过这样的生活体验，学校放暑假，或者工作中放长假，刚开始感觉很惬意，但是时间一长就有点无所事事了，反而觉得很不舒服，希望能尽快回到之前忙碌的生活中。这个例子表明，一点压力都没有，并不会让我们有非常幸福的感觉。

压力是无处不在、不可避免的，也是必要的。个体的一生发展，在每个阶段都需要应付新的要求。没有压力，就没有成长，有了压力才有了驱动力。比如，当你有了欲望或出现紧迫感的时候，压力就随之而来，人生潜能也会得到更大发挥。同时，有压力说明你还没有放弃自己，人生轨迹还朝着你的目标前进。这就是压力的正面作用。

【压力效应】

有一位经验丰富的老船长，当他的货轮卸货后在浩瀚的大海上返航时，突然遇到了可怕的风暴。水手们惊慌失措，而老船长果断地命令水手们立刻打开货舱，往里面灌水。“船长是不是疯了，往船舱里灌水只会增加船的压力，使船下沉，这不是自寻死路吗?”一个年轻的水手嘟囔。

看着船长严厉的脸色，水手们还是照做了。随着货舱里的水位越升越高，随着船一寸一寸地下沉，依旧猛烈的狂风巨浪对船的威胁却一点一点地减少，货轮渐渐平稳了。

船长望着松了一口气的水手们说：“百万吨的巨轮很少有被打翻的，被打翻的常常是根基轻的小船。船在负重的时候，是最安全的；空船时，则是最危险的。”

这就是“压力效应”。那些得过且过，没有一点压力，做一天和尚撞一天钟的人，就像风暴中没有载货的船，往往一场人生的狂风巨浪便会把他们打翻。

(2) 压力的负面影响。压力的结果既可以是正面的，也可以是负面的，这取决于压力的大小和一个人对压力的承受程度。一个长期处于高压之下的人就像一个齿轮转动过高的汽车，引擎会过早报废，我们的身体也同样如此。压力过大的影响依次会在人的心理、生理、行为等方面反映出来。

① 压力过大的心理症状：焦虑、紧张、迷惑、烦躁、敏感、喜怒无常；道德和情感准则削弱；感情压抑，兴趣和热情减少，厌倦工作；意志消沉，自信心不足，出现悲观失望和无助的心理；短期或长期记忆力减退；精神疲劳，错觉和思维混乱增加。

② 压力过大的生理症状：心率加快、血压增高；身体疲劳，肌肉紧张(尤其是发生在头部、颈部、肩部和背部的紧张)；汗流量增加，恶心，胸闷，头痛；睡眠不好，精神萎靡，注意力很难集中；皮肤干燥、有斑点和刺痛(皮肤对压力特别敏感)；消化系统问题，如胃痛、消化不良或溃疡扩散。

③ 压力过大的行为症状：工作懈怠、能力降低，错误率、事故增加且不愿意承担责任；放纵自己，吸烟、酗酒、过度饮食甚至纵情声色；没胃口，吃得少，体重迅速下降；孤僻、抑郁、自闭、烦躁不安或出现稀奇古怪或无性格特征的行为；冒险行为增加，包括不顾后果的驾车和赌博；攻击、侵犯他人，破坏公共财产；与家庭和朋友的关系恶化；自杀或企图自杀。

(三) 如何进行压力管理

人，只要活着就无时无刻不面对各种压力与挑战。若一个人无法战胜压力，那他就永远都无法享受功成名就之后的乐趣。能否有效地管理压力，对大学生来说是重要的考验。

压力管理的步骤为：压力诊断→压力缓解→抗压能力提升。

1. 压力诊断。

可以把上面所描述的“压力过大负面影响”的各种症状当作预警信号来诊断自己是否压力过大。同时，要根据内外压力来源的各个方面，找出：① 目前我的压力有哪些；② 我最大的压力是什么，以便于有针对性的缓解压力。确切地说，到底是什么压垮了你？是学习，是家庭生活，还是人际关系？如果认识不到问题的根源所在,你就不可能解决问题。

另外,可以通过以下的一个小测试来诊断自我的压力状况。

【压力小测试】

这是一张静止的图片,你的心理压力越大,图片转动越快,而儿童看这幅图片一般是静止的。测试一下您心理的压力。

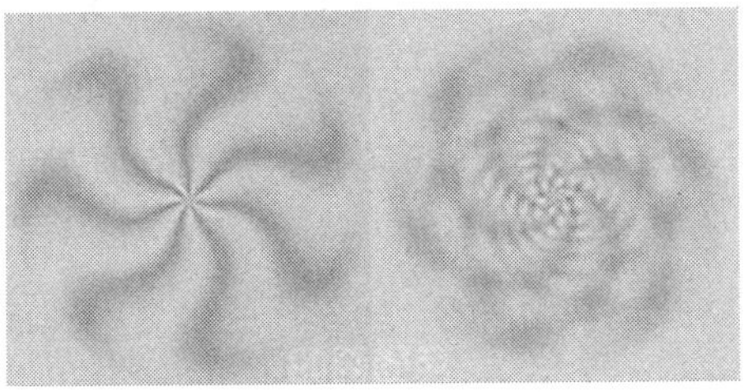

2. 压力缓解。

(1) 启动"减压阀"。高压锅为什么要有减压阀?这个道理很简单,压力锅也是有压力限制的,压力大了会炸锅,而减压阀的作用就是将较高的压力减小到需要的合适压力。同理,当我们压力大时,也要立即启动我们的"减压阀",先释放部分压力,以避免"炸锅"。每个人都有适合自己的减压阀,我们举几个例子以作参考:

① 休息片刻,呼吸一下新鲜空气。一天中多进行几次短暂的休息,做做深呼吸,走出工作场所呼吸一下新鲜空气,可以使你放松大脑,防止压力情绪的形成。千万不要放任压力情绪的发展,不能使这种情绪升级成能压倒你的工作压力。

② 转移并释放压力。让自己暂时躲开压力源,去做一下体育运动或者去KTV吼上两嗓子,使自己好好放松一下,不知不觉间就可以把压力释放出去。或者干脆给自己放假一天,彻底放松一下。

③ 泡个澡,然后好好睡一觉。休息是为了更好地工作。科学家指出,每天日间小睡片刻,不仅可以延长寿命,还可以提升表现力。研究表明,每天睡眠4个小时的人,比每天睡眠8个小时的人死亡率高18%;每天睡眠少于8小时,精神集中程度下降30%,工作效率下降20%,能力发挥只达76%。

④ 找信得过的朋友聊一聊。或许你很要强,不喜欢把脆弱的一面展示给

别人。但是,把所有的抑郁埋藏在心底只会令自己郁郁寡欢,所以必要时应把你的烦恼跟信得过的朋友聊一聊。一是倾诉本身就会让你的心情感到舒畅;二是与朋友们交换一下近况,你会发现,自己那点事算啥,可能别人的烦恼比你大多了。

【小贴士】

一位讲师给学生们上课时,问道:“各位认为这杯水有多重?”说着,讲师拿起一杯水。有人说二百克,也有人说三百克。“是的,它只有二百克。那么,你们可以将这杯水端在手中多久?”讲师又问。很多人都笑了,二百克而已,拿多久又会怎么样!

讲师没有笑,他接着说:“拿一分钟,各位一定觉得没问题;拿一个小时,可能觉得手酸;拿一天呢? 一个星期呢? 那可能得叫救护车了。”大家又笑了,不过这回是赞同的笑。

讲师继续说道:“其实这杯水的重量很轻,但是你拿得越久,就觉得越沉重。这如同把压力放在身上,不管压力是否很重,时间长了就会觉得越来越沉重而无法承担。我们必须做的是放下这杯水,休息一下后再拿起,只有这样我们才能拿得更久。所以,我们所承担的压力,应该在适当的时候放下,好好地休息一下,再重新拿起来,如此才可承担更久。”

说完,教室里响起热烈的掌声。

(2) 问题应对。进行初步减压之后,就要正式面对压力源。要勇敢地面对存在的问题,进行深入、具体的分析,并寻找解决方案。问题来了莫怕,“兵来将挡、水来土掩”,攻克它就是;骨头太硬莫怕,啃下它就是。要努力争取以最有效的方式处理外界要求,将负面压力转为正面动力。

我们要根据自己的情况,对压力问题进行分析归类。比如,我们至少可以将压力问题大致分为三类:可以克服的困难;无法逾越的障碍;无法控制的事情。

① 可以克服的困难。对于可以克服的困难,我们要摆正心态,鼓足勇气去面对。我们对克服困难的步骤推荐如下:

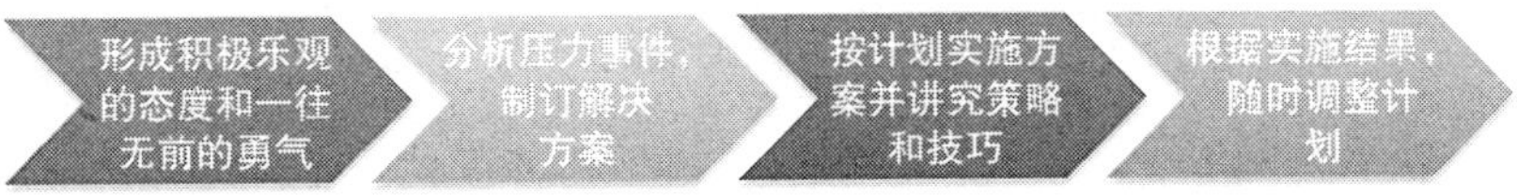

若已完全尽力，短时间内问题仍无克服，则表示问题本身处理的难度甚高，有可能需要长期奋战不懈，除了必须培养坚忍不拔的斗志之外，可能还需要其他的精神力量支持，或者选择放弃。

② 无法逾越的障碍。对于实在无法逾越的障碍，不要再勉强，让自己活得洒脱一些，那么压力自然随风而逝。

③ 无法控制的事情。有人总结说，这天底下只有三件事情，一件是“自己的事”，诸如晚饭吃什么、要不要考驾照，是不是该结婚了等，自己能安排的事皆属之；一件是“别人的事”，诸如小张好吃懒做、小陈乱找情人、老李新买的车很漂亮、白富美认了干爹、我帮助别人却未得到感谢等，别人主导的事情皆属之；另外一件就是“老天爷的事”，诸如会不会刮风、地震、发生战争等，属于个人能力或权限范围以外的事情。

而人的烦恼就是来自忘了自己的事，爱管别人的事，担心老天爷的事。如何没有烦恼，轻松打点自己的生活呢？很简单，就是打理好“自己的事”，不去管“别人的事”，别操心“老天爷的事”。总之，只要是自己不能控制的事情，就由它去，不要过多的考虑，不给自己增添无谓的压力。

(3) 情绪应对。人并不是被事情本身所困扰，而是被自己对事情的看法所困扰，所以如果不能改变引起自己压力的事情，不妨改变一下自己对这些事情的认知。学会积极向上的思维方式，养成客观辨证的思维习惯。或许很多时候，是人为地将压力夸大了：“事情原来并没有想象的那么糟糕”、“还有很多可以回旋的余地”、“即使是一败涂地，也还有重新站起来的机会”……

【案例】

A先生与B先生的一天

① 早上7:00闹钟没响,睡过了头。

应对	A先生(紧张、低效应对)	B先生(放松、有效应对)
想法	我不能迟到,这将会把我的一整天都弄得一团糟。	这不是个大问题,我有办法补上这迟到的30分钟。
反应	急忙刮胡子,穿好衣服。没吃早饭就离开家。	打电话告诉同事,他临时请假30分钟。做好上班的准备,并像平常一样吃完早餐。
结果	急急忙忙离开家。	轻轻松松离开家。

② 早上8:00在高速公路上遭遇堵车。

应对	A先生(紧张、低效应对)	B先生(放松、有效应对)
想法	为什么那辆卡车不驶入慢车道?真气死我了。	我才不会为此而不安,因为我不能为此做些什么。
反应	猛按喇叭,紧握方向盘,试图超车,然后加速。	等待交通堵塞结束。等待的同时,边放松边听广播;然后按正常速度行驶。
结果	血压和脉搏升高。到达后工作起来心烦意乱。	保持安静与轻松状态。到达后工作起来神清气爽。

③ 上午10:00生气的同事对我的工作错误大发雷霆。

应对	A先生(紧张、低效应对)	B先生(放松、有效应对)
想法	我不能容忍这个傲慢无礼的家伙。他使我大为恼火,我还怎么完成工作?	他生气也有道理。在这个问题变得更严重之前,应认真处理好这个问题。
反应	表面上有礼貌,但言语行为显示出没有耐心和不满。	放松而又认真地倾听,同时考虑如何处理这类问题。保持冷静与风度。
结果	同事仍旧怒气难消。A先生被惹怒了而没能处理好日程表上重要的事情。	同事怒气已消。他感谢B先生听他讲完。B先生也顺利地处理了问题。

④ 中午午休。

应对	A先生(紧张、低效应对)	B先生(放松、有效应对)
想法	真累啊,什么时候能从这样繁忙的工作中摆脱出来啊。又不能午休了,怕是今天晚饭也要耽搁了!	孔子曰:中午不睡,下午崩溃。像往常一样午休,午休后我就会恢复了精力。当我让自己心态放松时,我会工作得更好。

续表

应对	A先生(紧张、低效应对)	B先生(放松、有效应对)
反应	边工作边在办公室吃午餐。找不到所需要的文件。打电话找人,但人又不在。	在公园漫步20分钟。然后在里面吃完午餐。
结果	由于恼怒,在工作中屡犯错误。	恢复到良好状态。能迅速地恢复头脑清醒,继续工作。

⑤ 晚上11:00睡觉时间。

应对	A先生(紧张、低效应对)	B先生(放松、有效应对)
想法	为什么我不能做得更多呢?我让自己和家人感到失望。	这真是愉快的一天。很高兴我防止了一些潜在问题的发生。
反应	难以入眠,失眠两小时。	迅速入眠。
结果	早晨睡醒后精疲力竭且心情郁闷。	早上醒后神清气爽且心情愉快。

3. 抗压能力提升。

每个人的抗压能力都是不同的。做好压力管理,除了减压之外,我们还要增强自己的抗压能力。

(1) 做好情绪管理,提升情商。要缓解压力,很重要的一点就是转化面对压力问题时的情绪。若拥有良好的情绪管理能力并逐渐提升自己的情商,抗压能力自然会得到提升。比如,当我们遇到批评时,脸皮厚一点(这是情商高的表现),诚恳地接受建设性的意见,不要太有挫折感,那么,压力感就不会很强了,抗压能力也就提升了。

(2) 做好时间管理,不要让自己的生活焦头烂额。有条不紊、井然有序的日程安排可以消除紧张情绪,也可以帮助你完成大量的工作。如果我们无法同时面对千头万绪的事情,可以在一时间段内只做一件事。美国心理辅导专家乔奇博士发现,忧虑、精神崩溃等疾病主要是因为患者面对很多急需处理的事情而精神压力太大而引起的。所以要减少自己的精神负担,以免心力俱疲。

(3) 养成健康的生活习惯,随时发挥减压阀的作用。每个人都可以设置自己的减压阀,但很多人往往沉浸在压力中不可自拔。如果能够平衡学习和休息的时间安排,经常锻炼身体,避免精神和体力上的过度疲劳,自然能够提高自己的抗压能力。比如,有研究表明10分钟的散步能让人随后两个小时保持精力充沛,并使紧张感和疲劳感减轻。

三、培养健商

(一) 什么是健商

健康，一直被人们看作医学方面的一个问题，在21世纪却被联合国世界卫生组织赋予现代的定义："人的健康不仅是躯体没有疾病，还要具备心理健康、道德健康和社会适应能力。"世界心理联合会指出人的心理健康指标是："① 身体、智力、情绪十分协调；② 适应环境，人际关系中彼此能谦让；③ 有幸福感；④ 在学习和工作中能充分发挥自己的能力，过着有效率的生活。"这些都说明人们已经开始注重心态和社会环境对健康的影响。

健商(HQ)，即健康商数(Health Quotient)的缩写，这一概念由国际著名人类健康专家、美国哈佛大学医学博士、加拿大籍华人谢华真教授(DR. WAH JUN TZE)于1999年最早提出。从宏观上来说，它是用指数来衡量一个人所具备的健康意识、健康知识和健康能力，反映了一个人的健康才智，代表着一个人的健康层面及其对健康的全新态度，是评估个人健康的全新方法。从微观上说，健商可以细化为体商(BQ)、心灵商(MQ)、人缘商(RQ)和性商(SQ)。

健商理念是教育人们树立健康意识、养成良好的行为和生活方式、消除或减轻影响健康的危险因素、预防疾病、促进健康和提高生活质量的思想。健商理念强调的是一种身心健康的理念，通过这种理念，以最新的健康知识为基础进行自我保健、形成健康的生活方式。它包含了以下五大构成要素：

(1) 自我保健。自己主宰自己的健康命运，不要把一切都交给专家。通过健康的生活方式、乐观的信念和对自己身体固有的自我康复力量的认可，来预防和控制疾病，以达到最佳健康水平。

(2) 健康知识。拥有高健商的前提是健康知识。它有助于提高一个人对健康内容、保健制度、健康维护以及健康监测等风险因素和工具的了解。一个人对健康知识知道得越多，就越能够对自己的健康做出明智的选择。

(3) 生活方式。一个人的生活方式良好与否，将直接影响到他的身心是否健康。良好的生活方式，包括保持作息规律、注重饮食营养、坚持身体锻炼、注意劳逸结合等。生活方式体现于日常生活之中，若要养成良好的生活方式，必须从注重生活中的点滴细节开始。

(4) 精神状态。精神健康意味着一个人形成了高情感智力，具有较强的自尊意识，接受自己的身体意象，并欣赏自己的各方面内在能力。

(5) 生活技能。通过重新评估你和环境，包括供养系统的关系、工作和私人关系来改善你的核心生活技术，从而掌握健康的秘诀和方法。

(二) 大学生与健商

21 世纪的大学生是全面建成小康社会、实现中华民族的伟大历史复兴和社会主义现代化的的主要实践者，大学生作为民族和国家培养的高级知识分子，他们的健康状况直接决定着国家能否实现在 21 世纪中叶实现现代化的宏伟目标。为了实现这一目标，大学生不仅需要学习好自己的专业文化知识，同时也要拥有健康的体魄和稳定的心态，只有这样，我们的民族才能屹立于世界民族之林。但现阶段我国大学生的健康却出现了很多令人担心的新状况：

根据教育部 2014 年最新数据显示，我国大学生体质健康下滑的趋势依然没有得到遏制，在爆发力、柔韧性、速度、耐力、力量等指标上，大学生甚至不如中学生。同时，学生的肥胖比率不断增高，心理疾病也呈不断上升的趋势。

中国健康教育中心发布的 2011 年对全国 10 余个城市大学生的调查数据提出，大学生饮食和运动方面的现状堪忧，主要面临以下五大问题：

(1) 健康知识缺乏。调查发现，近一半的大学生不知道中国居民平衡膳食宝塔，而通过学校课堂了解健康类信息的比例仅为 14%。

(2) 不吃早餐。早餐作为一天的第一餐，对膳食营养摄入、健康状况、工作或学习效率至关重要。但在本次调查中，大学生每天吃早餐的比例仅为 65%，不吃早餐引起的营养不足、抵抗力下降、胆结石等疾病风险持续增高。

(3) 喝水不够。中国居民膳食指南建议成年人每天至少应该喝 1200 毫升水，但是根据调查发现，差不多有 13%的男同学、23%的女同学并不能达标，甚至有 17.2%的大学生每天饮水量不足 1000 毫升。

(4) 运动不足。随着社会发展，“宅”成为了年轻人的一种时尚生活方式，随之而来也造成了运动量不够、健康状况下滑等情况。按照卫生部推荐的每天至少 6000 步的运动量判断，50.2%的大学生没有达标。

(5) 盲目减肥。三成大学生曾经采取过减肥措施，其中 29.5%的人主要靠节食来减肥，而事实上减肥的人中有 18.8%的人体重偏低。据调查数据显示，大学女生体重偏轻的高达 35.1%。为了追求“美丽”而盲目节食减肥，对身体发育、骨骼健康，甚至以后的生育都有一定的威胁。

另据 2004 年广东省对学生体质的检测报告显示，依据教育部和国家体育总局颁布实施的《学生体质健康标准》，小学生不及格率为 3.74%，初中生为 0.30%，高中生是 0.21%，而大学生的不及格率最高，达到 10.25%。2003 年，无锡市某高校对即将毕业的 2000 余名大学生进行体检，结果发现一个系里 67 名男生中竟有将近三成血压偏高；大学男生肥胖症发病率由 1995 年的 6.7% 上升至 10.7%。

由此可见，现阶段的大学生健康形势不容乐观，其健康水平在学生人群比例中最低，因此，应增加对大学生健康知识的文化教育，以培养其养成提高自己健康素养的习惯，最终提高其身心健康水平。尤其要让他们先学会自己管理健康，即提高自己的健康意识，而这正与"健商"理念、内涵相切合。

（三）如何提高健商

"输了健康，赢了世界又如何。"对健康的关注，正成为人们的一种时尚。"健商"同智商、情商、财商等一样，是人类自身基本素质的标志，受多种因素影响。但与智商、情商不同的是，它并不是由先天因素决定的，而是可以通过知识教育来改善，通过意志力和情感智力的作用来提高。增强健商意识，提高健商水平，要从以下几个方面努力：

1. 接受健康新概念，增强健康意识。

首先要积极关注自己的健康，自觉学习心理、生理、卫生保健、预防等基本知识，了解世界卫生组织的健康标准，并通过生理、心理测试了解自己的健康状况，增强健康的判断能力，树立新的健康理念，追求健康感受。

2. 坚持经常性的体育锻炼。

经常性的锻炼，可使人体的各个器官系统产生潜移默化的良性刺激和影响，使人体充满活力。研究表明，经常运动的人，对疾病的抵抗力优于一般人；通过身体锻炼可以消除糖尿病、心脏病和高血压的倾向；还可缓解抑郁、紧张情绪，改善人的心情。另外锻炼时大脑指挥运动的细胞群变得兴奋，而负责思维、语言、书写的脑细胞则处于抑制状态并得到积极的休息，因此锻炼有保护脑细胞、神经细胞的作用。

诸如街舞、跆拳道、篮球、乒乓球之类的快节奏运动，对于年轻的大学生来说有着很强的吸引力。"快运动"能使大脑的兴奋与抑制过程合理交替，避免神经系统过度紧张,可以消除疲劳,使头脑清醒、思维敏捷。随着神经系统机能的改善,有机体内各器官系统尤其是运动系统的控制和调节能力也能得到不断提高。

3. 注意劳逸结合。

大多数的脑力疲劳类似于心理疲劳的感觉,这种疲劳感是人体器官或主要细胞(如脑细胞)对继续工作的抵触。疲劳信号揭示机体已经需要休息,应该停止工作,以睡眠、娱乐、体育运动(或体力劳动)等积极方式促进大脑功能的相应调整。此时若超量并强制大脑继续工作,则会加重心理疲劳,造成脑细胞的损伤,或使脑功能恢复发生障碍。

在现实生活中,很多人都喜欢采用各种脑兴奋措施来消除心理疲劳感,继续完成工作。实际上,用兴奋大脑的方法强迫大脑继续工作,势必会加重心理疲劳和细胞损伤,对机体十分有害,甚至会使病情恶化而出现"过劳死"。脑疲劳还会影响到很多身心疾病,如支气管炎、心脏病、胃痛、失眠等。严重的脑疲劳有时还会使人的心理承受能力下降。健康工作意味着工作时觉得轻松、自在、充满乐趣、应付自如,而不是沉重、悲观、枯燥无味甚至焦头烂额。

4. 科学保健很重要。

千万不要让自己的身体出现泡沫健康。也许有的保健品能给你带来短暂的缓解,但这从长远来看并无益处。因为单一的对抗性手段,解决的只是局部问题。真正的健康是持久的状态,是自我调节能力的不断提高,是筑起健康的铜墙铁壁。

5. 保持心理平衡,和同学融洽相处。

(1) 不对自己过分苛求,把自己的目标和期望定在自己的能力范围之内,懂得欣赏自己的成就;

(2) 对他人的期望不要过高,每个人都有自己的优点和缺点,不要强求别人按照自己的期望做事;

(3) 要从长远考虑,必要时可以屈服。只要大前提不受影响,在小事上无需过分坚持,退一步海阔天空;

(4) 当烦恼扰乱心境,暂时将烦恼放下,去放松自己,等心情平静时,再重新面对;

(5) 找人倾诉烦恼,把内心的苦闷向同学、朋友倾诉,从而恢复好心情;

(6) 为班集体、为同学多做点事,体现自己的价值的同时也使自己拥有成就感；

(7) 当几件事情堆在面前时，一件一件地解决，在一段时间内只做一件事，减轻精神负担；

(8) 对人友善，多交朋友，适当扩大交际圈；

(9) 有自己的爱好，即使没人陪伴也可以自娱自乐。

如果能做到以上这九点，你的心理就不容易出现问题。

教育家陶行知说："忽视健康，就等于拿自己的生命开玩笑!"身心健康是关系到大学生成才的头等大事，是大学生实现职业生涯目标的最基本的内在保证。在我国经济飞速发展的今天，我们不但要重视智商、情商，更要重视健商，实践健商理念，让"健商"这一新概念真正入心入脑。我们的口号是：要敲人生幸福门，先做身心健康人。

第三节　职业能力的提升

大家都听过一个古老的寓言：龟兔赛跑。乌龟和兔子赛跑，兔子跑得快，但因为骄傲，中途睡了一觉，结果让一门心思向前跑的乌龟夺得了比赛冠军。这个故事给我们的职场启示是：工作意愿比基本工作技能重要。

兔子输了比赛后很不服气，提出再次比赛。在第二次比赛中，兔子一鼓作气跑到了终点，赢得了比赛。这个故事给我们的职场启示是：在工作意愿相同的情况下，基本工作技能决定成败。

乌龟输了第二场比赛后，又提出举行第三场比赛，同时提出，路线要由乌龟选择，兔子答应了。结果跑了不远，前方出现了一条大河，兔子无法前进，只好看着乌龟游过了大河到达终点。这个故事给我们的职场启示是：在关键时刻，必备工作技能决定成败。

经过了三场比赛，兔子和乌龟惺惺相惜，共同决定再来一次友谊赛。起跑令一响，兔子便背起乌龟迅速奔跑，跑到河边，乌龟驮起兔子游过大河，到了对岸，兔子再次背起乌龟冲刺到了终点。这样，两个人互相帮助，超越了自身的能力限制，创造了动物界的赛跑新纪录。这个故事给我们的职场启示是：优势互补的团队合作比相互竞争更有效率。

综合以上四个故事，我们可以得出这样一个结论：一个人在职场上的成功取决于工作意愿、工作知识、工作技能、适应能力、创新能力、团队合作等要素，因为这些要素就是我们的职业能力。

一、什么是职业能力

职业能力是指从事某种职业必须具备的、并在该职业活动中表现出来的多种能力的综合，即职业的胜任力。首先，它是一系列能够适应相关职业的素质群，包括知识、技能、态度、个性、心理承受力等综合素质。其次，它是通过学习和素质的开发而形成的，是一种可以塑造和培养的能力。再次，它是一种与职业相关的能力，能否适应职场中的竞争是这种能力的衡量标准。

职业能力是大学生从事职业活动和推进职业发展的核心要素之一，也是大学生职业素质的最为关键的要素。

美国著名心理学家麦克利兰（D. C. McClelland）于 1973 年提出了著名的素质“冰山模型”，将人员个体素质的不同表现划分为表面的“冰山以上部分”和深藏的“冰山以下部分”。其中，“冰山以上部分”包括基本知识、基本技能，是外在表现，是容易了解与测量的部分，相对而言也容易通过培训来加强和发展。而“冰山以下部分”包括社会角色、价值观、自我认知、品质和动机，是人内在的、难以测量的部分。它们不太容易通过外界的影响而得到改变，却对人员的行为与表现起着关键性的作用。

根据麦克利兰的“冰山模型”，大学生就业能力可以分为三个层次。第一个层次是专业能力，是指大学生经过专业训练，全面系统地掌握了本学科本专业的基本理论和方法，能够运用它指导实践的能力。这包括学习能力、分析并解决问题的能力、实践动手能力、创新能力等。它是大学生可持续发展的基础，也是用人单位挑选大学生的关键标准。第二个层次是通用能力，是指就业者必须具备的一些共同的基本工作能力，包括适应能力、沟通能力、人际交往能力、创新能力、团队合作能力以及组织管理能力等。其中，一个人适应社会的能力是其素质、能力的综合反映，是大学生作为社会人、单位人应该具备的基本素质，是用人单位挑选大学生的重要标准。第三个层次是意志品质。意志品质是指人在行动中经常表现出来的意志特征，它表现为根据预定的目的对行为进行调节和控制。意志是人类所特有的心理过程，是职业能力的内在基础，它影响甚至决定着专业能力和通用能力的发挥。

对于大学生职业能力而言，专业能力、通用能力主要从学习与实践中获得，并直接体现在工作过程中，而意志品质则从小养成，成年后不容易改变，并通过专业能力、通用能力表现出来。

二、专业能力的学习

【小故事】

一条线和一万美元

20世纪初期，美国福特公司的一台电机出现故障，两三个月都修不好。在束手无策的情况下，有人向公司推荐了当时已经移居美国的德国科技企业管理专家斯坦门茨。斯坦门茨在电机旁边仔细观察、计算了两天后，就用粉笔在电机的外壳上画了一条线，说："打开电机，把记号处里面的线圈减少16圈。"人们半信半疑地照他的话去做，结果，毛病果真出在这里。电机修好后，相关人员问他要多少酬金，他说："一万美元！"啊？一万美元！那人还以为自己听错了呢！于是，便要求斯坦门茨列一张账单说明费用的支出。斯坦门茨写到："用粉笔画一条线1美元，知道在哪里画这条线9 999美元。"账单送到了公司老板那里，老板看后连连点头，很快照付了一万美元，并重金聘用了他。

斯坦门茨(Charles Proteus Steinmetz，1865—1923)，德国出生的美籍电机工程师、发明家，对交流电系统的发展作出巨大贡献。斯坦门茨曾获斯克内克塔迪联合学院博士学位，是哈佛大学名誉博士。他还是美国艺术与科学学院院士，曾获富兰克林学会的克雷松金质奖章。1901—1902年任美国电机工程师学会主席。

这个故事说明，专业能力是一个人成功就业的决定性条件。

(一) 专业能力

专业能力可以通过训练获得，主要指掌握知识的能力及运用知识的熟练程度和准确程度等。不同的职业、不同的工作岗位，对能力的要求各不相同。任何一个参加社会工作的人都要求具有一定的专业能力，这是社会职业的要求，也是个人生存与发展的需要。专业能力包括专业知识和专业技能。

1. 专业能力与专业知识。

无论何种专业能力都需要一定的专业知识作为依托。不同的职业所要求具备的专业知识也不相同。这里的知识并不完全等同于学历。它可能来自于课堂，也可能来自于实践。如作为教师，不仅要掌握所教学科的文化知识，还要了解教育学、心理学、社会学、文学等方面的知识；作为金融企业的员工，不仅要懂得经济学、金融学，还要掌握货币学、消费心理学等多方面的知识；从事组织人事管理工作的公务员，则应熟悉人力资源开发与管理方面的专业理论、政策法规和相关的专业知识。专业知识的学习在专业能力中占有重要的地位。

(1) 知识体系建构。一个人的知识域是由专业知识和相关知识构成的。专业知识是履行岗位职责的必备知识，相关知识则辅助完成岗位职责。以教师为例，一名优秀的教师应该具备多方面的知识。其中，学科专业知识是教师进行教学的前提，只有拥有足够的专业知识，才能将其传授给学生。但若只有相关的专业知识，而不懂教育学、心理学，则不能充分了解学生特点；不懂得教学方法，则不能有效地传授知识，就不能成为合格的教师。在学习过程中，应区分出什么知识是工作所必需的，什么知识是进一步提高工作能力所需要的，从而有目标、分批次、准确并有效地作好知识储备工作。

(2) 知识分类管理。知识体系的建构只完成了专业知识学习的第一步，只有对知识进行分类管理，才能使专业知识凸显其重要价值，使其他相关知识发挥辅助作用。在这个时代，竞争的核心就是比拼拥有知识、应用知识、创新知识的能力。人类对知识的存储、处理、发送和接收都是有限的，而知识管理就是要帮助人们实现“知本”投入与产出效益的最大化。

2. 专业能力与专业技能。

专业技能是指依据专业培养目标，通过一定的实践训练，使学习者熟练掌握的专门技术及运用能力。专业技能分为基础技能和专项技能。

(1) 基础技能。基础技能指从事专门职业所必须掌握的最基本技能。较高层次技能的培养依赖于基础技能的掌握。以师范专业学生为例，不管是中文、历史、数学或物理专业的学生，作为未来的教师，都应具备基础的教学技能，如表述技能、书写技能、信息处理技能等，即要有标准的普通话和良好的语言表达能力、扎实的三笔(钢笔、粉笔、毛笔)一画基本功以及应用现代教学媒体的能力等。这些技能都是教师不可或缺的技能，是教师的基本功。

(2) 专项技能。专项技能指从事某种职业所必须掌握的某项或几项特殊能力。专项技能是在基础技能的基础上进一步发展起来的能力，对从业者提出了更高的要求。如教师在掌握了基础技能后，在课堂上还应有提问技能、强化技能、练习指导技能、课堂组织技能、教学技能的综合运用等多种技能。专项技能的高低将直接关系到一个人能否通过用人单位的考核，同时也是决定一个人未来事业成败的重要因素。

（二）培养专业能力

专业能力的培养是社会对人才培养的需要，也是高校学生顺利就业的根本保证。

1. 课内学习。

课内学习为学生培养专业能力创造了良好条件。学生要充分利用学校的各种资源，积极培养自身的专业能力，为成就未来的事业打下坚实的基础。

课堂教学是大学生在校学习的主要形式之一。学生应主动参与到课堂中的讨论、练习（包括口头、书面）、实际操作（模仿性的和创造性的）等活动中去，深刻感受知识的内在美，逐步养成良好的习惯，不断提升自己的专业能力。

2. 课外培养。

大学生应积极参加各种课外学习和实践活动，如学术讨论会、读书报告会、朗诵、演讲、写作、书法等，并在此基础上，根据自己的爱好和特长，积极参与各种社团活动。学生可以充分发挥自身的主动性、独立性和创造性，可以有意识地从事业和未来的工作需要出发培养和锻炼自己。另外，通过课外实践活动的锻炼，学生可以逐步提高发现问题并用专业知识解决问题的能力，大大加深对专业知识的理解，从而提高专业能力。

三、通用能力的培养

大学生只具备专业能力是不够的，还需要具备一定的通用能力。通用能力是人们在参与社会活动的过程中，自我形象的设定和自我角色的认定能力。它带有明显的人际行为特征，可以决定个人行为的基调和心境，可以在很大程度上左右人的社会行为模式。良好的通用能力是个人事业成功的基础，是大学生进入单位的“金钥匙”。

（一）通用能力

通用能力是大学生应有的“基本能力”，是能应用在各种情境下的一般性能力。良好的表达沟通能力、人际交往能力、创新能力、团队合作能力以及组织管理能力，成为用人单位的择优条件。

1. 表达沟通能力。

表达能力是指运用语言阐明自己的观点、意见或抒发感情的能力，主要包括口头表达能力和书面表达能力。沟通能力主要是指通过情感、态度、思想、观点等各种信息的交流，来控制、激励和协调他人的活动，使之相互配合，从而建立良好的协作关系的能力。沟通能力包括：有全局观念、民主作风和协作意识；尊重他人，善于和自己意见相左的人一起工作；能够建立和运用工作联系网络，有效运用各种沟通方式，营造宽松的工作氛围。具备优秀沟通能力的人往往能够在交流中选择出重要的事实和细节，进而采取适当的措施解决当前所面临的问题。

2. 人际交往能力。

人际交往能力是指在一个团体或群体内与他人和谐相处的能力。孔子以“独学而无友，则孤陋而寡闻”，来说明人际交往对促进人与人之间相互认识的重要意义。能否正确处理人际关系，有无良好的协作精神，直接影响着人们的积极性和创造才能的发挥。美国哈佛大学就业指导小组，曾对几千名被解雇的人员进行过综合调查，发现其中因人际关系不好而离职的，比不称职而离职的人高出两倍多；因人际关系不好无法施展其才华的占到90%以上。良好的人际关系是一个人事业成功的重要条件。

3. 创新能力。

创新能力是指根据一定的目的和任务，以创造性思维为核心，能够提供一些新颖的、有独创性的，对社会或个人有价值的“产品”的能力。创新能力不是生而具有的，而是后天学习和教育的结果，是一种经常的、稳定的心理特征。创新能力是当前各行各业人员必备的一项基本素质。具有创新能力的人善于发现新事物、分析新情况、提出新思路、解决新问题、总结新经验，善于结合实际创造性地开展科研、设计及管理等工作。

4. 团队合作能力。

团队合作能力是指团队成员以团队利益为首要任务，自觉地以组织的利益和目标为重，能够时刻维护团队的利益，并在各自的工作中尽职尽责，自愿并主动与其他成员积极协作、共同努力奋斗的能力。在竞争激烈的就业市场，崇尚团队精神、具有强烈合作意识与协作能力的人往往会脱颖而出。

【小贴士】

一个球队在篮球比赛中获得了成功,是谁的功劳呢?仅仅是投球的人的功劳吗?当然不是。传球的人、教练,甚至帮球队改善伙食的人,都有自己的一份功劳。团队由不同的人所构成,每个人都在发挥他自己独特的一种优势。

就像人的5个手指,每一个都有各自的特点和优势,可是单独拿出一个手指来做事情的话,就会显得非常笨拙,只有5个手指团结起来,才会将手的作用发挥好。团队的成员也是一样,不要轻视任何一个人的力量,要让每个人各司其职、发挥各长,以创造出更大的价值。

5. 组织管理能力。

组织管理能力是指安排现有的人力、物力,使其构成实现某一系统性目标的能力。虽然不是每个大学毕业生都会从事管理工作,但是在实际工作中每个从业者都会不同程度地参与组织管理。许多用人单位在挑选录用大学生时,在同等条件下,往往会优先考虑那些曾担任过学生干部、具有一定组织管理能力的毕业生。善于运用组织的力量,协调各方面的人力、物力、财力,使其达到动态上的综合平衡,从而获得最佳的社会效益和经济效益,是管理者必备的基本素质。

(二) 培养通用能力

大学期间,每个大学生都应明确“我是一个什么样的人?我将来想做什么?我能做什么?环境能支持我做什么?”应充分认识自己的个性特征,并据此来确定自己的个性是否与理想的职业相符。只有对自己的优势和不足有一个比较客观的认识,结合环境如市场需要、社会资源等,才可以确定自己通用能力提高的方向与途径。

1. 依托专业学习。

大学生应在学习期间形成初步的通用能力,学会学习,学会生存,学会发展。大学生应在大学的学习和工作中主动培养自己的组织管理能力,如组织管理好班、团集体,策划并组织实施各种形式的课外活动等。大学生除学习知识、培养技能以外,还可以通过参加科研学术活动和各类型竞赛,突出自身优势,培养创新精神和创新意识,为将来就业打造核心竞争力。

2. 参与实践活动。

大学生应经常参加校内外社会实践活动，有效地将理论知识与实践结合起来，增强现实感知力，提高市场适应能力和应变能力。在实践中，大学生既应强调智力因素的开发，又应注重非智力因素的挖掘，如通过团队活动、情景训练等形式进行自我管理、自我教育，增强承担实际工作压力的能力。大学生只有积极参加各类实践活动，才能不断认识自我，从而有针对性的提高自己的通用能力。

3. 自我总结与提高。

“吾日三省”是通过不断反思、总结自我，从而提高自身能力的有效途径。一个人只有不断总结自己能力提高的经验，回顾自己能力一步步提升的历史，认清自我努力的动机，才能激励自己不断进步，发展自己的通用能力。

四、意志品质的锤炼

意志是人类特有的心理过程，表现为根据预定的目的对行为进行调节和控制。意志品质是指人在行动中经常表现出来的意志特征，它是就业能力的内在基础，影响甚至决定着专业能力和通用能力的发挥。

(一) 职业与意志品质

不同的职业，因工作性质不同，所要求的意志品质也会有所侧重。如教师的职责是“传道、授业、解惑”，一个优秀的教师在传授知识之外，还应通过自身优良的意志品质去感染学生，让学生树立正确的价值观。前苏联教育家乌申斯基说过：“固然，许多事有赖于学校的一般规章，但是最重要的东西永远取决于跟学生面对面的教师的个性：教师的个性对年轻心灵的影响所形成的那种教育力量，是无论靠教科书、靠道德说教、靠奖惩制度都无法取代的。”富有个性魅力的教师如同一种黏合剂，能将每个学生紧紧地凝聚在周围，并以独特的教育风格，激发学生的学习兴趣。高校大学生将来不管从事何种职业，优秀的意志品质都是必需的。

1. 自信。

自信是基于自我评价的积极态度，其本身就是一种积极性。自信心帮助人们走向成功，而缺乏自信、对自己评价过低则会阻碍人们向前发展。要成为自信者,就要像自信者一样去行动。面对复杂的社会环境,我们每一个自信的表情、自信的手势、自信的言语都能真正培养起我们的自信。高校大学生自信的培养,从某种程度上可影响到民族自信心的形成及未来社会的发展。

2. 自立。

自立就是靠自己奋斗,不依赖他人。它是一种勤奋、进取、独立、自主、负责任、敢担当的精神状态,是一种强烈的向上驱动力,一种永不言弃、积极改变自我境况的奋斗精神。只有具有自立意识,才能有坚强的意志,才能正确地认识自我与现实之间的差距,才能正确地对待挫折,脚踏实地,靠着高度的自觉性、坚定性,一步步获得成功。具备自立精神,可以增强我们行动的果断性和自控性,能够让我们立足现实,不沉湎于幻想和依赖心理,能坚定自己的理想,锲而不舍,顽强拼搏,从而取得学业和事业上的成功。

3. 诚信。

从道德范畴来讲,诚信指待人处事真诚、守信。大学生只有以诚立身,才会做到公正无私、讲求信用,承担起自己应尽的责任,才能守约、守纪、守法,妥善处理好人与人、人与社会之间的关系,做一个真正对社会负责的人。事实上,诚信是一种品质、一种素质,同时也是社会各项事业进步的基础。它减少了社会成本,是社会进步的效率要素。

4. 责任心。

责任心指人们对某一具体事物的积极关注和心理投入。它往往外化为对某一责任的承诺和对某一任务的积极行为。责任心不仅是一种心理品格,也是一种道德素质和能力要素。责任心又可分为对自己的责任感:对自己的思想、言论、行为负责,对自己的过去、现在和将来负责;对他人的责任感:在强调个性自由发展的同时,也懂得尊重他人的个性和权利。在学习中互帮互助,在生活中互信互爱,都是负有责任心的典型体现。

5. 勤奋。

唐代大文学家韩愈说过:“业精于勤而荒于嬉,行成于思而毁于随。”勤奋是一种人生态度。对于大学生来说,勤奋就是树立远大理想,以锲而不舍的精神,在时间的河流中挥楫而上,脚踏实地地追求真知。勤奋是成功的基石。

(二) 培养意志品质

具有良好意志品质的人能够以积极的态度对待生活中的难题,以良好的心态和坚韧不拔的意志迎接挑战。良好的意志品质不是天生的、自发的，而是在社会活动过程中逐步养成的。孟子曾主张以“苦其心志，劳其筋骨，饿其体肤，空乏其身”来锻炼人的顽强意志，从而培养“富贵不能淫，贫贱不能移，威武不能屈”的“大丈夫”。

1. 主动创造条件，积极磨炼。

意志是意识的能动反映，它表现为人的意识对行为的自觉调节和控制。外在行为因素可以通过自我省察，不断塑化自己的意志品质。因此，大学生应根据自身特点，制定形式多样的、切实可行的、经过努力能够实现的计划，不断调整完善，并一步步加以落实。在这一过程中，大学生应养成自我检查、自我监督、自我评价、自我激励的良好习惯，在一点一滴的成就中培养自信、自立、坚韧等品质。

2. 向别人学习，虚心修炼。

培养良好的意志品质，还可以通过实地参观，参加讲座、座谈会、事迹报告会等形式，用先进人物鲜活的事例感染自己。也可以将身边熟悉的人树为学习的榜样，学习他们战胜困难的勇气，学习他们化逆境为顺境的自信，学习他们从失败中吸取教训、百折不挠的自立精神，从而有效地培养自己的良好品质。

3. 积极参与实践，经受锤炼。

在实践之前，明确其目的与意义，有针对性地锤炼自己的意志品质。在实践过程中，应采取自我鼓励、自我暗示等方法及时消除消极情绪，认真分析实践中所反映出的问题，主动调整自己的实践计划，积极锤炼自己。这里的关键是要自己制订实践计划，包括选择分工、选定方法，并以自己的意志克服困难，完成所担负的任务。此外，通过参加体育活动，也可以培养勇敢顽强、坚韧不拔的意志品质；在较差的环境条件下完成某项学习任务，也是提高自我适应能力、增强自信的有效手段。

知识拓展

一、推荐阅读《习惯的力量》

在现实生活中，我们每天的活动有超过40%的行为是出自习惯，好习惯让我们受益,坏习惯使我们遭殃。我们被锁链束缚,却从来不知道钥匙在自己手中。美国畅销书作家查尔斯·都希格的《习惯的力量》非常值得一读。书中剖析了“习惯”在每个人生活和事业中表现出来的强大力量,并告诉我们如何利用这种力量,发挥潜能,运用技巧,有效地帮助自己改进工作和生活的方式,使每个人最终获得成功。正如都希格所说:“当习惯改变时,不仅个人生活能改变,公司、组织和整个社群都会随之改变。”这是人生解除锁链束缚的钥匙,也是撬动人生成败“杠杆”的一个支点。

都希格的书中有一节关于组织“核心习惯”的讨论,讲到了奥尼尔与美铝的故事,涉及“核心习惯”的作用和意义,引人深思,颇受教益。

1987 年 10 月,奥尼尔出任美国铝业公司的新总裁。他在就职“宣言”中,没有提及利润或者税收,只是明确提出他的“目标是让美铝成为全美国最安全的公司”,提出“要让工伤率降为零”。但是,就在奥尼尔就职“宣言”发表还不到一年,美铝就取得了空前的利润。在 2000 年奥尼尔退休的时候,公司每年的净收益是他上任前的 5 倍,股票市值达到 270 亿美元。一个人如果在奥尼尔上任那天投资 100 万美元给美铝,在奥尼尔领导公司的这段时间,其在股息上就相当于又赚了一个一百万。而到奥尼尔离职的时候,这个人手上的股票价值则涨到了原来的 5 倍。

而且,在蓬勃发展的同时,美铝也确实成为了世界上最安全的公司之一。在奥尼尔上任之前,美铝的所有工厂几乎每个星期都会发生至少一桩工伤意外。但他的安全计划实行后,一些设备能运行多年,且没有因为任何一个人受伤而要停工一天。公司的工伤率降低到美国平均水平的 1/20。

美铝的成功,当然是奥尼尔的成功,其奥秘在于“习惯的力量”。奥尼尔通过“改变所有人的安全习惯”,改变了整个组织,是“良好的组织习惯在造就成功”。奥尼尔相信一些习惯具有引起连锁反应的能力,当他们扩展到整个组织时,会引起其他习惯的改变。一些习惯比起其他习惯在重塑商业和生活方式上更有影响力,它们就是“核心习惯”,影响着人们的工作、饮食、玩乐、消费和沟通方式。核心习惯能启动一个进程,久而久之将改变一切。奥尼尔在深入基层调查研究的过程中,发现了习惯的力量,而且找到了“核心习惯”的按钮。正因为奥尼尔抓住了“安全习惯”这个按钮,才真正有效地开启了改变美铝整个组织的进程,使美铝创造了新的奇迹。

在企业管理中,企业领导者应该做到洞悉全局,准确发现在重塑商业和生活方式上最有影响力的"核心习惯"，并认真加以改变或者确认，让他们在连锁反应中，扩展到整个组织，最终改变企业的其他习惯，从而改变整个企业。事实上，任何一个组织都是如此，作为个人也不例外。

【[美]查尔斯·都希格：《习惯的力量》，吴奕俊、陈丽丽、曹烨译，中信出版社 2013 版。】

二、美国弗吉尼亚州欧多明尼大学本科生四年的职业发展计划

大学新生	辅导部门帮助新生适应大学的学习与生活，学会平衡学业要求与社会生活之间的关系 走访职业辅导中心，了解中心的资源，以及各种就业活动的时间安排，并与咨询师接触 通过一些测试与问卷，了解自己的兴趣所在 了解学校的有关机构、可利用的资源，以及各类学生组织与社团，参与学生社团，参加学生活动 与高年级同学顾问及学校顾问谈话 到学校就业办寻找临时工作，参加跟就业相关的讲座，学习如何制订职业计划 利用职业辅导中心的在线服务，寻找假期工作 初步确定自己的职业兴趣，阅读相关的书籍、杂志 选择自己的专业
大学二年级	与顾问、老师一起评估学习成绩，继续研究自己的职业兴趣和职业选择，设定下年度的专业学习目标 利用中心的资源与服务，寻找与自己职业发展密切相关的组织、公司与机构 在校内学生社团或组织中担任领导或管理职务 在顾问、老师帮助下准备简历，通过网络等渠道，开始寻找与职业目标有关的学习和假期实习的机会 与家长、朋友、专业人士讨论自己的职业目标 开始参加与职业发展有关的各种讲座，了解实习机会、求职方法、面试技巧、简历和求职信写作技巧等 确保一个假期的实习，以便加深对未来职业的认识和理解
大学三年级	更新在线简历 每学期至少与学术顾问见面一次，以确认学习成绩达到学校基本要求 在高年级同学顾问和学校顾问的帮助下评估职业发展方向，并准备与专业直接相关的实习机会 参加职业辅导部门组织的实习相关培训，了解如何找到有学分的实习或定向培训机会 在校内学生社团或组织中担任重要领导职务或负责重要项目 继续参加与职业发展有关的各种讲座，进一步了解实习机会、求职方法、面试技巧、简历和求职信写作技巧等 访问就业信息中心，与顾问探讨毕业后的工作计划和继续深造机会 参加"考研"、"继续深造"之类的讲座 收集研究生院的信息，参加 GRE 或 GMAT 等考试

续表

毕业班学生	再次更新在线简历 继续参加实习工作 参加中心组织的简历写作、考研、面试技巧等讲座 与高年级同学顾问和学校顾问一起制定求职策略 参与中心组织的校园招聘面试或与未来雇主面谈 与家人或朋友、专业人士讨论自己的职业，模拟面试并改进面谈技巧，开展大规模求职活动 申请研究生院并让顾问评估申请信 评估工作或升学邀请，走访公司或学校，向顾问、专家请教工作或升学机会的面谈技巧

三、中国大学生在校期间的学业规划任务表

时期	侧重方向	侧重目标	实施措施
一年级（试探期）	侧重正确认识大学，认识自我，进行生涯剖析，制定职业目标	初步了解职业，特别是自己未来想从事的职业或自己所学专业对口的职业，提高人际沟通能力	多和学长们交流，尤其是大四的学长，询问就业情况，多参与学校活动，增加交流技巧，为可能的转系、获得双学位、留学计划做好资料收集及课程准备，多利用学生手册，了解相关规定
二年级（定向期）	侧重夯实基础，拾遗补缺，进行生涯设计	考虑清楚未来是深造还是就业或自主创业，并努力提高自身的基本素质	对目标进行细化和调整；通过参加学生会或社团等组织，锻炼自己的各种能力，同时检验自己的知识技能；开始尝试兼职、社会实践活动等与未来职业或本专业相关的工作；增强英语口语能力、计算机能力，通过英语和计算机相关证书考试，有选择性地辅修其他专业知识来充实自己
三年级（拼搏期）	侧重拓展素质，科技创新，此时更多的是思考专业成才	加强自身综合素质，培养职业目标所需要的各种能力；提高求职技能、搜集公司信息；做出考研还是就业的抉择	撰写专业学术文章时，可大胆提出自己的见解，锻炼自己独立解决问题的能力和创造力；参加和专业有关的暑期实践工作；和同学交流求职工作心得体会，学习写简历、求职信，了解搜集工作信息的渠道，并积极尝试；加入校友网络，了解往年的求职情况；希望留学的同学可以参加留学系列活动，准备 TOEFL、GRE 等考试，留意留学考试资讯

续表

时期	侧重方向	侧重目标	实施措施
四年级（冲刺期）	侧重择业、就业、创业	找工作、考研、出国	对前三年的准备做一个总结；检验自己已经确立的职业目标是否明确，前三年的准备是否充分；开始工作申请，积极参加招聘活动；预习或模拟面试。了解用人单位资料信息，强化求职技巧，尽可能地在充分准备的情况下实战演练

拓展练习

一、使用【压力量表】分析一下自己的精神压力

过去一个月内有否出现以下情况：

1. 觉得手上工作太多，无法应付。

2. 觉得时间不够，要分秒必争。例如过马路时冲红灯，走路和说话的节奏很快速。

3. 觉得没有时间消遣，终日记挂着工作。

4. 遇到挫败很容易发脾气。

5. 特别在意别人对自己工作表现的评价。

6. 觉得上司和家人都不欣赏自己。

7. 担心自己的经济状况。

8. 有头痛/胃痛/背痛的毛病，难于治愈。

9. 需要借烟酒、药物、零食等抑制不安的情绪。

10. 需要借助安眠药去协助入睡。

11. 与家人/朋友/同事的相处令你发脾气。

12. 与人倾谈时，经常打断对方的话题。

13. 上床后觉得思潮起伏，牵挂很多事情，难以入睡。

14. 工作太多，不能每件事做到尽善尽美。

15. 当空闲时轻松一下也会觉得内疚。

16. 做事急躁、任性，而事后感到内疚。

17. 觉得自己不应该享乐。

计分方法：从未发生 0 分，间或发生 1 分，经常发生 2 分。

分析结果：

0—10 分：精神压力程度低，但可能生活缺乏刺激，比较简单沉闷，个人做事的动力不高。

11—15 分：精神压力程度中等，虽然有些时候感到压力较大，仍可应付。

16 分或以上：精神压力偏高，应反省一下压力来源并寻求解决方法。

二、测测你的健商

1. 自我保健对身心很重要。

   A. 不同意　B. 无所谓　C. 有点同意　D. 完全同意

2. 你在练习自我放松和减轻压力的技巧。

   A. 几乎没有　B. 偶尔　C. 经常　D. 几乎总是

3. 在感冒或受到轻微感染时，你会自己照顾自己，并且感觉很好。

   A. 几乎没有　B. 偶尔　C. 经常　D. 几乎总是

4. 在患病期间，心理作用相当重要。

   A. 不同意　B. 无所谓　C 有点同意　D. 完全同意

5. 你对自身的精神状况感到：

   A. 非常不满意　B. 无所谓　C. 有点满意　D. 相当满意

6. 与人相处时，你会感到轻松，并且乐于和开朗的人交往。

   A. 几乎没有　B. 偶尔　C. 经常　D. 总是

7. 你自己对于疾病的了解：

   A. 相当贫乏　B. 一般　C. 稍多一点　D. 相当多

8. 应该适当利用社区的医疗保健设施。

   A. 不同意　B. 无所谓　C. 部分同意　D. 完全同意

9. 你会接受身体检查，包括检测各种危险疾病等。

   A. 从来没有　B. 不定期　C. 定期　D. 始终如此

10. 应该做到不抽烟、少喝酒，远离毒品。

    A. 不同意　B. 无所谓　C. 部分同意　D. 完全同意

11. 每天能做到定时就餐。

    A. 从不　B. 偶尔　C. 经常　D. 几乎总是

12. 经常做一些体育运动，每天都会散步。

    A. 几乎从不　B. 偶尔　C. 经常　D. 总是

13. 对自己的性生活感到：

A. 不满意　　B. 无所谓　　C. 基本满意　　D. 相当满意

14. 对未来的理想生活，你心里充满信心。

A. 从不　　B. 偶尔　　C. 经常　　D. 总是

15. 你会处理来自情感、工作及生活的各种压力。

A. 不能　　B. 偶尔　　C. 一般　　D. 总是

测试结果：A：0 分；B：1 分；C：2 分；D：3 分。

此项测试分数越高，表明你的健商指数就越高。20 分以下为较差，25 分以上为良好，超过 30 分为优良，35 分以上为优秀。

第七章

大学生职业生涯发展

当代大学生要志存高远、脚踏实地，转变择业观念，坚持从实际出发，勇于到基层一线和艰苦地方去，把人生的路一步步走稳走实，善于在平凡岗位上创造不平凡的业绩。

——习近平

全社会都在推崇一种创业的精神，大家都在积极创业，我希望能够让大家分享这一点，创业是一种人生态度、过程，创业目的不是为了财富，而是为了一种成就感、一种幸福感、一种满足感。如果这种幸福感和满足感跟自己的理想、责任完全相符的话，创业的过程就达到了一种完美状态。

——王志东

有一匹年轻的千里马，在等待着伯乐来发现它。

商人来了，说：你愿意跟我走吗？马摇摇头说：我是千里马，怎么可能为一个商人驮运货物呢？

士兵来了，说：你愿意跟我走吗？马摇摇头说：我是千里马，怎么可能为一个普通士兵效力呢？

猎人来了，说：你愿意跟我走吗？马摇摇头说：我是千里马，怎么可能去当猎人的苦力呢？

日复一日，年复一年，这匹马一直没有找到理想的机会。

一天，钦差大臣奉命来找千里马。千里马找到钦差大臣，说：我就是你要找的千里马啊！钦差大臣问：那你熟悉我们国家的路线吗？马摇了摇头。钦差大臣又问：那你上过战场、有作战经验吗？马摇了摇头。钦差大臣说：那我要你有什么用呢？马说：我能日行千里，夜行八百。钦差大臣让它跑一段路看看。马用力地向前跑去，但只跑了几步，它就气喘吁吁，汗流浃背了。

你老了，不行！钦差大臣说完转身离去。

【千里马是如何成了废马的呢？这值得深思。更值得思考的是，千里马怎样才能真正尽日行千里、夜行八百之能，实现驰骋疆场、力展宏图的抱负呢？今天平凡的努力，才是我们未来能量的可靠来源；今天经历的磨炼，才是我们未来发展的坚实基础！千里之行，始于足下，自我实现离不开奋斗的青春。】

第一节　就业与职业适应

随着社会经济结构的转型升级，人才需求日益旺盛。但毋庸讳言，在企业拼命挖掘人才的同时，高校毕业大学生却一直遭遇着声势浩大的“就业难”问题。“就业难”正在成为一个全社会共同关注的话题。

那么，为什么一方面大学生遭遇就业难，一方面又有很多用人单位抱怨招不到理想的毕业生？一方面基层大学生严重匮乏，一方面又有大批毕业生宁愿漂在大城市也不愿下基层？种种怪相无不形象地暴露出就业期望和就业现实的差距，揭示出就业困局中的难解疙瘩。

一、就业观念与就业技巧

(一) 就业观念

1. 就业观念的涵义。

就业观念，是人们在头脑中形成的对未来职业的认知、评价和选择的一种看法和态度。我们的就业观念在一定程度上反映了我们脑子里固有的世界观、人生观、价值观和人才观，决定着我们对择业的期望、定位和选择，支配着我们的择业行为。因此，对职业进行正确地评价、准确地定位和合理地选择，首先需要解决的就是就业观念的问题。从某种意义上说，就业观念也是社会现象的反映。正确就业观念的确立，是主体学习认知和实践体验的结果，是家庭或学校教育在我们头脑中不断强化的一个过程，同时也是择业实践获得他人或社会认可的过程体现。

2. 大学生就业观念的转变。

新中国成立以来，我国的政治、经济体制发生了很大变化，高校毕业生就业制度也在不断发展变化。几十年来，经历了由“计划分配”到“供需见面”、“双向选择”及一定范围内“自主择业”等几个改革发展阶段。目前，市场机制已经在配置毕业生资源方面发挥着基础性作用，毕业生就业工作已经完全突破了国家包就业的观念和体制，实现了“政府调控指导、学校推荐、毕业生和用人单位双向选择”的就业模式。

高校毕业生就业制度的变革与发展，实现了人才资源的合理配置，促进了中国的经济发展；扩大了用人单位选才的自主权，有利于用人单位择优选才；扩大了高等学校的办学自主权，促进了学校的教育改革，增强了学校适应社会需要的主动性和积极性；扩大了高等学校毕业生择业的自主权，有利于大学生发挥自身的素质优势；转变了在校大学生的思想，提高了他们的学习积极性和竞争意识等。

面对严峻的就业形势和大学生就业难的困局，很多人在说“退一步海阔天空”;政府、高校、媒体也在不断呼吁“大学生要转变就业观念”。然而,从1983年试点“供需见面”、1989年提出“自主择业”,到1994年明确“国家不再实行行政分配”,逐步建立“学生上学缴纳部分培养费用,毕业后自主择业”的就业机制。几十年过去了,“就业观念”从某种意义上讲,依然是导致目前就业难的一道非常重要的“坎”,个中原因,值得深思。大学生对公务员招考热衷迷恋,对事业编制情有独钟,对大型国企岗位一往情深,以及对外企白领羡慕与追求,但严格的编制控制、长期的人浮于事和较高的素质要求,让这些理想的归宿机会有限,这注定无法满足越来越多求职者的渴望。

归根结底,观念转变之难,难在现实利益和规则带给人们的利弊判断与取舍。解决就业难的问题,不仅需要大学生就业观念的转变,更需要政府在拓宽就业渠道、规范就业市场、扶持新的经济增长点上打开新局面、取得新进展。而当前,身份界限带来的阶层分化仍有待弥合,户籍改革举步维艰,退休养老、失业保障等制度的多轨道、不完善,让统一的就业市场建设因缺乏配套措施而困难重重;巨大的地区差异,产业结构的不尽合理,让中西部广阔天地成为“就业乐园”仍有很长的路要走;哪怕有些改革举措已经推出,但残留在人们内心深处的传统观念,也绝非一朝一夕所能转变。但作为大学生,就业难却是我们今天需要面对和解决的问题,因此,需要我们立即行动,立足长远,解放思想,转变观念,找到自己的职业蓝海,开辟自己的快乐人生。

3. 正确就业观念的树立。

面对大学生就业难的困境,一方面为了顺应一些大学生急着抢“饭碗”的心态,另一方面也是高校和社会为了尽快提高大学生就业率的需要,提出了“先就业,后择业”,即先积累工作经验,再谋求新的发展。这种“骑驴找马”式的就业观念,其目的是帮助大学生认识到,自己的就业志向和就业岗位是受社会需求的变化和产业结构的调整所影响和制约的,就业、择业和创业是一个循序渐进、不断发展的过程,要求大学生克服一蹴而就、急于求成和悲观畏难、消极等待的思想,打破一步到位、一职定终生的旧的就业观念。这是一种最现实的选择,对帮助大学生尽快就业具有积极的意义。但这样的教育和就业观念,却给用人单位带来了麻烦。有的大学生刚刚就业,就忙着择业;有的上班一两个月,刚刚熟悉了手上的工作就离岗;有的到处打短工,不停变换自己的工作岗位。这种频繁的“跳槽”和“裸辞”现象,令用人单位措手不及,造成企业的替换成本增加,甚至不愿意花本钱培训员工,这既不利于员工素质的提高,也不利于个人事业的发展。要改变这种现象，应该从帮助大学生树立正确就业观念的角度出发，强调“先锻炼，后发展”。

(1)“先锻炼，后发展”符合育人目标。高校教育不同于技能训练和岗前培训，不仅仅是为了大学生都能找到一个合适的工作。国务院颁布的《国家中长期教育改革和发展规划纲要》明确指出，高等教育要“着力培养信念执着、品德优良、知识丰富、本领过硬的高素质专门人才和拔尖创新人才”。要“全面贯彻党的教育方针，坚持教育为社会主义现代化建设服务，为人民服务，与生产劳动和社会实践相结合，培养德智体美全面发展的社会主义建设者和接班人”。这就进一步明确了高等教育培养人才的途径、要求和目标。而要实现这一教育目标单靠在校学习与锻炼是不够的，很大程度上还要靠后期的职业教育、岗位磨炼和环境熏陶。实现这一教育目标也不仅仅是学校的责任，更重要的是大学生自己的责任，需要大学生积极投身社会实践锻炼的行动。

(2)“先锻炼，后发展”就是要立足于锻炼，着眼于发展。按照新时期人才素质的要求，只有个人自身全面的、高素质的发展，才能成长为高水平的人才，尤其是面对高科技发展与竞争的未来时代，只有将人文、自然、信息等知识的掌握与综合素质能力的发展相结合，才能使自己真正成为符合社会全面发展进步所需要的人才，才能担当起“建设者”和“接班人”的重任。因此，每一个大学生从离开校园、走向社会的那一天起，就要规划好未来，牢固树立科学的发展观和成才观，始终按照“合格的建设者、可靠的接班人”的目标要求自己、锻炼自己、发展自己。

(3)“先锻炼，后发展”符合用人导向。党和国家一直坚持在实践中锻炼人才、发现人才、培养干部的方针，特别是坚持将艰苦的环境和岗位、急难险重的任务作为检验优秀人才的“试金石”，通过有意识、有重点的培养和锻炼，使一批批表现突出的优秀人才脱颖而出。近年来国家每年都要选拔一大批优秀大学毕业生担任“村官”，而且这已成为党培养人才的一项战略措施，成为促进大学生就业的一项制度，并正在不断完善之中。有的地方组织部门每年还专门在应届大学毕业生中物色一批“选调生”，有意识地派到基层，进行跟踪了解。经过几年的培养锻炼，将表现优秀者选拔到机关或直接担任一定的领导职务。有的地方为了鼓励大学生到基层，不惜增加编制，虚岗待聘。这些措施对加强基层工作起到了重要作用，而更为深远的意义在于，确立了在基层和一线培养人才、锻炼人才的正确导向，是培养造就大批社会主义合格建设者、传承党的事业可靠接班人的创新之举。因此，每一个有志于成长成才的大学生，首先要熟悉了解新形势下党和国家的用人政策，主动顺应用人导向，确立“先锻炼，后发展”的就业观念，积极投入人才培养的各项社会实践，努力创造条件，为实现自己的理想而奋斗。

(4)“先锻炼，后发展”符合成才规律。一切事物的发展都有规律，大学生的成长成才也不例外。大学生的成长成才主要取决于自身的内因基础条件和外部的客观环境两个方面的因素，而两者的有机结合就是实践锻炼。实践锻炼，能使这两个方面相互作用，相互影响，决定着大学生的成长成才。实践出真知，实践出人才。大学毕业生只有到困难的地方和艰苦的环境中去工作和锻炼，才能不断提高自身素质，增强工作本领，实现人生价值。

(5)“先锻炼，后发展”符合社会期待。大学是培养人才的场所，而毕业后社会提供的各种工作岗位同样是培养人才的地方。大学培养人才的方式主要是知识学习，社会培养人才的方式则主要是实践锻炼。“先锻炼，后发展”，既是成才的规律，也是用人单位培养人才的途径和方式，社会效益和财富的增长就是在对人才进行培养的同时实现的。所以“先锻炼，后发展”的观念最符合社会的期待和需求。这种期待具有以下内涵：

①“先锻炼，后发展”，就是要肯“深入”。基层一线是大学生毕业后了解社会、适应社会的重要场所，深入基层一线工作也是大学生成长发展的实践环节，是锻炼自己、缩短适应期的重要途径。因此，大学生要转变获得大学文凭再到基层一线是大材小用、浪费资源的思想，正确定位，乐于并勇于深入到中小企业和乡镇街道，深入到车间、田头等基层一线去就业工作，为自己今后的成长发展奠定扎实的根基。

②“先锻炼，后发展”，就是要肯“扎根”。任何一份工作，没有 3 到 5 年是不能入门的，很多企业的管理人员都是从基层员工中选拔出来的。因此，大学生就业后，千万不能“蜻蜓点水”，一定要在基层岗位上扎下根来，并坚持不懈地干下去，这样就会发现来自基层的经验和经历将会使职场发展的前景更为广阔。

③“先锻炼，后发展”，就是要肯“做事”。初入职场的大学生常存在好高骛远、眼高手低的问题，其实大学生刚进入社会，一切都得从头做起。不管走上什么岗位，都要把它当成自己的舞台，把自己负责的每一件事踏踏实实做好。

④“先锻炼，后发展”，就是要肯“吃苦”。目前，基层的条件相对而言，仍然比较艰苦，尤其是农村和边远地区。即使在同一个地方工作，工作环境、生活条件、难易程度等也有差别。大学生在就业初期，除了克服工作生活条件上的困难外，在适应新环境、处理人际关系及学以致用方面也会遇到许多困难。然而，“梅花香自苦寒来，宝剑锋自磨砺出”，越是条件艰苦、困难较多的地方，越能磨炼人的意志，越能培养吃苦耐劳、坚忍不拔的品格和作风。大学生应当勇敢地到艰苦的地方去，敢于面对现实，客观认识困难，增强克服困难的信心，锻造不畏艰难困苦的毅力，在艰苦的磨炼中成长成才。

（二）就业技巧

在麦霸、学霸、考霸、舞霸、球霸等各种各样的“霸型人才”纷纷面世的今天，就业市场也出现了“面霸”型人才。所谓“面霸”是对因为找工作而经常参加面试的人的一种调侃称呼。其实，不管“面霸”是否真是人才，但有一点是肯定的，作为就要踏入职场的大学毕业生，通过学习和实践，掌握必要的就业技巧，这对是否能够顺利就业帮助很大。树立正确的就业观念是大学毕业生就业成功的关键，而掌握必要的就业技巧，则是大学毕业生走向成功就业的桥梁。

所谓“职场怪圈”，指的是大学生找不到工作，企业找不到称职人才。那么，为什么他们往往就差这么一点点就擦肩而过呢？2010年诺贝尔经济学奖授予美国大学和塞浦路斯大学的三位经济学教授，他们研究的问题是全球人力资源市场的一个悖论：一方面很多人找不到工作，另一方面有很多空缺的职位找不到合适的雇员。三位教授建立了一个称为“搜索冲突”的理论模型，即求职者和雇主之间的信息错位来解释这个现象。这个问题能得到诺贝尔基金会经济学奖评委会的关注，说明了它对于全球社会经济发展的重要性。尽管产生这一悖论现象的根源有很多，更主要的可能是教育发展远远滞后于社会发展，以及教育发展与产业发展的严重脱节等，但求职者与雇主之间的信息错位，也是导致职场怪圈的一个重要因素，这就需要我们通过学习掌握必要的就业技巧，来搭建求职者与雇主之间的桥梁。

所谓就业技巧也叫求职技巧，是求职过程中的方法、手段和技能。按求职的环节来分，通常把就业技巧分为招聘信息的采集技巧、求职文书的撰写技巧和求职面试的应对技巧等三大类。

1. 招聘信息的采集技巧。

招聘信息是指与就业相关的信息与情况,没有招聘信息就没有就业渠道。在人才需求总量供大于求的“买方市场”态势中,要求每一个择业者必须通过各种途径,获取足够的信息,以了解当下与自己类似的求职群体的总体供需形势,分析自身所学专业的就业前景与发展趋向,克服专业结构所带来的供求矛盾,然后明确自己向往的行业与将选择的职业,这样才不至于“盲人摸象”式的瞎摸一通。

招聘信息的获取途径有很多,主要通过专门的就业指导服务中心、职业中介部门、各级人才市场和招聘会及各类大众传媒等获取招聘信息。对于采集到的招聘信息,应进行综合分析,并结合自身特点进行筛选,以保证招聘信息的真实性、科学性和有效性,最终帮助自己实现成功就业。

2. 求职文书的撰写技巧。

求职文书包括求职信和求职简历。求职信反映的是求职者的求职意向和主观情况,求职简历反映的是求职者的客观情况。求职简历还是用人单位了解求职者基本情况的重要资料,是证实求职者是否适合应聘岗位的重要依据。求职信和求职简历的共同任务是帮助求职者获得面试机会。对于每一个求职者来说,写好求职文书将成为求职中的一个十分重要的环节,是踏上求职成功的第一步。

(1) 求职信的撰写技巧及注重点。求职信又称自荐信,是有目的地针对不同用人单位的一种书面自我介绍,是求职者向用人单位表达自己求职意向的一种方式。其意义在于帮助求职者推销自己,概括求职者的能力、想要什么、能做什么等。其重在内容真实,特色鲜明,措辞得当,简明扼要。一般应针对求职者自身的情况和用人单位的具体要求来撰写。首先,正确称呼用人单位,介绍自己从何处获得对该单位的就业信息,写清楚自己的姓名、性别、出生年月、学历、毕业学校及专业等个人的基本情况;其次,结合专业和特长说明求职的愿望动机,说明自己所要竞聘岗位的理由和今后的目标,这应为全文的核心和重点部分;最后,结尾要强调希望和用人单位招聘主管人员见面的愿望,并致谢。同时应附个人简历,写明本人的联系方式和具体通讯地址。

(2) 求职简历的撰写技巧及注重点。求职简历是自己生活、学习、工作、经历、成绩的概括集锦。它的主要任务是争取让接受方和求职者进行联系,主要目的就是争取面试的机会。据相关调查发现,招聘者平均在每份简历上只花费 1.4 分钟。每次招聘会结束，都会有大堆式样各异的求职简历被无情地扔进垃圾筒。有的求职者对自己的简历过于包装，也有的简历千篇一律，这些很容易被应聘单位拒之门外。如何让自己的简历脱颖而出，顺利获得参加面试的资格，求职者必须合理把握简历的标准——简而有“力”，字字有声：

① 以优良的人品打动人。是否具有非凡的经历、优秀的人格品质及良好的性格，已经成为当今许多用人单位在录用人员时首要考虑的重要条件和内容。求职者假如能在这方面进行挖掘，做些文章，无疑会给自己增添一些优势。

② 以明显的优势说服人。俗话说，“不怕不识货，就怕货比货”。对于那些在大学阶段成绩非常优异和能力出众的求职者，在写求职简历时，就要善于突出和反映自己的优势，优点尽可能具体化。如写“成绩优异”就不如写“成绩排在年级或专业的第几名”，这样写更具有分量。

③ 以独特的见解征服人。求职者在写求职简历时，假如能够自然地写出与目标职业相关问题的精辟见解，也可以让用人单位眼前一亮，对你印象深刻。

④ 以出众的特长吸引人。用人单位都希望被录用者具备与所聘岗位相符的特长才能，因此，在写求职简历时，一定要根据应聘岗位突出自己的特长。如应聘的是行政、人事管理类的岗位，简历中可突出自己在计算机应用、沟通、协调、组织等方面的能力；应聘营销类职位则要突出自己的策划、社会活动、创新和表达能力等。

总之，求职是一个自我推销的过程，写求职信或求职简历，只能“适度推销”，而不可夸大其词。书写应工整、规范，要有理有节，不卑不亢，做好“一颗红心，两手准备”。

3. 求职面试的应对技巧。

对大多数求职者特别是应届大学毕业生来说，在大学期间各种笔试不断，久经沙场，自然能应对自如，而对面试则因经历少，经常不知所措。学会面试，是求职择业时面临的新课题。面试被广泛应用于人才劳务市场中，这是决定应聘者能否参加复试和签约录用的重要环节。用人单位通过面试，主要了解和把握求职者的知识水平、心理素质、应变能力、语言表达、形象气质、处世态度和敬业精神等，可以说，面试是进行综合素质测验的考场，是求职者将自己全方位展示给用人单位，走向职业之路的第一关。因此，求职者把握面试的技能技巧，是获得就业成功的关键环节。一般应把握以下几点：

（1）面试前的预备。俗话说，不打无预备之仗，“知己知彼，百战不殆”。求职者要在面试中立于不败之地，就必须做好面试前的预备工作。

① 全面了解应聘单位。求职者对用人单位的性质、工作环境、业务范围、企业特点、发展前景，对应聘岗位的职责及所需的专业知识和技能等要有一个全面的了解，同时还应该通过熟人、朋友或有关部门了解面试官的有关情况以及面试的方式、过程和时间安排，尽可能拿到相关资料。

② 正确自我评价。求职者要自信地应对面试，就必须对自己有一个清醒的认知，明确与自己的个性、爱好相符的工作环境期望，熟悉与应聘岗位相关的专业知识、技能。面试前还要预备一个简短的自我介绍，包括本人的优点、特点，具备的专业知识、专业技能和胜任应聘岗位的能力等。

③ 反复模拟练习。求职者在面试前可先进行模拟练习，根据应聘岗位的性质和要求自拟模拟题，试着提出问题和回答问题，真正体验面试的氛围，检查自己的不足。

④ 资料预备充分。面试时要带好招聘单位的有关资料，以备随时查阅；要带上自荐书和自己所填报的资料、应聘表、发表过的文章、写的报告、计划书以及获得的各种奖励证书等；同时还要携带相关证件，以备招聘单位查阅。注重所有材料排列整齐，心中有数，以免面试中需要时手忙脚乱，给考官留下坏印象。

⑤ 保持最佳风貌。面试前要调整好心态，要自信、乐观、镇静，千万不要因过多关注面试对自己的重要性和利益关系，产生焦虑、胆怯、害怕等精神紧张状态，使应有的水平和能力不能正常表现和发挥导致失败。另外，面试时衣着装扮要整洁、大方、得体，既符合应聘的职业形象要求，又能体现自身的形象气质特点。尽可能提前到达面试地点，熟悉面试环境，为面试成功奠定基础。

（2）面试中的应对技巧。

① 要老实应答。对主试人提出的问题，不知道的就坦率承认，老实应答比不懂装懂要好得多。主试人如果提出不同看法或指出你的不足之处，要虚心接受，即使主试人说得不对，也只能是一笑了之，“仁者见仁，智者见智”，不要非与对方争个是非曲直。

② 要准确应答。对主试人提出的问题要给予准确的回答，切不可模棱两可。对于社会问题、国际问题一类比较大的题目，不要照搬报纸、电视上的说

法，只要侧重发表一两点自己的真实看法即可。即使说得不准确，也表明你对社会、对人生、对时事有自己独特的见解，同样可能获得主试人的好评。

③ 答问要讲策略。面试中，假如对主试人提出的问题，一时摸不着边际，以致不知从何答起或难以理解对方问题的含义时，可将问题复述一遍，并先谈谈自己对这一问题的理解。对不太明确的问题，一定要问清楚。只有这样才会有的放矢，不致南辕北辙、答非所问。假如想当然地误解了对方所提的问题，其结果可能被视为无知，甚至是不礼貌。

④ 答问要有独见。主试人接待的应试者有若干名，相同的问题问了若干遍，类似的回答也要听若干遍。因此，主试人会有乏味、枯燥之感。只有具有独到个人见地和个人特点的回答，才会引起对方的爱好和注重。

二、学校与职场的差别

当我们还是学生的时候，我们期望自己能够进入职场，实现经济独立并且大展宏图；而当我们尝试进入职场时，却发现现实原来不是我们想象的那样，各种各样的问题接踵而至：有人感觉学习是自己的拿手好戏，但用同样的方法处理工作却处处碰壁；有人感觉职场完全不像学校里所描述的那样好，而是充满着黑暗与丑恶；有人感觉自己曾经坚守的信念，却成了工作的障碍……为什么我们在初入职场的时候会遇到这么多问题？我们又该如何去面对和处理这些问题呢？

在很多时候，我们会觉得自己很无辜，也很无助！这是因为，学校和职场是完全不同的场所，无论从理念、管理方式、人际交往方式等都有很大区别，而大学生刚走入职场的时候带有学生的惯性，也就是俗话说的“学生腔”、“学生气”，将学生为人处世的方法用在职场上，自然不合适。

第一，学校的目标是培养人，学生在学校是学知识的，而职场是用知识的，是要能解决问题的。公司的目标首先是生存，是赚钱，然后才是培养人。因此，所有的企业都希望招到有工作经验的员工，都希望新员工能够“召之即来，来之能战”。所以在学校看重的是学习成绩，而在职场看重的是工作业绩。在学校犯错会给你改过的机会，但在职场，你的一个小小的失误，不仅会影响你的个人发展，还可能会给所在团队或单位造成重大损失。

第二，在学校，大多数情况下学生有老师指导，而在职场中，如果自己不去请教，没有人会主动指导你。在学校里，学生只要按照老师的要求达到各种德、智、体的指标就可以了，并且这些可以在老师的指导下进行。而在职场中，领导下达任务时往往不会有太多的指导，在工作的初期需要多去请教，但仍然可能会忽略很多需要注意的因素，所以错误往往会发生。

第三，在学校，教育往往是理想化的，而职场却是现实的。大学生在学校里学了很多理论、很多思想，让年轻人踌躇满志，可到了职场中，刚开始给大学毕业生的工作也许是微不足道的小角色，实际上正是这些小角色让大学毕业生有机会了解职场，并适应职场。但对于一些初入职场的学生而言，这与他们所期望的落差太大，于是感到自己的自尊心被挫伤了。其实，在这个时候，真正受到伤害的是领导对你的信任。

第四，在学校，与老师或同学的人际关系相对简单，而到了职场，人际关系复杂多变。因此，在职场中需要学习迂回，需要懂得严于律己、宽以待人，需要适应跟不同的人打交道。如果依旧直来直去，可能会让自己受到伤害，也可能完不成工作任务；如果总是以正直者自居，看不惯周围同事的种种行为，也会让自己觉得孤独和无助等。

第五，在学校，大学生是“单兵作战”，独自完成各类作业、考试、实习、设计等，即使需要完成一些团队作业或集体工作，比较“用功”的学生也可以单独搞定，或者浑水摸鱼。但在职场上，几乎所有的任务，都需要通过团队协作来完成。而且任务完成情况会受到上一个环节的制约，也会影响下一个环节，甚至影响到整个公司。因此，在职场上，如果不善于交流与沟通，无法与他人合作的话，是永远不能“毕业”的。

第六，学校的管理相对来说是松散的，大学生有很大的自由度；在职场，更多的是服从、遵从，按规章办事，违规即罚，制度严格，必须履行。

因为学校和职场有如此大的差异，学生一时难以适应职场而感到困惑、无助，这是正常的、自然的。我们无需抱怨学校，也不必责备职场，因为这些环境是我们难以改变的，但我们可以改变自己。对于初入职场的新人来说，尽快让自己“去学生化”和“职业化”，就显得尤为重要了。

第一，进入职场后，放下以前所学，抱有一种从头学习的态度。这种态度能帮助我们多去观察周围同事是如何做事的，处理工作需要注意些什么。因此，这种从头主动学习的态度是我们一定要建立的。

第二，降低对职场的期望值。不要期望单位会对一个实习生或刚毕业的学生就委以重任，认真做好领导交代的每一项任务，哪怕这项任务微不足道，也是了解单位、工作、领导、同事的契机。因此，应该把每项任务都当成考验自己的机会和成长的机会。

第三，学会新的处理人际关系的方式。在职场上打拼，首先要能够胜任自己的工作，与客户、同事、领导等不同的人搞好关系，这不是直来直去可以解决问题的，有时需要学会自我保护，有时需要理解他人，有时需要外交辞令。不管怎样的方式，只要不违背自己的原则，都会有助于我们更好地适应职场。

第四，积极应对挫折。学生刚刚进入职场，挫折是在所难免的，但这正是我们成长的机会，在挫折中，我们增长了经验，也会变得更加成熟。

狄德罗曾经说过：知道事物应该是什么样，说明你是聪明的人；知道事物实际是什么样，说明你是有经验的人；知道怎样使事物变得更好，说明你是有才能的人。作为初涉职场的学生，虽然初出茅庐、不谙世事，但只要从零开始、主动学习、不怕挫折，就能很快适应职场，做个聪明、经验丰富和才华横溢的职场达人。

三、角色的转换与适应

威廉·莎士比亚曾经说过：世界是个大舞台，所有的男男女女不过是舞台上的演员，他们都有上场的时候，也有下场的时候，一个人一生中会扮演许多角色。

作为一个刚入职场的大学毕业生，从学生角色要转变为职业角色，这在其一生的经历中占有十分重要的位置。在这关键时刻，每个大学毕业生都应当以积极、正确的态度认知新的角色，扮演新的角色，促使角色转换得以顺利进行。

（一）角色的概念

“角色”本是戏剧中的名词，指演员扮演的剧中人物。20世纪20—30年代，一些学者将它引入社会学，进而发展为社会学的基本理论之一。社会心理学家指出，角色是用来表示与人们的某种社会地位及身份相一致的、一整套权利和义务的规范与行为模式，是人们对具有特定身份的人的行为期望。

如果把社会比拟为一个大舞台，那么我们每个人都在这个舞台中扮演一定的角色，由于现实社会中个人身份、地位等的复杂性，我们每个人又兼有多种角色。不同的角色有不同的角色要求和期待，即“干什么活就要像什么样”。从理论上讲，角色就是社会赋予人的社会权利和义务，它由角色权利、角色义务和角色行为规范组成。每个人扮演的主要角色是由其承担的主要任务决定的。学生的主要任务是读书学习，其主要角色就是学生。

（二）角色期待

角色期待是文化、社会、团体加于某个人的一套行为模式，一个角色表演的“脚本”。它表明了文化和社会希望、要求个体按什么样的方式立身处事。角色期待总是伴随着一定的压力。按“脚本”表演，会受到奖励，偏离“脚本”，会受到处罚。

我们成长中的每一个阶段都有不同的角色期待，社会通过家庭、学校、团体等“发言人”表达这些角色期待。例如，我们要求小学生按时上学，课堂上不说话，按时完成作业；要掌握一般阅读和计算能力，学会和同伴相处，学会计划和合理支配时间；要懂礼貌，要学习延迟满足，控制情绪反应，学会一般的社会规范，养成一些良好的习惯等。而社会对大学生的期望和要求则更高更多，普遍要求具有较高的政治思想素质和高尚的品质，较强的事业心和责任感，吃苦耐劳的创业精神，扎实的基础知识和宽广的知识面，较强的动手能力和创业意识，团结协作的团队精神，乐观积极的精神面貌以及身心健康等。总之，要求成为具有中华民族优良品质的思想活跃、积极乐观、进取向上、成绩优秀的大学生。

（三）角色的转换

角色转换是指对个体的人在社会关系中的动态描述，是因其社会任务或职业生涯的变迁，从一个角色进入另一个角色的过程。角色转换根本的变化是社会权利和义务的变化。在社会生活中，每个人都履行着不同的社会义务，遵循着不同的社会规范，从而扮演着不同的社会角色。

学生角色向职业角色的转换是一个艰苦的行为过程，不是瞬间发生和完成的，它主要包括取得角色和进入角色两个环节。毕业前夕，大学生开始总结自己的大学生活，收集人才需求信息，进行角色转换的准备。大学生学习期满，获得相应的证书，毕业离校，走向工作岗位，意味着学生角色的终结和新角色的开始。这在其一生中是一个质的变化，或称之为“第二次诞生”。由于每个单位、每个工作岗位都有体现工作性质、特点的规章制度、操作程序和行为规范，因此，对新上岗的人员都有一定的业务和能力的考察，有一定的见习期。能否尽快从学生角色进入职业角色，实现角色转换，对于大学毕业生的成才尤为重要。

（四）角色的适应

1. 角色失调。

人们对社会角色的扮演从来都不是一帆风顺的。正像社会的运行常会产生不协调因素一样，在社会角色的扮演中也常会产生矛盾，遇到障碍，甚至遭到失败，这就是角色的失调。常见的角色失调有以下几种情况：

(1) 角色冲突，指在社会角色的扮演中，在角色之间或角色内部发生了矛盾、对立和抵触，妨碍了角色扮演的顺利进行。一种是角色间的冲突，即不同角色承担者之间的冲突，它常常是由于角色利益上的对立、角色期望的差别以及人们没有按角色规范行事等原因引起的，像领导与群众、服务员与顾客、婆媳之间、父母与子女之间等；另一种是角色内的冲突，即由于多种社会地位和多种社会角色集于一人身上，而在他自身内部产生的冲突。

(2) 角色不清，指社会大众或角色的扮演者对于某一角色的行为标准不清楚，不知道这一角色应该做什么、不应该做什么以及怎样去做。社会的急剧变迁，常常是造成社会角色不清的最主要原因。在社会与文化的迅速变迁时期，很多社会角色都在发生变化。人们会发觉，很多角色的行为规范都超出了他们过去习以为常的那个范围。这样发展的结果是，很多人对这些角色的行为规范究竟应是什么样子，感到“不得而知”。

(3) 角色中断，指在一个人前后相继所承担的两种角色之间发生了矛盾的现象。人们在一生中随着年龄和多方面条件的变化，总会依次承担多种角色。在一般情况下，人们在承担着一种角色时常为承担后来的角色做某些物质上与精神上的准备，因而不会发生角色中断。角色中断的发生，是由于人们在承担前一种角色时并没有为后一阶段所要承担的角色做好准备，或前一种角色所具有的一套行为规范与后来的新角色所要求的行为直接冲突。例如，一位一心渴望能上大学的青年学生，因高考分数不够，突然成为待业青年，这是他过去万万没有料到的。

2. 角色失败。

角色失败是角色扮演过程中发生的一种极为严重的失调现象。它是指由于多种原因使角色扮演者无法进行成功的表演，最后不得不半途终止表演，或者虽然还没有退出角色，但已经困难重重，每前进一步都将遇到更多的矛盾。从角色失败的结果上看，通常可分为两种情况：一种是角色的承担者不得不半途退出角色；另一种是，虽然还处在某种角色的位置上，但其表现已被实践证明是失败的。

3. 职业角色的适应。

职场新人进入工作环境，要从以下几个方面做好角色适应：

(1) 熟悉单位环境和各项规定。工作后，首先要熟悉单位的基本情况，了解“公司章程”、“工作纪律”、“基本规则”、“奖励办法”等一系列规章制度，清楚什么是应该做的，什么是不应该做的，什么是必须遵守的，这有助于今后顺利地工作。不同发展阶段的企业对员工的要求和培养会有所差别，了解单位的历史、现状，可以有计划地制定自己的职业发展目标，同时也有助于明确自己的定位。

(2) 明确岗位职责和任务。进入工作角色后，要尽快熟悉职业环境和岗位职责。首先，需要了解工作内容，任何工作都有一套需要掌握的基本技能，入职后一定要虚心向领导和同事请教，做到心中有数。同时，还要了解单位评价员工工作的标准，这类标准一般是可衡量的，比如生产数量、销售量、开拓客户数量、实现利润等。

(3) 尊敬领导，尊重同事。单位的工作运行都是通过下级对上级的服从来完成的。因此，要尊重上级，自觉服从上级的指挥，听从上级的工作安排，要勇挑重担，按时完成领导安排的工作；难以完成的，最好单独找上级陈述理由，不要当众拒绝，要维护上级的权威。要与上级经常沟通，尽快熟悉自己的工作，并力求得到上级的支持和帮助。要尊重他人，不要以职务高低、工资的多少来决定对其的态度；只有尊重他人，才能得到他人的尊重。

(4) 踏实做好本职工作。安心做好本职工作是角色转换的基础。刚走上工作岗位的大学生，应尽快从学生的状态中解脱中来，全身心地投入到新的工作中。许多大学生工作后几个月还静不下心来，不安心本职工作，这不仅影响工作进步和个人成长，而且影响到角色转换和未来的职业发展。

(5) 摆正心态，虚心学习。进入一个新的公司，就要有从零做起的心态。

单位领导、同事都是很好的老师，要摆正心态，虚心学习，把职业适应过程看成是不断充实完善、增长才干的过程。要主动向其他同事学习观察问题、分析问题和解决的方法，逐渐完善自我，实现角色转换。

(6) 主动思考工作。进入职业角色，要开动脑筋，勤于思考，运用自己所学的知识努力解决问题，探索岗位的胜任特征，使自己逐步具备独立开展工作的能力，成为不可替代的员工。对领导提出的任务一定要超预期完成，以赢得领导的信赖。

(7) 做好每一件小事。“大事干不了，小事不愿干”，是刚参加工作的大学毕业生最容易犯的毛病。初入职场，一般很难直接参与重要的工作，往往需要承担比较琐碎的杂事、小事。例如，接待来访客人、撰写通知或工作报告；提出工作设想或具体工作实施策划方案等。要用心把这些小事做好，赢得领导、同事的好感与信任，逐渐适应角色。

(8) 尽快融入企业文化。每个企业都有自己的发展史和企业文化，都有一些成文或不成文的规矩。企业文化是企业在长期的经营过程中形成的经营理念，具有相对的稳定性。因此，职场新人应多查阅单位的历史资料，多注意观察，使自己的能力与企业要求吻合，尽快融入企业文化。

【延伸阅读】

《杜拉拉升职记》的启示

看完《杜拉拉升职记》电视剧版，正如“一千个读者心中有一千个哈姆雷特”，每个观众在看完后都会有自己的感想。有人羡慕杜拉拉从菜鸟到HR(人力资源岗位)经理的华丽蜕变，也有人为杜拉拉能够在事业和爱情上得到双丰收而感到高兴。这里分享几点收获：

1. 坚持不懈、积极乐观，是迈向成功必不可少的要素。

在当今社会找一份工作难，找一份好工作更难，找一份有很好前途的好工作更是难上加难。但杜拉拉通过她屡败屡战的不懈努力最终进入世界500强之一的DB公司工作，为实现自己的职业追求创造了更好的机会。其中最精彩的是在公司为迎接上司——集团高层领导视察而准备整体重新装修时，面对上司玫瑰装病休假、同事唯恐避之不急的情况下，拉拉却自告奋勇接下请令状。在不可一世的销售部精英面前，拉拉以不卑不亢、有条有理的姿态作了恰到好处的处理。而为了工作，杜拉拉经常忙到很晚，甚至饿了就蹲在地上简单吃点面包或巧克力，但是她依然让自己保持一颗快乐客观的心。爱拼才会赢，正是因为杜拉拉这种敢拼敢打的精神，公司装修才能如期完成。虽然功劳被上司玫瑰夺走，但是她的工作能力却得到了同事们的一致认同。

2. 做好当下每一件小事，把握就隐藏在身边的机遇。

杜拉拉的敬业精神也体现在她能做好每一件小事。初进DB公司时，虽然工作性质更多的只是打杂，但她毫无怨言。杜拉拉自己创意设计的公司简报，进入了公司高管的视线，拉拉在收获意外的惊喜之余，也得到了总裁的赏识，从而也为后来的人事主管竞聘铺平了道路。对于初入职场的HR新人来说，拉拉身上所体现的踏实、敬业、积极主动的品质，是值得所有人学习和体味的。一些80后职场新人常常眼高手低、抱怨不受领导重视，不屑于干那些寻常琐碎小事，因此工作中总带着不满情绪。其实他们也忽略了一个道理：能把简单的事做专业了，也是一种水平。更何况没有坚实的基础，何谈平地起高楼！

3. 带着一颗善良真诚的心去工作。

待人热情真诚、关心他人，这一点在拉拉和王伟的电梯惊魂一幕中就能看得出，当电梯终于停下来，拉拉看到素不相识的王伟吓得抱着自己的腿时，她不但不生气，反而很关心地问他。而看到王伟捂着胃加班至深夜时，拉拉又一声不吭地递上了一杯暖暖的咖啡。而就是这点滴的小事，让王伟对其留下了深刻的印象，因此在公司装修搬家过程中，没有一再地刁难拉拉，而是听从了拉拉的指挥，带领其下属配合拉拉完成了工作。当拉拉得知做人事主管上班的第一件任务就是炒掉秘书海伦时，她在难受之余接受了任务，并在送走海伦时给她提供了一个新的工作机会，这让海伦感激不已。应当说拉拉对离职员工的处理可谓是人情味十足，而这也正是值得我们借鉴和学习的。确实，作为HR不应该总是高高在上、盛气凌人，而应该多为员工着想、多和员工沟通谈心、关心员工生活，这能赢得员工的信任，并促使在今后的工作中更加努力。而对待离职员工，也不该仅仅停留在为其办好离职手续，更多的是可以与其做一次深入的离职面谈，了解他对公司的看法，这对公司今后工作改善是大有益处的。而且如果有能力的话，可以为其推荐一份新的就业机会，通过HR自身行为在离职员工中树立一个好的企业形象，而这种良好的企业形象也会通过他们得以传播。

4. 积极进取，不断提升职场竞争力。

杜拉拉之所以惹人爱，还是在于她有明确的职业目标和人生理想，并一直为这一目标不懈地奋斗着：她参加各种人力资源管理专业知识的培训，以弥补自己专业和能力上的不足；把握职场上的每一个机会，以提升自己的职场竞争力。这也是她最终能在HR职场路上越走越远的关键原因。她在提高自己HR专业水平的同时，也不忘加强对公司业务的全面了解。成功只属于有准备的人，所以时刻准备着的她能获得成功绝不是偶然。

四、工作中的人际沟通

和谐的人际关系是职业发展的重要社会基础，对职业生活具有重要影响。从一定程度上说，能否建立和谐的人际关系，将直接决定着事业的成败。建立和谐的人际关系既是一门科学，更是一门艺术，要充分考虑以下一些要素。

(一) 尊重

在人们心灵的深处，最渴望得到的是他人的爱戴与尊重。共同的事业机会，使不同背景的人结为一个共同的群体。在新的合作群体里，尽管每个人的秉性、爱好、气质、年龄、社会关系和教育成长背景不同，但“三人行，必有我师”，何况他们有的已具备了丰富的工作经验，拥有熟练的业务技能。要以学生的心态尊重他们的劳动，尊重他们的人格，虚心向他们求教，不要自视清高，不要妄自尊大，更不能摆架子。同时，在交往中既要尊重他人，也要自尊、自重和自爱，这样方能赢得他人的尊重。

(二) 平等

平等对待身边的每一个人是做人的原则，在工作单位，应当以平等的态度对待每一个同事。不要以职务的高低、工资的多少来决定对待他人的态度；不要亲近一部分人，而故意疏远另一部分人；不要认为某人对自己有用就打得火热，某人暂时用不上就疏远不理；不要见了领导就点头哈腰、满脸堆笑，见到群众就置之不理，甚至冷若冰霜；不要卷入是非矛盾、拉帮结派、搞小团体，而应该尽力与所有同事发展平等互助的友好关系。

(三) 诚信

待人以诚，就是真心实意，不口是心非；不当面一套，背后一套。诚实是做人的基本要求，也是建立良好人际关系的重要条件。言而有信，就是说话算数；言行一致，说到做到，不做言语的巨人、行动的矮子；只有诚实守信，才能在交往时肝胆相照，互相信任。在交往中，即使发生一些误会，只要诚实守信，误解也会冰消雪融；有了矛盾，彼此真诚，也能互相谅解，互相容忍。

（四）宽容

俗话说："严于律己，宽以待人。"同事之间相处，宽容很重要。由于人与人之间的差异，在一起工作时，难免有不和谐的地方，甚至产生矛盾、引来忌恨。这个时候，就需要有宽容的心胸。宽容是以宽宏大度的态度或宽厚的心态对待别人，但宽容不等于忍让，宽容是以理解的心态，站在他人的角度看问题，然后用真诚去感化他人，建立和谐的人际关系。所以，大学生要学会理解、学会宽容，不同他人斤斤计较，避免和他人形成对立的局面，为自己营造一个和谐的工作氛围。

（五）技巧

人际交往中处处充满技巧，掌握处理人际关系的技巧，并灵活地加以应用，对和谐人际关系的建立有极大的帮助。

1. 怎样获得同事的认同。

所谓认同，实际上就是同事们从思想、感情方面真正地接纳你作为这个集体中的一员。这需要一定的条件和过程。

要获得同事的认同，首先要从主观方面多做努力，也就是要培养自己的"归属感"。培养归属感，就要把整个集体当作自己的家，在思想上、感情上、行动上均属于这个"家"，认识它、忠于它、效力于它，与这个"家"的每个同事甘苦与共、风雨同舟，而不是只考虑个人利益；培养归属感，就需要忧集体之所忧，想集体之所想，主动热情地为同事排忧解难，而不是"事不关己，高高挂起"，或者"今说东家长，明道西家短"，牢骚满腹，阴阳怪气，否则同事们只会对你"敬而远之、畏而远之，厌而远之"；培养归属感，还要尽快地熟悉和适应环境，通过参加一些集体活动，使自己更自然地与同事们融为一体，促进相互之间的协作与友谊。

要获得同事的认同，还要因时制宜、因地制宜。校有校风，厂有厂风，不同的单位有其各不相同的工作作风、观念、传统与职业气氛，要学着适应单位的文化环境，融入单位的文化环境。

2. 怎样获得领导的信任。

对一个想在事业上有所作为的大学生来说，取得领导的信任和器重，无疑是非常重要的。一个人能否受到领导的信任与器重，往往受到主观努力与客观条件的制约与影响，如你对领导的了解与领导对你的认识、你给领导留下的第一印象与你真正的自我形象等，但起决定作用的因素仍然是你自己。毫无疑问，成功的钥匙就握在你自己的手中。

① 适时地展示你的敬业精神和才干。抓住机会表现你的才能，是获得领导器重的关键。单位领导都需要工作上的得力助手与干将，所以你必须设法"显山露水"，证明你的才华。这时，你应该记住工作才华往往从一般性的事务里逐渐显露出来，所以即使领导交给你的工作很一般、很琐碎，你也要认认真真做好，争取"一枪打响"。

② 诚实、守信是获得领导信任的前提。可以试想，如果你操作失误弄坏了仪器却不承认，那等事情水落石出之后会产生什么样的后果？弄虚作假，言而无信之人，不论在哪个单位都不会有立足之地。应该坦率诚恳地承认自己的失误，不用担心这会损害你的形象，因为勇于认错并承担责任之人往往能赢得领导的信任。同时，要坚持"言必行，行必果"，这会使领导感到你是个值得信赖、靠得住的人。

③ 知己知彼，为获得信任创造条件。俗话说，"知己知彼，百战不殆"。要取得领导的信任与重视，不"知己知彼"显然是不行的。所谓"知己"就是要对自己的水平、能力及缺点都有所认识，"知彼"就是要对领导的性格、特点有所了解，扬己之长、避己之短，投其所好、避其所恶，只有这样才能从感性上接近领导，使领导对你产生好感。

3. 怎样面对冷遇。

大学生想得到社会的承认，仅有一张大学文凭是远远不够的，因为大学毕业生不等于人才。在工作中受到冷遇时，应进行清醒分析，正确对待。大学生到了工作岗位以后，除了要虚心学习外，还要有实干精神，要解决工作、生产、科研中的实际问题。只要苦干、实干，做出一番成绩来，领导、同事一定会向你投以赞许的目光，冷遇自然会消失得无影无踪。

4. 怎样面对挫折。

不论从事何种工作，遭受挫折总是难免。心理学家认为，挫折是个人从事有目的的活动时，由于受到障碍和干扰，其需要不能得到满足而产生的一种消极的情绪状态。受挫后往往会出现紧张、焦虑、苦闷的心理状态，心理失去平衡。

作为大学毕业生，应该用正确的态度对待职场上的挫折，即采取积极的心理自我防卫，谋求心理平衡。比如，将内心愤懑的消极情绪转化为发愤图强、力争上进的积极情绪，“化悲痛为力量”，使心理得到升华；或者“重振雄风”，加倍努力工作，去实现目标；或改换工作方法另行尝试；或进行工作补偿，以期达到“失之东隅，收之桑榆”的效果。

5. 怎样面对批评。

怎样面对批评，不同的人有着截然不同的态度。有的人勇于承认自己的错误，并诚恳地接受批评，总结教训并及时加以改正；有的人受到批评则丧失信心，精神不振，甚至自暴自弃；还有的人“老虎的屁股摸不得”，一遇批评便火冒三丈，使领导和同志们“敬而远之”。无疑后两种态度是不足取的。“有则改之，无则加勉”，“只要你说得对，我们就照你的办”，应该成为我们对待批评的基本态度。

6. 怎样处理隔阂。

每个人在日常与人交往中，都可能同他人产生隔阂。所以如何清除隔阂，促进人际关系的不断发展，是每个大学生都会遇到的问题。人与人之间产生隔阂的原因是多种多样的。隔阂产生的原因不同，消除隔阂的方法也应有所不同。当你与他人有隔阂的时候，应冷静分析，找出原因，然后对症下药。

第二节　创业与生涯发展

改革开放以来，在经历了“要素驱动”、“效率驱动”的经济发展阶段之后，我国经济发展正在迎来“创新驱动”的新阶段。在“要素驱动”阶段，经济发展主要依靠土地、资本、劳动力等生产要素的大量投入；在“效率驱动”阶段，经济发展主要依靠的是技术应用和规模经济效益，提高要素使用效率，我国目前正处在这个阶段。进一步的经济发展，我们需要的是转型升级和创新驱动。在这个转型过程中，创业创新越来越受到社会的广泛关注，越来越多的人，特别是高校毕业生，都将以创业创新这种形式来更好地实现自身价值，完善自己的人生。

创业与创新是一双孪生兄弟。创业精神作为一种积极的思想观念和精神状态，其核心就是创新。在大学生培养和教育过程中，注重创业精神的培育，并在大学生毕业或条件成熟的时候引导其自主创业，将不仅可以解决就业问题，也可以为社会衍生出新的就业机会。大学生创业是解决大学生就业难的有效出路之一，也是大学生就业的一种新的选择模式。

一、创业的内涵与意义

(一) 创业的内涵

“创业”一词，在《现代汉语词典》中解释为“创办事业”。广义的“创业”概念为“创造新的事业的过程”；狭义的“创业”概念则是将创业作为一个经济范畴，指个人或团体依法登记设立企业，以营利为目的从事有偿经营（生产、加工、销售、服务、分销或组合）的商业活动。

大学生自主创业主要指狭义的创业，大学生毕业后不通过传统的就业渠道谋取职业发展，而是利用自己的知识、才能、智慧和技术，以自筹资金、技术入股等方式独立或与他人合作开办自己的企业，从而既为自己，也为社会上更多的人创造就业机会的过程。

(二) 创业的要素

创业的过程是创业者发现和识别商业机会，组织各种资源，提供产品和服务，并创造价值的过程。典型的创业过程，就是创办企业。企业可以看作一个由人的体系、物的体系、社会体系和组织体系构成的协作系统，人的因素、物的因素、社会因素和组织因素构成了创业的基本要素。

(1) 人的因素。人是创业活动的主体，包括创业者及团队、创业企业内部的人际关系及创业企业与供应商、客户、社会之间发生的外部关系。核心是创业团队的组建与形成。

(2) 物的因素。物的因素主要是指创业企业的各种资源，其中不仅包括有形的，如资金、原材料、机械设备等；也包括无形的，如品牌、技术、企业声誉等。

(3) 社会因素。包括两层含义:一是社会对创业活动的认可和支持;二是企业要为社会提供有价值的产品或服务,其创造的事业要符合社会发展的要求。

(4) 组织因素。创业活动是在组织中进行的,离开组织就无法协调创业活动,只有通过组织的作用才能创造出价值,如组织中的决策、领导、激励等方面。

(三) 大学生创业的现实意义

1. 缓解就业压力。

大学生的创业能力有利于解决大学生就业难的问题。如果大学生能够积极利用国家创业政策及自身创业优势进行创业,将能够有效带动就业,缓解社会的就业压力。目前,各地区纷纷把"鼓励和支持高校毕业生自主创业"作为化解当前社会就业难的主要政策之一。

2. 造就创新型人才。

为国家培养富有创新精神的新一代大学生是高校培养人才的新目标。因为创新是一个民族的灵魂,是一个国家兴旺发达的不竭动力,而具备创新能力的大学生是民族发展的不竭动力。大学生可以通过创业活动,培养创新意识,开拓创新精神,提升创新能力,并将创新能力运用到创业实践中,为社会创造价值。

3. 促进自我价值实现。

理性的自主创业建立在对自我兴趣、能力及外部机会等进行充分评估的基础上,对于那些有创业欲望的大学生,创业是最感兴趣、最愿意做、最值得做的事情。他们创业的原动力是谋求个人价值和社会价值的实现,期望在五彩缤纷的社会舞台中大显身手,最大限度地发挥自己的才能。也就是说,创业促进了目标的达成和自我价值的实现。

4. 提升个人综合素质。

创业需要一定的素质和能力支持,大学生在创业过程中,无疑要不断提升自己在各方面的知识、技能,如市场机会观察、独立思考、时间管理、风险控制等,这些对个人来说,是非常重要的综合素质。大学生通过创业实践探索,可以有机会改变自己的就业心态,自主地学习调节与控制,并掌握高效整合和利用各类资源的方法和技巧。

二、创业精神与创业素质的培养

在创业过程中，会遇到各种各样的难题，或意想不到的情况，让很大一部分创业者望而却步，或是举步维艰，而有一些创业者能够迅速站稳脚跟，生存和成长起来，这都有赖于坚忍、创新的创业精神和良好的创业素质在创业过程中所起到的作用。

（一）创业精神的内涵

创业精神是指在创业者的主观世界中，那些具有开创性的思想、观念、个性、意志、作风和品质等，主要表现为勇于创新、敢冒风险、团队合作、坚持不懈等。

著名经济学家理查德·坎蒂隆（Richard Cantillion）和奈特（Frank Rnight）曾经说过：冒险是企业家精神的天性。为了发现王子，你必须和无数个青蛙接吻；让-巴蒂斯特·萨伊（Jean-Baptiste Say）说：管理技能和其他道德品质，如判断力和毅力是创业精神的主要方面。

20世纪的经济学家约瑟夫·熊彼特（Joseph Schumpeter，1883—1950）专门研究了创业者创新和求进步的积极性所导致的动荡和变化。熊彼特将创业精神看作是一股“创造性的破坏”力量。创业者采用的“新组合”使旧产业遭到淘汰。原有的经营方式被新的、更好的方式所摧毁。管理学专家彼得·德鲁克（Peter Drucker）将这一理念更推进了一步，称创业者是主动寻求变化、对变化作出反应并将变化视为机会的人。创业精神就是发现和把握商业机会，无论当时如何受资源的制约，都能努力通过创新，从无到有地创造和建立某些事物以满足社会需求、创造价值。

因此，创业精神的本质是自主、创新、务实的一种创新活动的行为体现，而非指企业家的人格特质。而创业精神的核心是创新。

创业精神的第一个特征是追求，对创业机会的主动追求。随着一些尚未被开发的环境变化出现，创业者也会随之产生相应的适应性变化。

创业精神的第二个特征是创新。创新包含了变革、革新、转换和引入新方法，即新产品、新服务或者是做生意的新方式。

创业精神的第三个特征是增长。创业者追求增长，他们不满足于停留在小规模或现有的规模上，希望他们的企业能够利益最大化，员工能够拼命工作。因为他们在不断寻找新趋势和机会，不断地创新，不断地推出新产品和经营方式以追求不断地增长。

(二) 创业素质的培养

创业者想要成功创业，不仅需要激情、勇气，还需要具备创业的基本素质，包括创业意识、创业心理素质、创业精神和创业能力等。

1. 强烈的创业意识。

创业意识是指一个人根据社会和个体发展的需要所引发的创业动机、创业意向或创业愿望。创业意识是创业思维和创业行为的必要准备。创业意识是创业的先导，它构成创业者的创业能力，由创业需要、动机、意向、志愿、抱负、信念等组成，是人们从事创业活动的强大内驱力。

要想取得创业的成功，创业者必须具备强烈的自我实现、追求成功的创业意识。强烈的创业意识，能够帮助创业者克服创业道路上的各种艰难险阻，将创业目标作为自己的人生奋斗目标。

2. 良好的心理素质。

心理素质是指人们在心理活动方面的能力，即应付、承受及调节各种心理压力的能力。创业之路，是充满艰险与曲折的，创业就等于是一个人去面对变幻莫测的激烈竞争及随时出现的需要迅速正确地解决问题和矛盾，这需要创业者具有非常强的心理调控能力，能够持续保持一种积极、沉稳的心态。

当代大学生基本上都是“80后”，甚至是“90后”。从小生活的物质条件比较优越，在家长的呵护下长大，社会经验少，生活阅历浅，抗挫力弱，而创业成功很大程度上取决于创业者的心理素质。如果不具备良好的心理素质、坚忍的意志，一遇到挫折就一蹶不振、垂头丧气，那么，在创业的道路上是走不远的。

大学生创业者要提高创业的心理素质，正确了解自己，正确认识创业，形成积极、沉稳、坚忍不拔的创业心理素质。

3. 积极主动的创业精神。

大学生在立业和创业中，除了要为社会提供更多、更好的劳动产品和劳动服务外，首先要树立为人民服务的思想；其次应努力创造社会效益和经济效益。只有树立这样的人生观，大学生才能潜心学习专业知识和专业技术，积极参加实践锻炼，真正深入到客观社会和事物无限深远的本质中去，洞察自然、社会和人自身的奥秘，才能为社会作出贡献，才能立业、创业。

4. 全方位的创业能力。

大学生想要创业，即便具备了创业意识，也只是为创业指引方向，要真正实现创业目标还得有过硬的能力。创业能力是大学生创业素质的一个重要方面，是创业者顺利完成创业活动所必须具备的心理特征。它总是和创业活动相联系并表现在具体的创业实践中，是决定创业成功与否的关键因素。创业能力是一种综合能力，它既包括专业能力，也包括经营管理能力；既包括创新能力、学习能力、认知能力，也包括人际沟通能力、社会协调能力、公关能力等。总的来说，大学生创业应着重培养和提高以下三个方面的创业能力。

(1) 提高开拓创新能力。开拓创新能力是创业成功者最重要的能力之一。开拓创新是创业的灵魂和赢得竞争优势的关键。一个优秀的创业者必须勇于开拓、敢于创新。

(2) 提高组织管理能力。在市场经济条件下，市场充满了竞争和风险，创业者要使自己的创业实践活动获得成功，必须重视经营管理。经营管理能力是创业者在管理上的体现。管理活动贯穿于组织运行过程的每一个环节，不仅是组织正常运行的前提，也是组织生存与发展的基本条件。

(3) 提高人际协调能力。要想创业成功，大学生还需要培养自己的人际协调能力，因为包括创业在内的任何活动都离不开人与人之间的交往。因此，大学生在校期间有意识地培养与他人的协作能力是获得他人和社会支持的重要前提条件，对大学生创业者创业成功具有重要的作用。

三、生涯发展与自我实现

我想要一个怎样的人生？或许，这个问题我们在学生时代曾经讨论过很多次，也思考过很多次。人生中有太多的梦想，太多的选择，太多的坎坷，但也一定会有很多的收获。重要的是，今天你在做些什么？你的志向是否随着年龄的增长开始降低？一些日常生活琐事是否已经淹没了你曾经的抱负？你是否感到了人生的艰辛和窘迫？你是否找到了通往你人生目标的道路？

很多人，都是在这样的思考与彷徨中迷失了人生的方向，错过宝贵的机会，浪费了青春的岁月……

(一) 创业——是时代的召唤

当今世界，经济全球化、政治多极化、文化多元化、社会信息化等飞速发展，正在日益深刻地改变着人类生产、生活方式。新的科学技术把人类带入了一个全新的知识经济时代和信息化时代，引起了经济全球化和社会的各种变革。这些，都为大学生创业带来了契机。

从 20 世纪 60 年代开始，大学生创业成为美国经济的直接驱动力之一。在美国，80%以上的大学生有过创业的想法，美国的大学生创业比率也是全世界最高的，达到 20%—23%(我国还不到 1%)。比尔・盖茨创造了大学生创业神话，麻省理工学院的创业计划竞赛吸引了一大批风险投资，斯坦福大学的师生缔造了美国硅谷，等等，创业热潮推动了美国经济的发展，也催生了创业经济的诞生。

改革开放以来，我国的创新创业浪潮方兴未艾。不论是私人创办企业涉及的领域还是创业的发展势头，都有着健康发展的趋势。清华大学中国创业研究中心 2013 年 1 月 8 日发布的《中国创业观察报告》显示，在参与全球创业观察的 60 多个国家和地区中，中国的创业排名已从 2002 年的第 11 名提升到第 2 名，中国已成为全球创业活动最活跃的地方之一。

党的十七大报告明确指出“提高自主创新能力，建设创新型国家”和“促进以创业带动就业”的发展战略。党的十八大报告提出:“引导劳动者转变就业观念，鼓励多渠道多形式就业，促进创业带动就业。”面对就业的重重压力，不少大学毕业生选择自主创业来实现自己的职场理想。不少大学生创业成功的案例更让“自主创业”成为一块强力磁铁深深吸引着大学毕业生走向成功。

(二) 创业——是自我实现的途径

美国心理学家马斯洛于 1943 年提出的“基本需求层次理论”把人类的需求分成生理需求、安全需求、爱和归属感(亦称为社交需求)、尊重和自我实现五类。

其中，自我实现需求是最高层次的需要，它是指实现个人理想、抱负，发挥个人的能力到最大程度，达到自我实现境界的人，接受自己也接受他人，解决问题能力增强，自觉性提高，善于独立处事，要求不受打扰地独处，完成与自己的能力相称的一切事情的需要。马斯洛提出，为满足自我实现需求所采取的途径是因人而异的。

有一位拉丁诗人曾用“渴望新事物”来形容人类，其实如果用它来形容创业者可能更为贴切。正因为怀揣着对新事物的渴望和对自我价值的实现，让创业家们开始迫切地求解如何建立企业、运营企业乃至梦想成就一家伟大的企业。于是，原本一群出身草莽的小人物烘托起了一个火热的创业时代，在跌跌撞撞中他们并没有舍弃对未知领域的大胆尝试与探索，在大浪淘沙后他们的坚持足以滴水穿石。当下，创业对于创业者来说，俨然成为了人生的一种新活法，是自我实现的重要途径。

所以，成功和自我实现，并不意味着你有多大成就，有多少财富。只要每个人都怀有进取、自信、努力拼搏和乐观的心态，并为此奋斗不已，你的人生就是成功的，是自我实现的。

(三) 创业与职业生涯发展的关系

创业是创业者自我实现的重要途径，与职业生涯发展关系密切。这当然不是说，创业了，职业生涯就成功了。这里更注重的是一种创业的意识和创业的能力。具备这种意识和能力，将对提升个人职业生涯发展产生非常积极的作用。

1. 创业与职业生涯发展的关系。

(1) 创业是职业生涯发展的一部分。创业，它是一个活动，一个过程，它包含在职业生涯发展中。创业并不只是指简单地开办一家企业，获得财富，让生活更好。它是一个人实现人生价值、完成人生使命的一个过程，这一过程存在于职业生涯的发展中。

(2) 创业是职业生涯发展的飞跃。每个人都想创造出巨大的价值。这么多人从事创业，正是因为它能够给社会、给个人带来巨大的价值。职业生涯发展的意义在于生存、发展和实现个人价值，所以，创业对于一个人的职业生涯发展来说，是一次质的飞跃。

2. 创业对职业生涯发展的意义和作用。

(1) 实现创业学习。大学生一般都有强烈的实现自我价值的理想，一般情况下，他们思想活跃，创新意识强，热衷于学习一些新事物。这一切正驱使他们自己创业，在创业过程中不断学习，不断进步。正是因为有了创业的机会，才可能得到创业的锻炼。

(2) 增强创业意识。大学生就业的竞争愈演愈烈，因此，一些大学生在求职过程中发现找不到适合自己的职业，便打算自己创业。这种意识不是与生俱来的，而是职业生涯规划与发展过程中“知不足”而产生的。这种“知不足”的感受会充分地调动起人的积极性，改变自己的现状，从而增强了创业意识。

(3) 提升机会识别能力。机会识别，对于一个创业者来说，是比较难的一件事。人不可能天生就具备这种能力，它是靠着一种磨炼而获得的。在经历过创业之后，创业者才能更清楚地认识到什么是机遇，什么是陷阱。

(4) 训练创造性思维。人为什么会缺乏创业性思维，很大原因是懒惰。因为环境安逸，所以无需改变。创业则不一样，创业者需要时刻面对生死存亡，稍有不慎，就会血本无归。这时候，创业者为了竞争，为了生存，就会积极地调动这种创造性思维，让自己在创业中能变得更强大，这种能力是大学生职业生涯发展中希望能够获得的。

(5) 培养团队精神。团队精神是大学毕业生比较缺乏的一种精神。在长期的学习生涯中，大学生都习惯了单打独斗，缺少合作的经验，到了工作岗位，他们也只是尽其可能地表现自己，在这种情况下，团队的效能大大降低。创业则需要大学生创业者积极配合，所以创业能够培养大学生的团队精神，这种精神，在职业生涯发展的过程中具有重要意义。

(6) 锻炼领导能力。领导能力是一种综合实力，大学生通过创业，会接触到一个项目的方方面面，从而也就具有了全局观和沟通协调能力，经过这种锻炼，会使大学生增强自己的领导能力。

前面的很多内容都在强调大学生自主创业，其实，我们的创业教育所追求的创业实践，应该既包括“大学生自主创业”的实践，即“狭义”的创业概念，也包括大学生毕业后“以创业者的精神状态”就业，在自己的工作岗位上“创造自己新的事业的过程”，即“广义”的创业概念。从这个意义上说，只有把狭义的创业与广义的创业有机结合，生涯规划与生涯发展才能真正插上“创业”的翅膀，展翅高飞。所以，我们提出了“并不是人人都要去从事创业，但人人都必须接受创业教育”的口号和理念。

【小贴士】

创业与职业、事业

一、创业与职业

小玉来自偏远山区，大学毕业后一直没有找到合适的工作。为了能够养活自己，不给本就不富裕的家庭再添困难，小玉决定自己创业。她用自己省下的零用钱，又找同学、朋友东拼西凑了一些钱，便在一家商场租了一个小摊位，销售毛绒玩具。由于小玉在大学时就喜欢毛绒玩具，对玩具的市场需求也了解得比较多，所以她的玩具总是能够吸引到很多顾客。渐渐地，小玉的摊位由一个变成两个，不仅解决了自己的生活问题，还能有一些钱寄给家里。

从小玉的故事中，你能看出职业和创业的关系吗？

职业是满足需求的第一个阶段。当我们无法找到一份职业的时候，例如：一些农村劳动力进入城市之后，由于缺乏对职业技能的掌握，就业成了大问题；大学生毕业时，面对越来越严峻的就业压力，暂时无法找到合适的工作，我们就想到了创业。这时候的创业也是为了满足生理需要，只不过是在“找一份职业”这条道路走不通之后的另外一条道路。山穷水尽之时，求生存的本能欲望会迫使我们去创业。当然，更有“踌躇满志”的创业，有实现自己理想和抱负的创业，有从自己的兴趣出发的创业……

二、创业与事业

阿友是个有很多兴趣的人，他曾经从事过很多职业。如：在一家电脑公司做过销售专员，在一家工厂做过会计，还在旅行社做过导游。可是他每一次跳槽，都是毫无目的的。慢慢地，他终于发现自己的兴趣是网站设计。于是，阿友又一次辞掉了工作。可是这一次，他没有急于去找工作，而是进行了仔细的市场调查，自己注册了一家网站设计公司。现在，阿友经营着自己的公司，每天的生活都很快乐，他觉得自己找到了事业的方向。

阿友的创业历程告诉我们：事业可以通过创业来实现。

细细地研究一下很多创业者的成功案例，我们就会发现，他们中的很多人都是在经历了职业阶段之后才开始创业的，并把创业作为了事业。例如，用友软件集团有限公司的王文京。王文京刚刚大学毕业的时候，在国家机关从事财务工作。由于看到世界上其他一些国家已经开始使用计算机理财软件，而中国缺乏适合国情的软件，于是他便辞职“下海”，注册了自己的企业，开始从事财务软件的开发和销售，并逐渐发展壮大。这类创业者的创业不仅仅是为了满足生存的需要，而是为了满足更高层次的需求。

创业可以让我们在激烈的竞争中求得生存和发展，也可以让我们拥有自己的事业。

（摘自黄天中：《生涯规划——理论与实践》，高等教育出版社 2007 年版。）

知识拓展

一、【政策资讯】国务院:开公司最低注册资本不限

国务院总理李克强2013年10月25日主持召开国务院常务会议,部署推进公司注册资本登记制度改革,降低创业成本,激发社会投资活力。会议明确了改革的主要内容:

一是放宽注册资本登记条件。除法律、法规另有规定外,取消有限责任公司最低注册资本3万元、一人有限责任公司最低注册资本10万元、股份有限公司最低注册资本500万元的限制;不再限制公司设立时股东(发起人)的首次出资比例和缴足出资的期限。公司实收资本不再作为工商登记事项。

二是将企业年检制度改为年度报告制度,任何单位和个人均可查询,使企业相关信息透明化。建立公平规范的抽查制度,克服检查的随意性,提高政府管理的公平性和效能。

三是按照方便注册和规范有序的原则,放宽市场主体住所(经营场所)登记条件,由地方政府具体规定。

四是大力推进企业诚信制度建设。注重运用信息公示和共享等手段,将企业登记备案、年度报告、资质资格等通过市场主体信用信息系统予以公示。推行电子营业执照和全程电子化登记管理,与纸质营业执照具有同等法律效力。完善信用约束机制,将有违规行为的市场主体列入经营异常的"黑名录",向社会公布,使其"一处违规、处处受限",提高企业"失信成本"。

五是推进注册资本由实缴登记制改为认缴登记制,降低开办公司成本。在抓紧完善相关法律法规的基础上,实行由公司股东(发起人)自主约定认缴出资额、出资方式、出资期限等,并对缴纳出资情况的真实性、合法性负责的制度。

虽然有限责任公司3万元的最低注册资本已经比较低,但仍然有一定门槛。进一步取消注册资本限制后,一元也可注册公司,公司实收资本不再作为工商登记事项。

二、创业计划书简介

创业计划书,也被称为商业计划书,是详述筹建企业的书面文件,是对与创

业项目有关的所有事项进行总体安排的文件。创业计划覆盖了创业企业的各个方面:项目、市场、研发、制造、管理、关键风险、融资、阶段或时间表等。所有这些方面的描述展现了这样一幅清晰的画面:本企业是什么,企业的发展方向是什么,企业家怎样达到目标。总之,创业计划是企业家成功创建企业的路线图。

对于大学生创业者而言,由于存在行业、经验、资源等经验缺乏的客观情况,创业计划书的规划与撰写,对深入分析创业项目、理清创业思路、指导创业行为都具有重大的实践意义,很大程度上关系到创业项目的成败与否。大学生创业初期,虽然头脑里酝酿了一个创业项目,但不是很成熟,可以通过编制创业计划书,减少盲目性和冲动。

1. 创业计划书的结构。

一份详细的创业计划书的框架通常由九部分构成。下表提供了一份标准计划书的大纲,在实际撰写过程中,可以根据具体情况与撰写风格进行适当、灵活的调整。

1. 执行摘要 2. 企业描述 A. 企业的一般描述 B. 企业理念 C. 企业的发展阶段(针对已创办企业) 3. 产品与服务 A. 产品/服务的一般描述 B. 产品/服务的竞争优势 C. 产品/服务的品牌和专利 D. 产品/服务的研究和开发情况 E. 开发新产品/服务的计划和成本分析 4. 市场分析与营销策略 A. 市场调研和分析 B. 营销计划策略	5. 产品实现 A. 产品生产制造方式 B. 生产设备情况 C. 质量控制 6. 管理团队 A. 管理机构 B. 关键管理人员 C. 激励和约束条件 7. 财务计划 A. 企业过去三年的财务情况(针对已创办企业) B. 未来三年的财务预测 C. 融资计划 8. 关键风险、问题和假设 9. 附录

2. 创业计划书的关键要素。

(1) 产品与服务。在创业计划书中,应提供所有与企业的产品或服务有关的细节,包括企业所实施的所有调查。这些问题包括:产品正处于什么样的发展阶段?它的独特性怎样?企业分销产品的方法是什么?谁会使用企业的产品,为什么?产品的生产成本是多少,售价是多少?企业发展新的现代化产品的计划是什么?等等。制订创业计划书的目的不仅是要出资者相信企业的产品会在世界上产生革命性的影响,同时也要使他们相信企业有证明它的论据。创业计划书应通过言简意赅的语言对产品进行阐述,要让出资者有相逢恨晚的感觉与冲动。

(2) 市场与竞争。创业计划书要给投资者提供企业对目标市场的深入分析和理解。要细致分析经济、地理、职业以及心理等因素对消费者选择购买本企业产品这一行为的影响,以及各个因素所起的作用。创业计划书还应包括一个主要的营销计划,计划中应列出本企业打算开展广告、促销以及公共关系活动的地区,明确每一项活动的预算和收益。

在市场营销环节中,创业者将不可避免面临竞争对手的挑战。因此,在创业计划中,创业者应细致分析、阐述竞争对手的情况。比如竞争对手都是谁?他们的产品是如何工作的?竞争对手的产品与本企业的产品相比,有哪些相同点和不同点,竞争优势在哪里?竞争对手所采用的营销策略是什么?等等。创业计划书要使它的读者相信,本企业不仅是行业中的有力竞争者,而且将来还会是确定行业标准的领先者。在创业计划书中,企业家还应阐明竞争者给本企业带来的风险以及本企业所采取的对策。

(3) 管理团队。把一个思想转化为一个成功的风险企业,其关键的因素就是要有一支强有力的管理队伍。这支队伍的成员必须有较高的专业技术知识、管理才能和多年工作经验。在创业计划书中,应首先描述一下整个管理队伍及其职责,然后再分别介绍每位管理人员的特殊才能、特点和造诣,细致描述每个管理者将对公司所作的贡献。创业计划书还应明确管理目标以及组织机构图。对于大学生创业团队而言,人力资源往往是创业要素中较常见的短板,因此,对于大学生创业团队而言,应一方面积极展示学生创业团队的创业热情、专业背景以及团队成员的互补与实践经验;另一方面,也应积极开拓人力资源途径,吸引优秀人才的加盟。

(4) 出色的计划摘要。创业计划书中的计划摘要也十分重要。它必须能让读者有兴趣并渴望得到更多的信息,给读者留下长久的印象。计划摘要将是自主创业者最后撰写的内容,但却是出资者首先要看到的内容,他将从计划摘要中摘录出与筹资最相关的细节,包括对公司内部的基本情况、公司的管理队伍等情况的简明而生动的概括。如果公司是一本书,计划摘要就像是这本书的封面，做得好就可以把投资者吸引住。它会给风险投资家这样的印象："这个公司将会成为行业中的巨人，我已等不及要去读这个计划的其他部分了。"

3. 创业计划书的推介。

创业计划书一旦准备就绪，接下来的主要挑战就是如何将计划书介绍、推广、投送给相关者。在大部分情况下，口头介绍是推荐给潜在投资者最普遍，也是最关键的一步。事实上，大学生创业者应该清晰地认识到：口头表达能力不仅对推介创业计划书与筹集资金至关重要，实际上，它还是创业者在诸如新产品开发、买卖交易、巩固合作关系、招聘员工等一系列活动中达成协议的基本工具。

创业计划书的推介主要包括前期准备、演示创业计划以及访谈三个基本环节。

(1) 前期准备。

口头表达与书面表达存在巨大的差异，其要点是快速的切入主题，恰当地解释创业项目，语言内容需要好好地予以斟酌，同时不乏风趣灵活，结构上需要体现较强的系统性与逻辑性，同时在表达过程中可以自由添加或改变某些点作为介绍的拓展，一份背下来的介绍是无法激发投资者激情与兴趣的。

创业者在做创业计划推介准备时，首先要训练自己言简意赅的表达能力，训练自己用一分钟来表达、阐述创业企业的性质与职能。正如《创业的艺术》作者盖伊·川崎说："如果一位企业家来找我，一开始就知道谈论他想如何筹集资金；如果一个非营利机构的负责人来找我开口就要赞助，那么我根本就没有耐心从头到尾听完他们的谈话，我希望他们能够利用头 15 分钟时间，向我简述他们的人生故事；如果你不这么做，你的听众不可避免地会产生这样的疑问：'他的公司做什么的呢？'"。现实推介过程中，创业者往往会用自传式篇幅的方式来介绍企业，想当然地认为只要自己说这么一通开场白，听众自然会明白新创公司从事的行业与提供的产品或服务。大学生创业者可以利用定时器，训练自己在一分钟内阐述公司性质与目前状况，并请听众写出一句表达你公司性质与职能的话，把他们的答案收集起来，与自己说的内容进行比较。通过对比结果修正自我表达方式与内容。

一般推介会议时间多为一个小时，因此，创业者应该在 20 分钟内完成陈述与演讲。这样，一方面可以加强创业者对推介会议的时间控制；另一方面，也可以让与会人员有更充足的时间进行交流与讨论。创业者应在推介前，通过内容提炼、积极准备与反复预演，训练自己在介绍活动中将陈述内容集中在10张幻灯片和20分钟时间以内。

而严格上的幻灯片文字内容不能用较小的字体，因为，这一方面说明你将过多的细节内容写在了幻灯片上；另一方面，也将给风险投资商带来阅读上的麻烦，特别是一些上了年纪的投资商（由于行业的关系，这些人占很大的比例）。因此，创业者应该认识到使用幻灯片的目的是为了吸引听众，而不是为了让听众阅读更多的信息。创业者应该通过口头表达的方式对内容做进一步的阐释及补充。由于人们阅读的速度比讲话的速度快，所以大篇幅的内容与细节在创业者讲完之前已经被阅读完毕，自然无法激起风险投资商的倾听兴趣了。

（2）演示创业计划。

演示创业计划是创业者展示自己能力的大好机会，同时也是创业投资者考察创业者的关键阶段。尽管项目好坏才是创业投资者考虑的主要方面，但是大多数情况下，创业投资者不会将资本交给一个连自己创意都表达不清楚的人。

创业者还需要注意掌握以下几个细节：在演示前不要发放有关管理经营费用的材料；在演示中用热情洋溢的语言表达；积极与投资者实现互动，但不要与投资者发生争执；如果对投资者的提问没有事前妥善处理，可以用“另外，需要补充的是……”进行弥补；演示即将结束时，插入一些表格资料向与会者说明公司的财务状况；在演示休息时间，在投资者离场后，简短总结演示的效果以及需要改进之处；演示期间积极记录，演示后重新整理会议记录与讲演内容等。

（3）访谈。

访谈也是创业计划推介的重要环节。对于通过初步审查的创业项目，下一步就是与创业者直接交流。由于创业者的素质是决定创业能否成功的关键，所以必须要对创业者进行访谈，以达到以下三个目的：一是面对面地考察创业者的综合素质；二是根据审查创业计划的情况，核实创业项目的主要事项；三是了解创业者愿意接受何种投资方式和退出途径、投资者能以何种程度参与企业决策与监控。

为了取得良好的访谈与计划推介效果，首先，创业者要制订谈判计划，包括明确谈判的最低目标、中间目标以及最高目标；拟定谈判的进程；选择合适的谈判时间和地点；确定参与谈判人员及分工。其次，做好谈判的心理准备，即准备应对大量提问、应对投资者对管理的查验、准备放弃部分业务以及准备做出妥协。再次，掌握一定的谈判技巧，比如展示自己实力时采取暗示的办法，为了增强谈判的吸引力要给对方心理上更多的满足感、谈判中多听、多问、少说等，创业者可以在日常生活中积累这些技巧，必要时也可以进行相关知识与能力的培训。

三、职业变动模式理论简介

1971 年，美国心理学家 E. H. 施恩（Edgar H. Schein）提出个人在特定组织内的三种流动方式，以实现组织对个人职业生涯的帮助和管理。三种不同的流动方式：横向流动模式、向核心地位流动模式和纵向流动模式。如下图所示（以典型的经营性企业为例）：

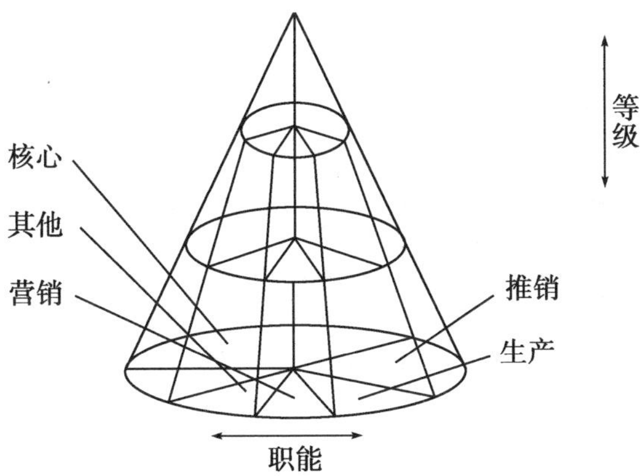

1. 横向流动模式。

这种流动方式是组织内部个人的工作或职务沿着职能部门或技术部门的同一等级进行发展变动。比如，图中包括生产、市场、财务、技术、人事部门等，横向流动则是在这些部门之间进行同一等级地位的变动。实行这种变动的原因可能是：培养掌管全局的管理人员，为以后的纵向发展做准备；工作丰富化的需要，部门之间人员的平衡和调剂。

2. 向核心地位流动模式。

这种流动方式是由组织外围逐步向组织内圈方向变动。当发生这类变动时，成员对组织情况了解得更多，承担的责任也更为重大，并且经常会参加重大问题的讨论和决策。采取这种的原因可能有二：一是凭借个人的能力和努力取得组织的认可，但是不适合提升到组织的更高等级；二是准备让个人沿纵向上行，但暂时无法提供相应的职位。

3. 纵向流动模式。

这种流动方式是指组织内部的个人工作等级职位的升降。在一般的观念中，只有纵向的上行流动，才能得到发展和肯定。正常的向上流动如上图所示，在提升的同时向组织的核心靠拢。如果某个人得到职位等级的提高，但仍然没有列入组织重要的核心活动或决策之列，则意味着“明升暗降”或只是一种待遇而已。

在这个三维模式中，纵向的变动是一种上下升降的圆锥体；横向变动是围绕圆锥体周围，从一个职能或技术部门向另一种职能或技术部门变动；朝核心方向变动则是从圆锥体的外围向圆锥体的中心变动。事实中的流动安排是三种之间的有机结合。

四、Savickas 的生涯适应力

在“后现代”背景下，Savickas 等学者提出“适应”的重要性，适应是过去与现在观点差异之间最佳的整合。而且适应并非全然舍弃过去的主张，只是企图更完美地诠释我们正在经历的各种生涯现象与问题。生涯适应（Career Adaptability）也蕴含了人与环境间的互动，个体能够主动去适应新的或发生改变的环境，体现出了人的主观能动性。实际上，自 20 世纪 90 年代始，Super 就接受了“建构论”的思想，已深刻意识到“个人是其经验的组织者”，因此其晚期的生涯发展理论已扬弃个人在与环境互动的历程中“被动”地发展一组自我概念的看法，而主张个人是“主动地”建构与理解其经验，并形成其内在现实——能力、兴趣、需求、价值及人格特质等，并据之预测其外在现实中的出路——职业与生活方式的选择（吴芝仪，1999）。

Super 早期提出的生涯成熟度（Career Maturity），指的是与年龄阶段相吻合的，在态度和认识上均有所准备，能够应付一系列的职业发展任务，即从明确职业目标、选择、计划、执行确定的目标，到进一步确立自己的生涯发展，再到退休前后的准备。后来 Super 和 Knasel 持续研究发现，成人与青少年之间是存在本质区别的。成人已经投入到工作世界，而青少年对工作的体验则

是零散的且更多的是预想，这就表明青少年期的生涯发展往往具有规划确定性，多成线性模式发展。而离开学校之后的生涯发展将有更多的个别性，因应生涯发展事件上也有更多的自主性与个人责任的承担。因此发现，生涯成熟度在理解成人生涯发展中的作用很小。

在这样的背景下，生涯适应成为大家普遍认同的概念。只是不同学者的定义有所不同，而且都有一些可取之处。如 Van Vianen 等(2009)认为，适应力就是根据不断变化的环境调整自己行为的能力(很像社会学习理论)。Hall (1996) 则将适应力视为一种更高水平的能力，称之为"元能力"(Meta-Competencies)。Ployhart 和 Bliese (2006) 则在概述前人有关适应力研究的基础上，提出个人适应力(Individual Adaptability)概念，指个体为改变或适应不同的任务、社会以及环境特点所具备的能力、技能、个性、意愿或动机。后来，生涯适应力研究的代表人物 Savickas (1997) 则将生涯适应力置放在 Super 的生活广度——生活空间理论的概念之下去理解，视它为整合个体各种生涯角色的核心能力，即"个体对于可预测的生涯任务、所参与的生涯角色，与面对生涯改变或生涯情境中不可预测之生涯问题的因应准备程度"。生涯适应力概念强调个体与其生活环境间交互作用的重要性以及个体所面对的非成熟性问题。这种理念符合当今时代的特点，因为在今天，人们比在历史上任何一个时刻都更需要应付经常令人困惑不解的各种转变。因此，我们亦可以将生涯适应力视为个体因应生涯角色变化并与之保持平衡的能力，它具有三个典型特点：一是可以培养的能力，借由生涯困境或危机来彰显；二是一种能够帮助个体"前进"的能力；三是个体与环境交互作用的结果。

大量研究发现，具有高的生涯适应力的个体，会用一种急迫而又健康的态度去处理工作中的损失，即使是在看不到转变的情况下也会去探测其他的机会；能够预测变化以及提前做出心理准备，能够慎重地处理临时的工作，通过一步一步的工作去设置并完成现实的目标。因此，有研究者将其视为个体生涯成功的一个关键能力(Hirschi, 2009)。此外，还有研究表明，生涯适应力能够直接影响个体的健康发展，是个体健康发展的标志之一。

(摘自谢伟的生涯笔记)

拓展练习

一、生涯幻游

生涯幻游活动是结合音乐欣赏，透过幻游的画面，带领参与者去他想象中的未来空间。并鼓励参与者分享自己的幻游情景，最终协助参与者了解自身的期待与价值观，对未来给予期待与规划。（以下是生涯幻想的内容，读得缓慢而温柔，最好播放温柔的音乐，在标注需要停顿的地方要有停顿。）

“好，现在请你尽可能放松。在你的位子躺下或调整到你觉得最舒服的姿势，现在，闭上眼睛，尽可能放松自己（停顿），调整你的呼吸，呼气（停顿）、吸气（停顿）、呼气（停顿）、吸气（停顿）。好，保持这样平稳的呼吸，接下来，放松身体每一部分肌肉，放松（停顿）、放松（停顿）、放松（停顿）。

想象一下现在你已经乘坐上时空穿梭机，目的地是五年后的某一天。正好是清晨你刚醒来，是睡到自然醒还是被闹钟吵醒的，现在是几点钟？你在哪？观察一下四周，你看到什么，闻到什么，听到了什么？（停顿）起床后的第一件事情做什么？（停顿）洗漱完你正在考虑要穿什么衣服去上班，你最后决定穿什么衣服？（停顿）想象一下你正站在镜子前面装扮自己！当你想到今天的工作时你的感觉怎样？是平静、激动、厌倦还是害怕？（停顿）你现在正在吃早饭，有人和你一起吃吗，还是你一个人吃？（停顿）现在你准备去上班，出门后回头看看你住的房子，它是什么样子的？（停顿）

好，现在出发。你用什么交通工具去单位？有人和你一起吗？如果有的话是谁呢？当你走时注意周围的一切。（停顿）单位有多远？（停顿）到达单位了，想象一下单位是什么样子的，它在哪里，看起来怎么样？（停顿）现在你走进工作的地方，那儿都有些什么人，多少人跟你一起工作，他们在做什么，单位的人都是怎么称呼你的？（停顿）你的办公室是什么样子的？接下来你要做什么？（停顿）想象一下你一上午的工作都做了些什么？你是用你的思想在工作还是做一些简单的事务性工作？你跟别人一起工作，还是主要是你一个人独自工作？是在户外还是室内工作？（停顿）

现在上午的工作结束了，你该吃午饭了，你去哪里吃饭？跟谁一起吃饭？你们谈些什么？（停顿）现在回到工作中来，下午的工作与上午的工作有什么不同吗？（停顿）你一天的工作结束了，这一天让你感觉到满足还是沮丧？为什么？（停顿）今天你还想去别的地方吗？（停顿）在这一天当中，你还想做的

是什么？（停顿）

现在，你回家了，有人欢迎你吗？（停顿）回家的感觉怎样（停顿）？你如何与家人分享这一天所做的事？（停顿）你准备去睡觉了。回想这一天，你感觉如何？（停顿）你希望明天也是如此吗？（停顿）你对这种生活感觉究竟如何？（停顿）过一会儿，我将要求你回到现在。好了，你回来了……看看周围的一切，欢迎你旅游归来。喜欢你幻游的生活吗？喜欢的话，可以分享你的经历。”

如果参与者不想分享幻游的生活，可以花些时间思考，考虑下列问题：

◎ 我五年后典型的一天描述：

※ 我五年后从事的工作的描述

1. 工作是＿＿＿＿＿＿＿＿＿＿＿＿＿＿＿＿＿＿＿＿。
2. 工作内容是＿＿＿＿＿＿＿＿＿＿＿＿＿＿＿＿＿＿。
3. 工作的场所在＿＿＿＿＿＿＿＿＿＿＿＿＿＿＿＿＿。
4. 工作的场所周围的环境＿＿＿＿＿＿＿＿＿＿＿＿＿。
5. 工作的场所周边的人群＿＿＿＿＿＿＿＿＿＿＿＿＿。

※ 我五年后的生活形态的描述

1. 婚姻状况　□已婚　□未婚　□其他＿＿＿＿＿＿＿。
2. 家中成员有子女＿＿＿＿＿＿＿＿＿＿＿＿＿＿＿＿人。
3. 父母同居　□是　□否　□其他＿＿＿＿＿＿＿＿＿。
4. 居住的场所在＿＿＿＿＿＿＿＿＿＿＿＿＿＿＿＿＿。
5. 居住的场所周围环境＿＿＿＿＿＿＿＿＿＿＿＿＿＿。
6. 居住的场所周围的人群＿＿＿＿＿＿＿＿＿＿＿＿＿。

◎ 请说明下列问题：

1. 我在进行幻游过程中，印象最深刻的画面是＿＿＿＿＿＿＿＿。
2. 我在进行幻游后，对比与现在环境最大的不同点是＿＿＿＿＿＿。
3. 我在进行幻游后，最深的感受是＿＿＿＿＿＿＿＿＿＿＿＿。

◎ 我在进行幻游后，我觉得未来的生涯发展会是怎样的？

1. 我认为我未来会从事＿＿＿＿＿＿＿＿＿＿＿＿职业。
2. 我认为我的未来会与幻游过程相关吗？□是　□不是　□其他

二、创业个性特征测验

从下列32组句子中，选择最能够反映你个人观点的句子。

1. A. 工作一定要完成。

B. 我喜欢与优秀的朋友在一起，这样我能够获得他们对我的工作的见解和建议。

2. A. 当我的责任增加时，我会感到更加快乐。

B. 我喜欢把什么事情都事先安顿好。

3. A. 我绝不做任何可能使自己受损失的事情。

B. 理解如何赚钱是创业的第一步。

4. A. 不管是多好的事情，如果这件事情的失败可能使我招致嘲笑，我就不会冒险去做。

B. 除了工作之外，我还记挂别人的安康。

5. A. 我会为自己开创的任何事业而努力。

B. 我只会做那些使我开心并有安全感的事。

6. A. 如果我失败了，别人会嘲笑我。

B. 尽管我对自己很有信心，我还是需要别人的建议。

7. A. 在遇到困难时，我要找到解决的办法。

B. 如果在新开创的事业中失败，我会继续目前的工作。

8. A. 如果我觉得一个想法是好主意，我就会去实践这个想法。

B. 我能够比现在做得更好。

9. A. 工作时，我会注意维系良好的人际关系。

B. 不管发生什么事，都是我从经历中学习的机会。

10. A. 即使我的努力失败了，我也能从中学到东西。

B. 我喜欢舒适的生活。

11. A. 我只会投资比赛或彩票，总有一天幸运会落在我头上的。

B. 如果我在工作中失利，我会努力找出原因。

12. A. 我会尊敬我的员工，并对他们一视同仁。

B. 如果能有更好的工作，我就会离开现在的工作。

13. A. 在实施一个新的想法之前，我会慎重考虑。

B. 如果我的叔叔去世，我会先去参加葬礼，即便这会导致公司订单延误好几天。

14. A. 只有当我拥有资本时，我才能够发展一份事业。

B. 我希望能够自己做出重要决定。

15. A. 当别人的好意和信任被背叛时，我不会坐视不理。

B. 如果事情没有按照我的想法发展，我会寻求其他的替代计划。

16. A. 我可以犯错误。

B. 我非常喜欢与朋友谈天。

17. A. 我希望我的钱能够安全地存在银行里。

B. 我完全认可我的工作，同时我也了解它的优劣。

18. A. 我希望能够拥有很多钱从而过上舒适的生活。

B. 在做决定时，我希望能够得到别人的帮助。

19. A. 人们首先应该照顾好自己的亲人和朋友。

B. 我喜欢解决难题。

20. A. 即便可能损害自己，我也不会做让别人不开心的事情。

B. 钱是事业发展的必需品。

21. A. 我希望我的事业能够很快发展起来，这样我就不会遇到经济紧张的困境。

B. 不能因为不成功就去责备自己。

22. A. 我应该能够独立地按照自己的想法去做事。

B. 只有为自己的未来积累了一大笔钱后，我才会幸福。

23. A. 如果我失败了，那主要是别人的错误造成的。

B. 我只会做那些让我感觉舒服且令我满意的事情。

24. A. 在开始一份工作之前，我会认真考虑它是否会对我的声誉造成不利的影响。

B. 我希望自己能和别人一样，也买得起昂贵的东西。

25. A. 我希望能够有舒适的房子住。

B. 我会从失败中吸取教训。

26. A. 在做任何工作之前，我都有考虑它的长期影响。

B. 我希望每件事情都能按照我的想法进行。

27. A. 金钱能够带来舒适，我所有的主要目标在于赚钱。

B. 我喜欢在能够经常见到朋友的地方工作。

28. A. 我了解自己正在做的事，我不怕受到别人的批评。

B. 如果我失败了，我会觉得自己非常差劲。

29. A. 遇到困难是常有的事，我应该去做一些好的新工作。

B. 在开始新工作之前，我会采纳有经验的朋友们的建议。

30. A. 我的所有经历都会激励我前进。
    B. 我希望能有很多钱。
31. A. 我喜欢每天从容不迫，万事顺利，没有任何烦恼。
    B. 不管遇到多大的障碍，我都将努力达到目标。
32. A. 我不喜欢别人无故干涉我的事。
    B. 为了赚钱，我可以做任何事情。

测试包括 32 组句子，在每组中选择"A"或"B"，根据下表将每题所得分数相加。

1) A=1 B=2	9) A=1 B=2	17) A=0 B=2	25) A=1 B=2
2) A=2 B=1	10) A=2 B=1	18) A=1 B=0	26) A=1 B=1
3) A=0 B=1	11) A=0 B=2	19) A=0 B=2	27) A=1 B=1
4) A=0 B=1	12) A=1 B=1	20) A=1 B=1	28) A=2 B=0
5) A=2 B=1	13) A=2 B=0	21) A=1 B=0	29) A=0 B=1
6) A=0 B=2	14) A=1 B=1	22) A=1 B=1	30) A=2 B=1
7) A=2 B=0	15) A=1 B=1	23) A=0 B=2	31) A=1 B=2
8) A=1 B=2	16) A=2 B=1	24) A=1 B=1	32) A=1 B=0

0—25 分=不具创业性。

26—36 分=中立。

37—47 分=具有一定的创业性。

48 分以上=非常具备创业性。

主要参考文献

[1] 陈龙春,《大学生职业生涯规划导读》,浙江人民出版社 2010 年版。

[2] 李建明、石伟等,《大学生职业生涯设计与就业指导》,东北大学出版社 2005 年版。

[3] 杨金焱等,《大学生职业生涯规划教程》,湖北科学技术出版社 2006 年版。

[4] 李法顺,《大学生职业生涯规划》,东南大学出版社 2006 年版。

[5] 董文强、谭初春等,《大学生职业生涯规划》,西北工业大学出版社 2007 年版。

[6] 李进宏,《大学生职业生涯规划》,武汉理工大学出版社 2005 年版。

[7] [美]里尔德等著,侯志瑾等译,《职业生涯发展与规划》,高等教育出版社 2005 年版。

[8] 李萍,《经营自己——高职生职业生涯设计》,浙江大学出版社 2008 年版。

[9] 钟谷兰、杨开,《大学生职业生涯发展与规划》,华东师范大学出版社 2008 年版。

[10] 彭澎,《生涯规划实务》,清华大学出版社 2008 年版。

[11] 汪莉,《职业生涯规划与管理》,中国华侨出版社 2008 年版。

[12] 祁金利、李家华,《大学生职业生涯与发展规划教程》,北京出版社 2009 年版。

[13] 劳动和社会保障部培训就业司、中国就业培训技术指导中心,《创新职业指导——新理念(基础知识)》,中国劳动社会保障出版社 2009 年版。

[14] 黄昌建,《大学生职业生涯规划研究》,西南大学硕士学位论文,2006 年。

[15] 张艳华、马法岩,《高职大学生职业发展与就业指导》,中国农业出版社 2009 年版。

[16] 宋建生、费小平,《大学生学业与职业生涯规划教程》,苏州大学出版社 2006 年版。

[17] 边慧敏,《大学生职业生涯规划》,西南财经大学出版社 2007 年版。

[18] 孙玫璐、崔志涛,《生涯规划》,华东师范大学出版社 2007 年版。

[19] 崔杰,《大学生职业生涯规划理论与方法》,浙江工商大学出版社 2008 年版。

[20] 叶澜,《教育概论》,人民教育出版社 1999 年版。

[21] 俞敏洪,《生命如一泓清水》,群言出版社 2007 年版。

[22] 俞敏洪,《挺立在孤独、失败与屈辱的废墟上:俞敏洪演讲录》,群言出版社 2008 年版。

[23] 林泰,《社会思潮理论前沿求索》,清华大学出版社 2006 年版。

[24] 董新华,《大学生行为学》,东南大学出版社 1992 年版。

[25] 胡礼祥,《成功跨越:从中学到大学》,浙江人民出版社 2007 年版。

[26] 胡天生、刘泽文,《穿越金色时光:如何提升大学生活品质》,海洋出版社 2009 年版。

[27] [美]班杜拉著,林颖译,《思想和行动的社会基础——社会认知论》,华东师范大学出版社 2001 年版。

[28] [英]M. 艾森克著,阎巩固译,《心理学——一条整合的途径》,华东师范大学出版社 2005 年版。

[29] [美]马斯洛著,林方译,《人性能达到的境界》,云南人民出版社 1987 年版。

[30] 叶奕乾、孔克勤,《个性心理学》,华东师范大学出版社 2006 年版。

[31] 王雁,《普通心理学》,人民教育出版社 2002 年版。

[32] 林崇德,《发展心理学》,浙江教育出版社 2002 年版。

[33] 徐井岗,《市场调研与预测》,经济管理出版社 2003 年版。

[34] 覃常员,《市场调查与预测》,大连理工大学出版社 2004 年版。

[35] 陈龙春、杨敏,《大学生创业基础》,浙江大学出版社 2007 年版。

[36] 陈龙春,《大学生创业实践》,浙江大学出版社 2008 年版。

[37] 黄天中,《生涯规划——理论与实践》,高等教育出版社 2007 年版。

[38] 泰勒·本-沙哈尔著,汪冰、刘骏杰译,《幸福的方法》,当代中国出版

社 2011 年版。

[39] 奥利维耶·阿苏利著，黄琰译，《审美资本主义：品味的工业化》，华东师范大学出版社 2013 年版。

[40] 伊夫·阿达姆松著，方蕾译，《压力管理》，黑龙江科学技术出版社 2008 年版。

[41] 谢华真，《健商 HQ(健康高于财富)》，中国社会出版社 2001 年版。

[42] 戴迪，《解读健商》，浙江科学技术出版社 2009 年版。

[43] 赵小青，《你为职业生涯做什么准备》，上海书店出版社 2002 年版。

[44] 胡伟国，《大学生职业生涯发展指导》，浙江大学出版社 2010 年版。

[45] 杨敏，《创新与创业指导》，浙江大学出版社 2010 年版。

[46] 徐剑明，《自主创业实务》，中国人民大学出版社 2007 年版。

[47] 王丹，《知识经济时代职业生涯规划的"权利—社会模式"探析》，载《商场现代化》2008 年 32 期。

[48] 刘忠群等，《大学生职业决策行为研究》，载《科技管理研究》2009 年第 2 期。

[49] 楼玲娣，《关于大学生职业决策准则的思考》，载《教育与职业》2010 年第 6 期。

[50] 黄林楠，《大学生职业生涯决策影响因素及对策》，载《教育探索》2009 年第 1 期。

[51] 李莉等，《毕业生职业决策困难及其影响因素研究》，载《人类工效学》2005 年第 1 期。

[52] 沈雪萍，《大学生职业决策困难的干预研究》，载《中国健康心理学杂志》2007 年第 15 期。

[53] 钟宇，《关于培养大学生职业习惯的研究》，载《佳木斯教育学院学报》2010 年第 8 期。

[54] 马萍，《论 SWOT 分析技术在大学生职业生涯规划中的运用》，载《沈阳教育学院学报》2009 年第 11 期。

[55] 李毅红，《优良职业品质与大学生职业道德教育》，载《思想政治教育研究》2008 年第 2 期。

[56] 李志荣，《个人素质与专业素质的关系》，载《中国医药指南》2008 年第 3 期。

后　记

我原先主编的《大学生职业生涯规划导读》于2010年底出版，至今已经使用四年了。在这四年里，大学生生涯规划课程的建设，在全国高校都取得了长足的进步，这门课程也得到了广泛的认同。其实，我一直认为，在大学期间才开始探索职业生涯，本身已经是“来迟了”的一种无奈之举，对青少年的职业生涯规划教育应该更早一些。雷恩·吉尔森在《选对池塘钓大鱼》一书中说道，无论你是中学生大学生还是硕士博士生，职业生涯规划应该是第一门课也是最后一门课。随着高考制度的改革，高中学生毕业后，除了一部分直接走向社会职场外，更多的学生需要通过专业的自主选择进入高校深造，高中阶段的学生生涯规划教育正在逐步引起学校、家长和学生的注意和关注。中学生有必要学会考虑并规划自己未来的职业生涯，大学生更应该具有规划未来、发展生涯的自觉意识和科学素养。职业生涯规划，是一门生涯之学，无论对谁，无论在生涯的哪一个阶段，都是应该贯穿始终的。

大学是人生的重要阶段。大学求学阶段的三、四年，或者更长的时间，一定是面向未来的。四年是为了四十年！生涯的规划，目的在于生涯的发展。所以，我特别希望我们的学校，我们的老师，能够为了学生的未来与发展做更多的努力。这些年，在从事大学生就业指导与服务过程中，我深切地体会到，随着社会经济的发展变化，高校毕业生就业工作必须转型，我们应该更加明确地提出以学生的未来发展为目标导向，明确育人理念，增强服务意识，大力倡导和开展发展性就业教育。

为了学生的未来发展，高校开展发展性就业教育应该抓住两个重点：一是创业教育；二是职业生涯规划、生涯管理教育。1991年东京创业教育国际会议指出，“创业教育，从广义上来说是培养具有开创性个性的教育，它对于拿薪水的人也同样重要，因为用人机构正越来越重视受雇者的首创、冒险精神、创业能力、独立工作能力以及技术、社交和管理技能”。实质上，大学生创业教育就是高等学校的“素质教育”。职业生涯发展是大学生未来发展的一条主线，大学生职业生涯规划，包括学业发展规划、素质拓展规划、身心健康规划和社会实践规划等，关乎大学生的素质素养提升，关乎大学生的毕业就业，关乎大学生的未来发展。严格意义上说，创业教育的归旨也在于提高大学生职业生涯规划与发展的能力，高校必须更加突出职业生涯规划与生涯管理的教育。

《大学生职业生涯规划与发展》就是基于这样一种理想和愿望而写就的。这是一束心花，成长在我的心田里，我愿双手奉上，让它进入您的心房。这一束心花的花瓣里，有梦想与目标，有生命与快乐，有幸福与成功，有身心的健康，有未来的希望，当然也有泪与笑，有抱负与妥协。这是一束生命、生活、生涯的花。

生涯规划不是预先可以设定的，它必须是掌握当下的；生涯规划不只是书面文字的，更重要的是生活实践的。生涯是未来，是变化，是不确定，生涯之学，必定是应变之学。那么，如何掌控这个变化的未来呢？预测和掌控未来的最好方法是创造未来。只有创造和开拓，才是人生未来之道。诺贝尔文学奖得主、德国小说家赫曼·黑塞(Hermann Hesse)在《流浪者之歌》一书中写道：“大多数的人就像是落叶一样，在空中随风飘游、翻飞，最后落到地上。一小部分的人像是天上的星星，在一定的途径上走，任何风都吹不倒他们，在他们的内心中有自己的引导者和方向。”我衷心祝愿，我们每个同学都能认准自己“生命的引导者”，明了自己“心中的方向”，在“一定的途径”上，勇敢前行，去拥抱属于自己的光辉未来。这就是我的“星”愿——我的一份“星星”之愿。

另外，我仍想藉此表达谢意。《大学生职业生涯规划导读》出版以来，四年过去了，有许许多多的老师、同学，同我一道，与《大学生职业生涯规划导读》一书相伴而行。从中得到的鼓励和教益，让我成长，也让我终生难忘。

最后，我还想再一次把《大学生职业生涯规划导读》一书的“鸣谢”奉呈于此，以表心怀。那时候，我是这样写的：

“首先要感谢程盛杲、孙卫芳、周芳、刘琴等，他们在本书的收集资料、征求建议、组织出版等许多方面都付出了辛勤的劳作。他们都是我在浙江省高校毕业生就业指导服务中心的同事，在日常的工作中也给予我巨大的帮助。

特别要感谢我的各位领导。省教育工委副书记、省教育厅副厅长蒋胜祥对我的引导、关怀，省教育厅学生处丁松泉、徐建农处长与省教育发展中心林成格主任，他们对大学生职业生涯规划的重视，在大学生就业工作中所体现的爱心，以及在大学生就业工作中所付出的投入，是我们完成本书编写的动力。

当然，我也应该把我的谢意表达给直接参与本书编写、出版的编审委员会全体成员、所有编写人员，是他们的努力使大家的愿望在本书中得以寄托和实现。

还要衷心感谢浙江人民出版社王利波女士，感谢她在本书的策划、编写、出版整个过程中为我们所提供的帮助和支持。王利波女士的聪慧、睿智、专业精神，都像在我心田里埋下的友谊种子一样，深深地留驻于本书的字里行间了。

另外，我们在本书的编写过程中，参考了国内外众多学者专家的研究成果，包括我许多老师、朋友的成果。在此一并表示衷心的感谢！

最后，我们还一定要感谢每一位师生读者，请您在教、学过程中不吝赐教，多提宝贵意见。”

这是我在 2010 年 10 月写下的，这些领导和朋友中，有的已经退休，有的已经调离原来的工作岗位，但那份情谊是永恒的，这份感谢也是永恒的。今天，只是增添了更多需要感谢的朋友，对所有的朋友增添了更深的挂怀！谢谢大家！

在此，我依然要恳请每一位师生读者，恳请每一位朋友，不吝赐教，多提宝贵意见，敬请联系：邮箱 clc@zj.gov.cn，QQ 号 1606082901，微信号 clc1606082901。

陈龙春

2014 年 10 月 21 日于杭州

图书在版编目（CIP）数据

大学生职业生涯规划与发展 / 陈龙春主编. —杭州：浙江人民出版社，2015.2(2021.9 重印)
ISBN 978-7-213-06557-6

Ⅰ. ①大… Ⅱ. ①陈… Ⅲ. ①大学生-职业选择-高等学校-教材 Ⅳ. ①G647.38

中国版本图书馆 CIP 数据核字(2015)第 014359 号

大学生职业生涯规划与发展

陈龙春　主编

出版发行	浙江人民出版社（杭州市体育场路 347 号　邮编　310006） 市场部电话：(0571)85061682　85176516
责任编辑	陶辰悦
责任校对	姚建国
封面设计	大漠照排
电脑制版	杭州大漠照排印刷有限公司
印　　刷	杭州丰源印刷有限公司
开　　本	710 毫米×1000 毫米　1/16
印　　张	20.75
字　　数	332 千字
插　　页	2
版　　次	2015 年 2 月第 1 版
印　　次	2021 年 9 月第 11 次印刷
书　　号	ISBN 978-7-213-06557-6
定　　价	38.00 元